本研究报告由包商银行资助

中国银行业中小金融机构发展报告 （2011）

主编　粟　勤

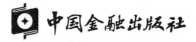

中国金融出版社

责任编辑：刘　钊　赵　婧
责任校对：刘　明
责任印制：程　颖

图书在版编目（CIP）数据

中国银行业中小金融机构发展报告（2011）　（Zhongguo Yinhangye
Zhongxiao Jinrong Jigou Fazhan Baogao. 2011）/粟勤主编. —北京：中国金
融出版社，2012. 11
　　ISBN 978 - 7 - 5049 - 6606 - 3

　　Ⅰ. ①中… 　Ⅱ. ①粟… 　Ⅲ. ①金融机构—经济发展—研究报告—中
国—2011 　Ⅳ. ①F832. 3

　　中国版本图书馆 CIP 数据核字（2012）第 229642 号

出版
发行　中国金融出版社

社址　北京市丰台区益泽路 2 号
市场开发部　（010）63266347，63805472，63439533（传真）
网 上 书 店　http：//www. chinafph. com
　　　　　　　（010）63286832，63365686（传真）
读者服务部　（010）66070833，62568380
邮编　100071
经销　新华书店
印刷　保利达印务有限公司
尺寸　169 毫米×239 毫米
印张　16
字数　292 千
版次　2012 年 11 月第 1 版
印次　2012 年 11 月第 1 次印刷
定价　42. 00 元
ISBN 978 - 7 - 5049 - 6606 - 3/F. 6166
如出现印装错误本社负责调换　联系电话（010）63263947

中国银行业中小金融机构发展报告（2011）

主　编：粟　勤

参编人员（按姓氏拼音排序）：

蔡　昀　　陈　涛　　邓晓倩　　董保民　　范香梅

郭桂霞　　孔令茹　　刘晓娜　　王红芳　　王　雨

肖　晶　　尹俊宏　　张海洋　　张　徽　　张晓云

张艳玲　　周迎红　　朱彩慧

前　言

2011 年是"十二五"规划的开局之年。在这一年里，欧债危机升级蔓延，国际金融市场急剧动荡，世界经济复苏的不确定性进一步增强；国内通胀压力缓解，经济增速回调，宏观调控的重点从控制通胀转向防止经济增速过快下滑。与此同时，银行监管更趋向于审慎和细化，旨在打破金融垄断、解决小微企业融资难的金融改革被再度提起。这一切都为中国银行业中小金融机构的发展带来了难得的机遇和前所未有的挑战。

正是在这样不平凡的一年里，我国银行业中小金融机构把握住了政府鼓励小微企业贷款的机遇，继续保持快速稳定的增长势头，市场份额不断提高，稳健运营能力得到提升。部分中小银行的差异化、特色化经营日趋明显，核心竞争力逐渐增强，在支持实体经济，尤其是小微企业和农村经济中发挥了重要的作用。但在银行存款负利率和金融脱媒的背景下，中小金融机构在吸收存款方面的压力急剧增大，资金成本大幅度提高。而垄断性市场竞争格局对中小金融机构的差异化、特色化经营也提出了更高要求。

2011 年是我们推出《中国银行业中小金融机构发展报告》的第二年。报告秉承了上一年的编写风格，在撰写研究报告的同时提交案例分析和专题研究。这样做的目的是力求突出本书的三个特点：（1）全面、真实和客观地反映中国银行业中小金融机构的发展概况。为此，我们收集了包括中国银监会、中国人民银行、Wind 资讯、各中小银行年报等在内的各种数据和资料。（2）以案例分析反映不同中小金融机构的共性和特性。通过对龙江银行、浙江民泰商业银行和天津滨海农村商业银行三个案例的分析，我们欣喜地发现：尽管仍然面临很多的困难，但我国部分中小银行已经开始了差异化、特色化经营的积极探索，并取得了显著的成效。（3）以专题研究的形式对中小金融机构发展中急需解决的理论和现实问题进行讨论。理论分析和实证研究可以帮助我们在纷繁复杂的现实面前把握真相，为我们解决在实践中遇到的难题提供可行的思路。因此，本书将微观分析与行业分析相结合，既便于中小金融机构更好地了解自己、竞争对手和整个行业，也为研究中小金融机构的学者提供了参考。

本书由粟勤拟定大纲并进行统稿，各部分撰稿的作者包括：
第一章　陈涛、孔令茹、尹俊宏、张徽、王红芳

第二章　郭桂霞
第三章　王雨
第四章　肖晶
第五章　张海洋、蔡昀、王雨
第六章　刘晓娜
第七章　粟勤、周迎红、张艳玲
第八章　邓晓倩
第九章　范香梅、朱彩慧
第十章　粟勤
第十一章　董保民、郭桂霞
第十二章　范香梅、张晓云

感谢龙江银行、浙江民泰商业银行和天津滨海农村商业银行对我们实地调研所提供的方便，感谢吴军教授、邹亚生博士在本书写作过程中所提供的大力帮助，更感谢包商银行为本课题研究所提供的资助。中小金融机构的存在不仅有利于保持合理的市场结构和适当的市场竞争，更因其服务于中小企业的市场定位，在缓解中小企业融资困境、促进就业和经济增长及建设和谐社会中发挥着不可或缺的作用。期待我们的研究成果能够有助于推动我国中小银行业金融机构的进一步发展。

粟勤
2012 年 8 月 10 日

目　　录

第二部分　案例分析

第三部分　专题研究

Contents

Part 1　Research Reports

Part 2　Case Studies

Part 3   Special Topics

第一部分

研究报告

第一章　中国银行业中小金融机构发展的宏观环境

2011 年，欧洲主权债务危机升级，全球经济下行风险明显加大，经济复苏的不确定性增加，国际金融市场剧烈动荡，投资者信心极不稳定。从国内经济和政策环境来看，通货膨胀压力缓解，经济结构有所调整，对外贸易也更趋平衡。但我国仍然面临外需不足、经济发展不平衡等诸多问题；同时，政府对银行监管更趋审慎和细化，利率市场化改革也不断深入。因此，我国的银行业中小金融机构面临的宏观环境充满挑战。

一、国际经济形势回顾

（一）全球经济复苏不确定性增加

1. 美国部分经济指标转好，但下行风险犹存

美国作为世界第一大国，其经济在全球经济复苏的过程中扮演着重要的角色。美国经济增长速度的快慢直接关系到全球经济复苏的进程。2011 年美国GDP 总量为 15.09 亿美元，增长 1.7%，比 2010 年下降 1.3 个百分点。私人存货投资下滑、联邦及地方政府支出减少是 GDP 增速减缓的重要原因。但 2011年第四季度美国 GDP 增长 3.0%，较第三季度的 1.8% 有了明显提高，创出了美国过去三年半以来最快的增速（见表 1 - 1），这主要是由消费者支出和商业存货的增长所带动的。

表 1 - 1　2011 年美国季度指标增速

指标增速（%）	第一季度	第二季度	第三季度	第四季度
实际 GDP	0.4	1.3	1.8	3.0
消费支出	2.1	0.7	1.7	2.1
非住宅投资	2.1	10.3	15.7	5.2
住宅投资	- 2.4	4.2	1.3	11.6

续表

指标增速（%）	第一季度	第二季度	第三季度	第四季度
出口	7.9	3.6	4.7	2.7
进口	8.3	1.4	1.2	3.7
联邦政府支出	-9.4	1.9	2.1	-6.9
失业率*	8.9	9.1	9.0	8.5

注：＊2011 年 3 月、6 月、9 月、12 月的数据。

数据来源：美国商务部网站：http://www.bea.gov/。

（1）消费支出增长，消费信贷创十年来最快增速。

2011 年第四季度美国消费者支出增长为 2.1%，全年消费者支出贡献率为 77.6%，拉动 GDP 增长 1.53 个百分点，其中耐用消费品支出增长 16.1%；但总体消费者支出与 2001 年到 2007 年 3% 的平均增速相比仍有一定差距。在消费信贷方面，根据 Wind 资讯的统计，在季节性因素调整后，美国 2011 年消费信贷增长创十年来最快增速，12 月商业银行等金融机构以及非金融机构发放的消费信贷总额增至 2.49 万亿美元，连续第二个月出现大幅增加，表明美国消费持续回暖。随着政府主导下居民消费信心的提升，美国经济有望维持持续增长态势。

（2）失业率下降，但就业市场仍然疲软。

2011 年 12 月，失业率下降至 2009 年 2 月以来的最低点 8.5%，全年的失业率在 8.5% 至 9.1% 的区间。失业率下降的主要原因首先是制造业回暖，奥巴马政府大力救助美国汽车业，2010 年汽车销量升至 1150 万辆，2011 年继续攀至 1270 万辆。汽车业的复苏刺激了制造业的发展，进而带动了就业人数的增加。2011 年 12 月制造业新增就业人数 28 万人。其次是消费"振兴"助推就业增长，年底的消费旺季往往会促使企业增加雇员。最后，因长期失业而退出劳动力市场的人数增加，约 5 万寻找就业岗位的求职者放弃求职，成为自愿失业人群。因此，虽然失业率有所下降，但就业市场仍然疲软。当前，美国劳动参与率为 64%，仍处于历史低位，这些都将直接影响居民收入，拖累消费增长。

（3）房地产市场持续低迷。

2011 年，美国房地产业拉动 GDP 增长 -0.68 个百分点。据 S&P/Case-

Shiller 房价指数①统计，在 2011 年 1 月到 2 月期间，全美 20 个大城市单户房价同比下降 0.2%，而目前的房价水平仅稍高于 2009 年 4 月的最低点。与危机前相比，房屋开工数及销售量处于低位，2011 年 12 月成屋销售环比增长 -0.45%②。虽然 2011 年第四季度美国银行业持有的抵押贷款拖欠率（逾期 90 天以上）下降 0.20 个百分点，降至 3.55%③，但抵押贷款拖欠金额仍处于有历史记录以来的高位。止赎房屋④对市场的影响仍在持续，尽管 2011 年房屋止赎通知减少 34%，降至四年新低点，但是止赎通知的下滑并不是经济的提升，也非房地产市场的回暖，而是银行处理延迟的结果。根据美国商务部的统计数据，2011 年第四季度，美国租户入住的数量比一年前增加了 74.9 万户，而户主自住的房屋减少了 9.1 万套。租房市场较此前多年有明显上升走势。另有数据显示，目前美国持有房产的家庭比例已经是 1998 年以来的最低水平。房地产市场泡沫在 4 年前崩溃时，有 31.6% 的美国家庭是租房居住的，现在的这一比例是 33.6%，而且在不断增长中⑤。

（4）扩大出口的难度增加。

在全球经济增长趋缓以及资本回流加大美元升值压力的情况下，美国的出口形势不容乐观。2011 年美国贸易逆差为 5580.2 亿美元，飙升至 11.6%，为三年来的最高水平。贸易逆差的扩大主要受油价上涨及汽车和飞机进口增加的影响⑥。美国是内需型经济，其进口由国内经济的增速所决定。随着美国经济增速进一步放缓，进口量有可能继续走弱，将导致美国贸易逆差有所收窄。不过，贸易赤字收窄的速度可能较为缓慢。另外，欧洲局势不稳，影响美国出口，给美国经济复苏带来较大风险。2011 年，美国对欧元区出口约占其总出口的 15.6%⑦，欧债危机的进一步深化会通过贸易和金融渠道对美国产生负溢出效应，延缓美国经济复苏。

（5）延续量化宽松的货币政策。

为了确保经济持续复苏，2011 年 6 月末美联储购买 6000 亿美元长期政府债券的第二轮量化宽松政策（QE2）结束后，8 月宣布将联邦基准利率维持在

---

① S&P/Case - Shiller 房价指数：由标准普尔发布的房价指数，是衡量美国住房价格变化情况的指针，以重复售定价技术为基础。

② Wind 资讯。

③ 美国抵押贷款银行协会。

④ 止赎房屋：即抵押的房屋终止赎回，是因贷款人无力还款，贷款机构强行收回其房屋。

⑤ 中国经济网："美自有住房比例降至 13 年最低去年底自有房屋占 66%'租房国家'形成"，见 http://www.ce.cn/，2012 - 02 - 03。

⑥ 美国商务部网站：http://www.bea.gov。

⑦ 美国统计局网站：http://www.census.gov。

现行的 0～0.25% 的超低水平直至 2013 年中期；9 月决定实施"扭曲操作"，即计划到 2012 年 6 月，出售剩余期限为 3 年及以下的 4000 亿美元中短期国债，同时购买相同数量的剩余期限为 6 年至 30 年的中长期国债。这一举措实际上相当于延长了其持有的 4000 亿美元国债的期限，旨在压低长期利率，从而鼓励企业借贷和民间消费，刺激经济复苏。

2. 欧洲经济增长放缓，主权债务危机升级

受主权债务危机影响，欧元区经济增长放缓，2011 年经济增长率为 1.6%，季度经济增速下降明显，第四季度 GDP 环比增长率为 -0.3%（见图 1-1）。自 2011 年 9 月以来，欧元区综合采购经理人指数（PMI）一直位于 50% 的荣枯线下，经济复苏的势头受到抑制（见图 1-2）。受全球经济增长放缓的影响，区内经济可能陷入温和衰退。

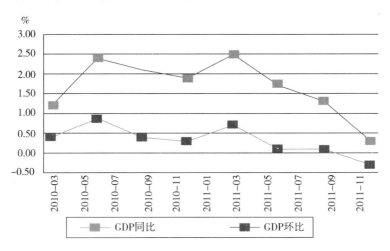

数据来源：Wind 资讯。

图 1-1　2010 年以来欧元区经济增速

2011 年欧元区失业率高企，下半年失业率更是达到 10% 以上。高企的失业率抑制了居民消费，2011 年第四季度家庭消费支出同比增长为 -0.7%，环比增长为 -0.5%（见图 1-3）。消费者信心指数持续下滑，不断恶化，12 月消费者信心指数降到了 -22.1%。物价方面，消费者价格指数迭创新高，2011 年 12 月 CPI 同比增长 2.7%，环比增长 0.3%，高于欧洲央行 2% 的警戒线，通胀风险上行。

欧洲主权债务危机的升级与蔓延对欧洲经济和世界经济都带来了不可忽视的影响。希腊、意大利两国政府债务已经超过了 GDP 总量的 120% 以上（见表 1-2），违约风险较大，市场融资成本高企。根据 Wind 资讯的统计，2011

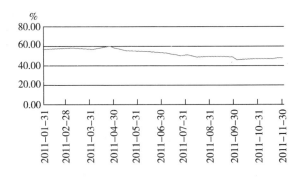

数据来源：Wind 资讯。

图 1-2　2011 年欧元区综合 PMI

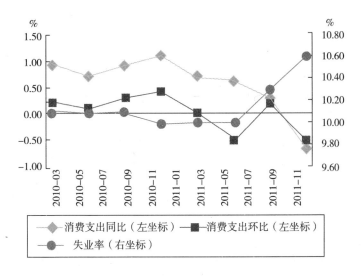

数据来源：Wind 资讯。

图 1-3　2011 年欧元区消费支出和失业率

年希腊的十年期国债收益率一直在 15% 以上，有时甚至攀至 21% 左右，自
2011 年 6 月起，葡萄牙十年期国债收益率也超过了 10%。由于受制于国内阻
力，希腊在结构性改革和财政紧缩等方面困难重重，赤字规模没有控制在先前
制订的约为 171 亿欧元、占 GDP 7.8% 的目标以内。国际货币基金组织
（IMF）、欧盟和欧洲央行"三驾马车"对其态度强硬，援助贷款发放多次受
阻，内外重压使希腊局势变数增加。同时，危机加速向其他欧洲国家蔓延，大
多数欧元区国家的主权评级遭到了国际评级机构的下调或给予负面的评级展
望。意大利、西班牙等国的十年期国债收益率一度攀升至 7% 左右的高位，法

国、奥地利等国以及欧洲金融稳定工具（European Financial Stability Facility，
EFSF）的 AAA 评级被标普下调到 AA +，融资能力受损，对重债国的援助能
力受到了削弱。

此外，旷日持久的债务危机严重影响了银行体系健康。许多欧洲银行持有
希腊、爱尔兰和葡萄牙等国的巨额政府债券，目前的实际价值已大幅缩水。国
际货币基金组织估计，这可能对欧洲银行资产负债表造成超过 2000 亿欧元的
损失。2011 年 10 月召开的欧盟峰会就欧洲银行减计希腊国债 50%、提高核心
一级资本充足率至 9% 达成共识，从而进一步加剧了银行的融资压力。据估
算，欧洲银行的资本缺口约为 1147 亿欧元。根据 Wind 资讯的统计，欧元区
Sentix① 投资者信心指数自 2011 年 8 月转为负值，一路走低，到 12 月跌到
－24%，投资者信心严重不足，资金加速撤离欧元区高负债国家，欧洲银行间
市场拆借利率一度快速攀升。

表 1 - 2　部分国家政府债务占 GDP 的比重　　　　　　　单位:%

国家	2009 年	2010 年	2011 年
希腊	133.5	149.1	165.1
意大利	127.1	126.1	127.7
葡萄牙	93.3	103.6	111.9
西班牙	62.9	67.1	74.1
德国	77.4	87.1	86.9
法国	90.8	95.2	98.6
欧元区（15 国）	79.39	84.33	—
美国	85.0	94.2	97.6

数据来源：经合组织网站：http://www.oecd.org。

为了抑制通胀，2011 年 4 月和 7 月，欧洲央行将 2009 年 5 月起一直维持
的历史最低水平的基准利率 1% 两次上调各 0.25 个百分点，提高至 1.5% 的水
平，这也使身陷主权债务危机的希腊各国处境更为艰难。11 月在欧洲央行换
帅以后，救援欧债危机的力度不断加大，新任行长德拉吉在 11 月和 12 月两次
下调基准利率最终到 1%，并且从 2011 年 8 月重启资产购买计划，累计购买
问题国债超过 2335 亿欧元。12 月欧洲央行又推出长达 3 年的"长期再融资计
划"（Long - Term Refinancing Operation，LTRO），这些流动性宽松举措增加了
银行体系的流动性，但资产损失担忧和融资压力仍可能迫使银行出售资产、紧

---

① Sentix 投资者信心指数：是反映投资者对欧元区经济信心状况的指数。

缩信贷，长期再融资计划能否让欧债危机出现真正的转向仍未可知。

3. 地震灾害冲击日本经济，贸易和债务情况恶化

受3月地震和海啸灾害影响，2011年日本经济增长先降后升，第一、第二季度GDP增长率分别为−1.8%和−0.3%，到第三季度转为1.7%，但第四季度环比下滑0.2%。消费价格指数持续处于低位，12月核心CPI同比增长−0.2%。受日元升值、地震灾害和外部需求下降的影响，2011年日本出口形势恶化，全年贸易逆差为2.5万亿日元，时隔31年再次成为贸易赤字国。地震灾害导致财政支出大幅增加，政府债务负担进一步加重，第三季度末债务余额创969万亿日元的历史新高，债务余额与GDP之比为199%[①]。

为应对不稳定的外部环境，缓解地震灾害冲击，日本银行推出总额5000亿日元的中小企业融资支持框架，将资产购买规模从年初的40万亿日元逐步扩大到55万亿日元，为地震灾区金融机构提供总规模为1万亿日元的低息贷款，并将申请贷款的截止日期延长至2012年4月30日。同时，日本银行继续维持"零利率"政策，将银行间无担保隔夜拆借利率保持在0~0.1%的区间。日本央行还宣称，为了促进经济复苏，未来仍将继续实施有力的宽松货币政策。由于货币政策传导的时滞性，宽松的货币政策为日本经济注入活力尚需时日。在欧债危机、政府债务、消费乏力、人口老龄化等问题仍未得到解决的背景下，日本经济的真正复苏仍存在诸多不确定因素。

4. 新兴经济体从应对高通胀转向防范经济增速过快下滑

2011年，新兴经济体面临增速放缓和通货膨胀双重压力。欧美经济低迷，外需减弱使新兴市场经济增长承压。新兴市场和发展中经济体经济增长6.2%，同比下降1.1个百分点[②]。新加坡、中国台湾地区、印度和中国的GDP增速均从2010年的10%以上降到了10%以下。前三个季度，受主要发达国家宽松货币政策溢出效应影响，新兴经济体的通胀水平和资产泡沫普遍走高，居民消费价格指数为7.2%，同比上升1.1个百分点[③]。2011年全年我国的居民消费价格指数同比增长5.4%。为抑制通胀，多数新兴市场国家采取了加息、提高存款准备金率等紧缩措施。进入第四季度，主要新兴市场国家通胀水平高位回落。

随着外部环境的不断恶化和通胀水平回落，大部分新型经济体的货币政策保持稳定或者由紧转松。韩国、菲律宾、秘鲁、马来西亚以及智利在上半年加

---

① 中国人民银行：《2011年第四季度中国货币政策执行报告》。

② 国际货币基金组织网站，http://www.imf.org/。

③ 国际货币基金组织网站，http://www.imf.org/。

息后保持基准利率水平不变，俄罗斯、巴西、泰国、印度尼西亚等第四季度相继降息以刺激经济增长。其中，泰国中央银行 11 月将隔夜回购利率降低 25 个基点至 3.25%，为两年来首次降息。巴西中央银行于 8 月、10 月和 11 月三度降息，以应对经济减速。12 月，印度储备银行宣布将回购利率维持在 8.5% 的水平不变，结束了长达 19 个月的加息周期。此外，动荡的国际形势加大了跨境热钱回流的可能性，有可能对新兴市场国家的经济金融体系造成冲击。2011 年初至 12 月中旬，由摩根士丹利资本国际公司（MSCI）编制的投资市场指数下跌 7.96%，其中 MSCI 新兴市场指数下跌幅度更是高达 19.50%。在通胀压力犹存、资本流出可能性上升的情况下，新兴经济体宏观政策面临较大挑战。

（二）国际金融市场剧烈动荡，投资者信心极不稳定

1. 国际股票市场波动幅度较大

2011 年上半年，在全球主要经济体经济指标表现良好以及主权债务危机暂时缓解的背景下，全球股市总体运行相对平稳，仅在 3 月中旬受日本大地震影响而短暂大跌。进入第三季度，欧洲债务问题恶化加剧了市场的恐慌情绪，加之全球经济复苏趋缓，全球主要股市暴跌后在低位宽幅震荡。第四季度，受市场对欧洲债务危机预期的起伏以及美欧第三季度经济表现较好等因素交替影响，美欧主要股市震荡上扬。从全年来看，美国道琼斯指数、英国 FTSE100 指数最大跌幅超过 15%，法国 CAC40 指数、德国 DAX 指数、香港恒生指数和上证综指的最大跌幅均超过 25%[①]。

2. 主要国际货币汇率宽幅震荡

2011 年末，欧元对美元汇率为 1.2945 美元/欧元，较上年末贬值 3.23%。1~4 月，欧洲经济整体运行平稳，市场加息预期强烈，欧元对美元持续升值；5 月份后，受欧洲债务危机恶化和蔓延影响，欧元对美元震荡回落。日元受避险需求买盘影响对美元保持高位，年末，日元对美元汇率为 76.94 日元/美元，较上年末升值 5.47%。瑞士法郎、日元兑美元的最大升值幅度分别超过 25% 和 10%[②]。

3. 避险需求大幅压低主要发达国家的国债收益率

2011 年上半年，随着国际评级公司相继下调欧元区国家的信用评级，国际资本避险需求上升，希腊、爱尔兰、意大利等国国债收益率大幅飙升。虽然 8 月标准普尔和穆迪分别下调了美国和日本的主权信用评级，但美国和日本的

---

① 中国银行业监督管理委员会：《中国银行业运行报告（2011 年度）》。
② 中国银行业监督管理委员会：《中国银行业运行报告（2011 年度）》。

国债收益率不升反降，德国国债收益率也呈现震荡走低趋势。10 月 26 日和 12 月 9 日两次欧盟峰会召开，美、德国债收益率再度震荡下行（见图 1－4）。

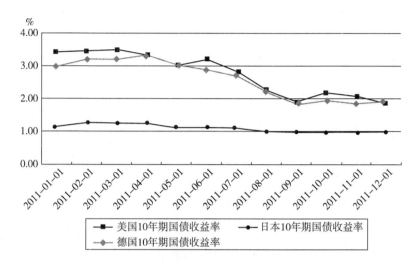

数据来源：Wind 资讯。

图 1－4　美国、德国、日本 10 年期国债收益率

二、国内经济形势回顾

2011 年，我国经济总体保持平稳较快增长，同时物价过快上涨势头得到了初步遏制。经济结构有所调整，投资增速回落，消费继续保持稳健良好的增长势头，内需拉动作用更加明显，对外贸易也更趋平衡（见表 1－3）。

表 1－3　2011 年主要国内经济数据指标　　　　单位：%

指标名称	1月	2月	3月	4月	5月	6月	7月	8月	9月	10月	11月	12月	全年
GDP	—	—	9.70	—	—	9.50	—	—	9.00	—	—	8.90	9.20
规模以上工业增加值	—	14.90	14.80	13.40	13.30	15.10	14.00	13.50	13.80	13.20	12.40	12.80	13.90
CPI	4.90	4.94	5.38	5.34	5.52	6.36	6.45	6.15	6.07	5.50	4.23	4.07	5.40
PPI	6.60	7.23	7.31	6.82	6.79	7.12	7.54	7.25	6.52	5.00	2.72	1.69	6.30
社会消费品零售总额	19.90	11.60	17.40	17.10	16.90	17.70	17.20	17.00	17.70	17.20	17.30	18.10	17.05
城镇固定资产投资	—	24.90	25.00	25.40	25.80	25.60	25.40	25.00	24.90	24.90	24.50	23.80	25.06
房地产开发投资	—	35.20	34.10	34.30	34.60	32.90	33.60	33.20	32.00	31.10	29.90	27.90	27.93
进出口总额	44.18	10.82	31.49	25.88	23.50	18.51	22.05	27.02	18.77	21.45	17.55	12.54	22.46
出口	37.64	2.35	35.76	29.82	19.28	17.88	20.43	24.42	17.01	15.77	13.77	13.32	20.34
进口	51.69	20.00	27.49	21.89	28.44	19.25	24.07	30.05	20.75	28.52	21.98	11.68	24.87

数据来源：Wind 资讯。

（一）经济增速稳中回调

2011 年我国实现国内生产总值（GDP）47.2 万亿元，增速为 9.2%，较 2010 年下降了 1.2 个百分点，实现了经济增长的稳中回调。四个季度 GDP 增速分别为 9.7%、9.5%、9.0% 和 8.9%，GDP 的增速逐步放缓。

分产业看，第一产业、第二产业和第三产业同比增速分别为 4.5%、10.6% 和 8.9%。农业生产整体态势良好，粮食产量连续第八年实现了增产；工业生产则保持平稳增长，工业产销衔接良好，工业产品产销率为 98%。而第二产业中建筑业的增长较 2010 年降低了 3.7 个百分点，房地产调控初现成果。全年规模以上工业①增加值比上年增长 13.9%，增速比上年放缓了 1.8 个百分点。

整体来看，经济增长由政策刺激向自主增长有序转变，内需拉动作用更加明显，国民经济继续保持平稳且较快发展的态势。

（二）消费和投资平稳增长，贸易顺差继续收窄

2011 年，社会消费品零售总额为 18.1 万亿元，增长 17.1%；扣除价格因素，实际增长 11.6%，比上年低 3.2 个百分点。2011 年，城镇消费品零售额为 15.7 万亿元，比上年增长 17.2%；农村消费品零售额为 2.4 万亿元，同比增长 16.7%。城镇消费增速略快于乡村消费增速。

2011 年，全社会固定资产投资 30.2 万亿元，比上年增长 23.8%，扣除价格因素后，实际增长 16.1%。其中，国有及国有控股投资为 10.7 万亿元，增长 11.1%。分地区看，东部、中部、西部地区投资分别增长 21.3%、28.8% 和 29.2%；分产业看，第一、第二、第三次产业投资分别增长 25.0%、27.3% 和 21.1%。②

2011 年，进出口总额 36421 亿美元，比上年增长 22.5%，其中出口 18986 亿美元，增长 20.3%；进口 17435 亿美元，增长 24.9%（见表 1-3），贸易顺差为 1551 亿美元，比上年下降 15.3%，已连续三年下降。从贸易对象来看，中国与欧美日贸易增长平稳，而与新兴市场的贸易增长迅速。从贸易结构来看，加工贸易比重下降明显，而一般贸易增长强劲，一般贸易进出口额为 1.9 万亿元，增长了 29.2%，占进出口总额的 52.8%，比上年提高了 2.7 个百

---

① 规模以上企业是指：工业企业：年销售额大于 200 万元的或者国有企业；商业企业：年销售额大于 500 万元的或者国有企业。

② 中国人民银行：《2011 年第四季度中国货币政策执行报告》。

分点。

（三）物价从峰值逐渐回落，通胀压力有所缓解

2011 年初，在劳动力成本提高、资源价格上涨、通货膨胀预期较强等因素的刺激下，我国的价格水平出现了较大幅度的上涨。进入下半年后，随着国际大宗商品价格整体回落、国内经济增长趋稳和稳健货币政策效果的逐步显现，主要价格指标开始回落，通货膨胀压力缓解。

2011 年全年居民消费价格指数（CPI）同比上涨 5.4%，其中 1~7 月同比涨幅不断扩大，到 7 月达到了 6.5%，7 月后逐渐回落，12 月已经下降到了 4.07%。2011 年工业生产者出厂价格指数（PPI）在前三个季度高位运行，第四季度则出现了明显的回落，各季度同比分别上涨 7.1%、6.9%、7.1% 和 3.1%。全年工业生产者出厂价格指数同比上涨 6%，比上年高出了 0.5 个百分点。①

可见，2011 年我国的物价水平从峰值逐步回落，物价上涨过快的势头得到了初步的遏制，但年末货币政策的放松增加了货币供给，从而抑制了物价的回落。

（四）房地产市场调控效果初步显现，但房价远未回到合理价位

2011 年 1 月，国务院办公厅印发《关于进一步做好房地产市场调控工作有关问题的通知》（国办发〔2011〕1 号），综合采取土地、税收、金融等多项政策措施，进一步加强房地产市场调控力度，"限购"、"限价"、"限贷"等政策全面升级，限购城市从 2010 年的不足 20 个大幅增加到 40 多个。随着各项调控政策的贯彻实施，主要金融机构的房地产贷款增速放缓，房地产市场走势回稳。

本轮房地产调控政策收到了初步效果：首先，房地产开发投资高位缓慢回落。2011 年，房地产开发投资 61740 亿元，比上年增长 27.9%，增速比上年回落 5.3 个百分点。其次，房地产贷款增速整体回落。截至 2011 年末，主要金融机构房地产贷款余额为 10.73 万亿元，同比增长 13.9%，比上年末回落 13.5 个百分点。最后，房价环比下降的城市增多。2011 年 12 月，全国 70 个大中城市中，新建商品住宅价格环比下降的城市有 52 个，价格环比持平的城市有 16 个，环比价格上涨的城市，涨幅均为 0.1%②。从 2011 年初开始，房

---

① 中国人民银行：《2011 年第四季度中国货币政策执行报告》。
② 中国人民银行：《2011 年第四季度中国货币政策执行报告》。

地产开发综合景气指数及销售价格指数均出现了回落（见图 1－5），房地产市场调控效果初现，但房价远未回到合理的价位。

同时，对保障性安居工程的信贷支持力度不断加强。2011 年，全国城镇保障性住房和棚户区改造住房开工量完成了年初新开工计划的目标任务。而金融机构还通过信托产品、理财产品、融资租赁等金融工具，对保障性安居工程提供了积极的支持。

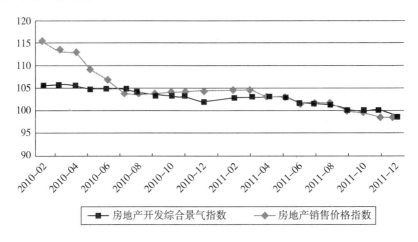

数据来源：Wind 资讯。

图 1－5　房地产开发综合景气指数和房地产销售价格指数

（五）宏观调控重点从控制通胀转向防止经济增速过快下滑

1. 实施稳健货币政策，灵活进行预调微调

2011 年前三个季度，面对通货膨胀压力不断加大的形势，货币政策以稳定物价为首要目标，先后 6 次上调存款准备金率共 3 个百分点，3 次上调存贷款基准利率共 0.75 个百分点，灵活开展公开市场操作，实施差别准备金动态调整，引导货币信贷增长平稳回调，保持合理的社会融资规模。在第四季度，针对欧洲主权债务危机继续蔓延、国内经济增速放缓、价格涨幅逐步回落等形势变化，"稳增长"逐渐成为货币政策的首要目标，央行暂停发行三年期央行票据，下调存款准备金率 0.5 个百分点，调整优化差别准备金动态调整机制有关参数。央行还注重加强"窗口指导"，坚持"有扶有控"的信贷政策，引导金融机构加大对小型微型企业、"三农"、国家重点在建续建项目、战略性新兴产业企业等高新技术企业的信贷支持以及民生领域的金融服务。

2. 适时调整汇率政策，人民币汇率弹性明显增强

2011 年，央行继续坚持主动性、可控性和渐进性的原则，进一步完善了人民币汇率形成机制，在保持人民币汇率基本稳定的同时增强了人民币汇率制度的弹性。人民币汇率小幅上升，双向浮动特征明显，人民币汇率预期总体平稳。根据国际清算银行的计算，2011 年，人民币名义有效汇率升值 4.95%，实际有效升值 6.12%；2005 年人民币汇率形成机制改革以来至 2011 年 12 月，人民币名义有效汇率已升值 21.16%，实际有效汇率升值 30.34%。① 与此同时，央行还推动汇率风险管理工具的创新，加快外汇市场的发展。

3. 积极的财政政策促增长、调结构

2011 年，中央政府继续实行积极的财政政策，坚持扩大内需的战略方针，积极调整收入分配关系，增加城乡居民特别是低收入群体的收入，促使消费规模不断扩大；以政府投资带动社会投资，拉动投资需求，有效弥补外需缺口。同时，政府还加大结构性减税力度，进一步优化财政支出结构，重点加大对"三农"、欠发达地区、民生和社会事业、结构调整、深化改革等方面的支持力度，大力推进自主创新和加强科技支撑，大幅提高社会保障水平，增加保障性安居工程、农村民生工程和社会事业投资在总投资中的占比。

2011 年，全国财政收入 10.4 亿元，同比增长 24.8%，比上年高出了 3.5 个百分点，全年财政收入总体增长较快；全国财政支出 10.9 亿元，同比增长 21.2%，比上年高 3.4 个百分点。收支相抵后，收入小于支出 5190 亿元。从支出结构来看，全国财政支出中最大的三项分别为教育支出、社会保障和就业支出以及一般公共服务支出，分别占财政支出的 14.8%、10.2% 和 10.2%。②

三、中国银行业发展概况

（一）银行业运营基本稳健

1. 信贷增速平稳回调，信贷结构进一步优化

截至 2011 年底，银行业金融机构本外币各项贷款余额 58.2 万亿元，比年初增加 7.9 万亿元，同比增长 15.7%，较 2010 年的 19.7% 回落明显③（见图 1 - 6），其主要原因是稳健偏紧的货币政策、贷款新规的实施、存款增速趋

---

① 国际清算银行网站：http://www.bis.org/statistics/eer/index.htm。
② 中国人民银行：《2011 年第四季度中国货币政策执行报告》。
③ 《中国银行业监督管理委员会 2011 年报》。

缓、业内存贷比考核等。

在信贷增速平稳回调的同时，银行业贷款结构也进一步优化：

（1）房地产贷款增速总体回落，其中保障性住房开发贷款增量占比提高。2011年12月末，金融机构人民币房地产贷款余额10.73万亿元，同比增长13.9%，比上年末回落13.5个百分点；全年累计增加1.26万亿元，同比少增7704亿元。①一方面，个人住房贷款增长放缓且转为以支持自住需求为主；另一方面，在房地产开发贷款增速下降的同时，保障性住房开发贷款全年累计增加1751亿元，占同期房产开发贷款增量的50.1%，比年初水平提高31.7个百分点。②

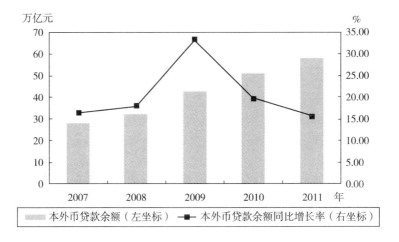

数据来源：中国人民银行：《2011年第四季度中国货币政策执行报告》。

图1-6　银行业金融机构本外币贷款余额及同比增长率（2007～2011年）

（2）更多信贷资金投向"三农"发展的重点领域。截至2011年底，银行业金融机构涉农贷款余额14.6万亿元，占全部贷款的25.7%，同比增长24.9%，高于各项贷款平均增速8.8个百分点③。

（3）对小微企业的政策支持力度加大，贷款规模增加。在2011年信贷规模相对收紧的背景下，小微企业融资困境凸显，中国银监会出台了一系列差异化监管措施，引导银行业金融机构改进对小微企业的金融服务，截至2011年末，全国银行业金融机构小企业贷款余额10.8万亿元，占全部贷款余额的

---

① 中国人民银行：《2011年金融机构贷款投向统计报告》。

② 中国人民银行：《2011年金融机构贷款投向统计报告》。

③ 《中国银行业监督管理委员会2011年报》。

19.6%；小企业贷款余额同比增长 25.8%，高于 15.7% 的全部贷款平均增速；比年初增加 1.9 万亿元，比上年同期增量高 2093 亿元。①

（4）其他行业产业贷款情况。一是银行业加大了对文化产业支持力度，根据其产业特殊性制定了文化产业信贷指引，探索知识产权质押等质押模式，有力地支持了国内文化产业的发展；二是新能源与可再生能源领域的信贷在能源类信贷中的占比进一步提高，更好地满足"绿色"、"清洁"、"环保"领域的融资需求；三是加大对新疆及西藏两大边远地区的信贷支持，对其贷款的增长率超过了平均贷款余额的增长率。

（5）贷款的期限结构持续改善，短期贷款增速高于中长期贷款。截至2011 年末，银行业短期贷款余额 21.7 万亿元，比年初增加 4 万亿元，同比增长 21.8%；中长期贷款余额 33.4 万亿元，比年初增加 3.7 万亿元，同比增长 11.8%②。贷款期限结构的改善反映了银行按照宏观调控要求控制按揭贷款额度、严控地方融资平台贷款、向中小企业贷款倾斜的经营导向，有助于改善银行存贷款期限错配，降低流动性风险。

2. 利润水平创新高

2011 年我国银行业金融机构实现税后利润 1.25 万亿元，同比增长39.3%。资本利润率 19.2%，同比提高 1.7 个百分点；资产利润率 1.2%，同比提高 0.17 个百分点。③ 商业银行税后利润总额达到 1.04 万亿元，同比增长 36.3%。④

从不同规模的银行的盈利情况来看，大型商业银行实现税后利润 6646.6亿元，占银行业利润总额的 53%；中小商业银行继续深化战略调整和经营转型，进一步明确市场定位，以服务小微企业和"三农"为重点，总的来说保持了业绩的稳定，股份制商业银行和城市商业银行利润都超过了 1000 亿元⑤；农村中小金融机构通过综合采取市场化和地方政府支持等手段化解不良贷款及挂账，增强了资本实力，但发展依然相对滞后。

由于部分表外业务、中间业务的快速发展以及中间业务费率的提高⑥，2011 年中国银行业非利息收入快速增长。这主要表现在以下几个方面：

（1）保理业务大幅增长。2011 年中国银行业的国际和国内保理业务量折

---

① 《中国银行业监督管理委员会 2011 年报》。

② 《中国银行业监督管理委员会 2011 年报》。

③ 《中国银行业监督管理委员会 2011 年报》。

④ 中国银行业监督管理委员会：《中国银行业运行报告（2011 年度）》。

⑤ 《中国银行业监督管理委员会 2011 年报》。

⑥ 有少部分非利息收入是由于部分银行变相设立不合理的收费项目。

合人民币达 2.24 万亿元①，创历史新高。近年我国保理业务量大幅增长，保理服务产品继续丰富，目标客户变得更加广泛，由银行业保理商提供的保理服务占据了中国保理市场的重要份额。

（2）代理结算手续费快速增长。2011 年，我国跨境贸易人民币结算境内地域范围由上海、广州、深圳、珠海和东莞等城市扩大到全国，业务领域和品种扩大，境外人民币回流渠道拓宽，银行业跨境结算业务手续费收入也相应增长。2011 年全年跨境贸易人民币结算业务累计发生 2.08 万亿元，同比增长 3.1 倍。②

（3）理财业务爆发式增长。2011 年银行理财类业务受到追捧，业务量飙升，理财市场呈现爆发式增长态势。全年银行理财产品发行数量为 19176 款，较 2010 年上涨幅度为 71.40%；产品发行规模为 16.49 万亿元人民币，较 2010 年增长幅度高达 1.34 倍。③ 无论是产品发行数量还是产品发行规模，其同比增速均大幅超过 2009 年和 2010 年。

3. 资产质量基本保持稳定，但第四季度现小幅"双升"

截至 2011 年底，银行业金融机构不良贷款余额 1.05 万亿元，比年初减少 1904 亿元，不良贷款率 1.77%，同比下降 0.66 个百分点。值得关注的是，第四季度末商业银行不良贷款余额和不良贷款率环比出现自 2005 年以来的首次"双升"，其中，不良贷款余额较第三季度末增加 201 亿元，环比增长幅度为 4.9%。不良贷款率由第三季度末的 0.9% 提高至 1.0%，主要表现为第四季度商业银行次级类贷款环比大幅增加，占新增不良贷款比例达 90%。④ 大型商业银行、股份制商业银行、城市商业银行以及农村商业银行第四季度的不良贷款余额均出现了不同程度的反弹。

不良贷款反弹的主要原因一方面是第四季度国内经济增速下滑，企业偿债能力下降，工商业尤其是中小企业受到明显冲击，部分中小企业经营困难，导致还款困难；另一方面是 2011 年第四季度以来银行对不良贷款分类评价标准更加严格。

此外，近年备受关注的地方政府融资平台贷款、房地产贷款的风险总体可控，贷款质量基本稳定，表明监管机构多轮清理整顿效果明显。

---

① 新华网：《银监会：2011 年我国银行业保理业务量达 2.24 万亿元》，见 http://news.xinhuanet.com/fortune/2012 - 06/05/c_ 112127366.htm.

② 中国人民银行：《2011 年第四季度中国货币政策执行报告》。

③ 《普益财富 2011～2012 年银行理财市场年度报告》。

④ 《中国银行业监督管理委员会 2011 年报》。

4. 流动性趋紧状况有所缓解

2011 年上半年，受紧缩性货币政策的影响，银行体系流动性整体较为紧张，第三季度以后，由于通胀率逐步回落，货币政策适度放松，银行业流动性趋紧状况有所改善，并在第四季度继续缓解，主要表现在：商业银行流动性比例有所上升，存贷比有所下降，银行间市场利率水平出现回落。

截至 2011 年底，银行业金融机构流动性比例平均为 44.7%，同比上升 1.04 个百分点；存贷比为 72.7%，同比上升 0.94 个百分点。商业银行人民币超额备付金率为 3.1%，同比下降 0.08 个百分点。① 分机构看，大型商业银行超额备付率为 2.2%，同比上升 0.2 个百分点；股份制商业银行超额备付率为 3.6%，同比下降 1 个百分点；城市商业银行超额备付率为 6.5%，同比下降 0.64 个百分点。②

5. 资本充足率稳步上升，风险抵御能力不断增强

截至 2011 年底，商业银行整体加权平均资本充足率 12.71%，同比上升 0.55 个百分点；加权平均核心资本充足率 10.24%，同比上升 0.16 个百分点。390 家商业银行的资本充足率水平全部超过 8%（见图 1 - 7），核心资本与总资本的比例为 80.6%，资本质量较高。

从商业银行风险抵补能力来看，截至 2011 年底，商业银行贷款损失准备金余额 1.19 万亿元，比年初增加 2461 亿元；拨备覆盖率为 278.1%，同比提高 60.4 个百分点，大型商业银行拨备覆盖率达到 261.4%，同比提高 54.6 个百分点；股份制商业银行拨备覆盖率达到 350.3%，同比提高 72.7 个百分点③。资本充足率和拨备覆盖率等指标的持续提高表明：在世界经济不景气的情况下，中国商业银行抵御风险的能力在不断增强。

（二）银行业监管更趋审慎和细化

1. 强化资本监管

2011 年 5 月，中国银监会制定印发《关于中国银行业实施新监管标准的指导意见》，在资本监管方面提出了包括资本充足率、杠杆率、流动性比率和贷款损失准备等一整套审慎监管标准和制度安排，并根据指导意见于 8 月发布《商业银行资本管理办法（征求意见稿）》。

该征求意见稿的核心内容有：（1）四层次资本监管要求：第一层次为最

---

① 《中国银行业监督管理委员会 2011 年报》。
② 中国银行业监督管理委员会：《中国银行业运行报告（2011 年度）》。
③ 中国银行业监督管理委员会：《中国银行业运行报告（2011 年度）》。

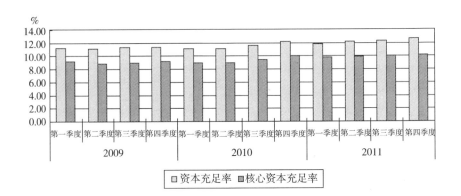

数据来源：中国银行业监督管理委员会网站，http：//www.cbrc.gov.cn/。

图 1-7　商业银行资本充足率情况（2009~2011 年）

低资本要求，即核心一级资本充足率、一级资本充足率和资本充足率分别不得低于 5%、6% 和 8%；第二层次为储备资本要求和逆周期资本要求，储备资本要求不低于 2.5%，逆周期资本要求为 0~2.5%；第三层次为系统重要性银行附加资本要求，为 1%；第四层次为第二支柱资本要求（监管部门的额外要求）。通常情况下系统重要性银行和非系统重要性银行资本充足率分别不低于 11.5% 和 10.5%。（2）增加操作风险资本。（3）调整风险权重。符合条件的小微企业贷款风险权重从 100% 下调到 75%；首套房贷风险权重 45%，二套房贷风险权重 60%；其他个人贷款风险权重从 100% 下调到 75%。（4）依据资本充足率水平对银行进行分类监管。

在以上新的资本要求下，众多银行增资扩股，并发行了次级债，以达到监管要求，各银行诉诸次级债融资的方式客观上减轻了股市的压力，同时又促进了债券市场的发展。

2. 规范对银行理财产品销售的管理

银行理财产品快速发展的同时也伴随着一系列问题，如商业银行忽视对质量和风险的管控、产品同质化竞争激烈、理财产品的宣传淡化风险而过分强调预期收益率、未能建立完整的事前、事中、事后信息披露机制等。针对这些问题，中国银监会于 2011 年 8 月出台了《商业银行理财产品销售管理办法》，从理财产品销售规范、客户风险评估及风险提示、费用制定、客户分级定义以及监管方监管实施等几个方面对银行理财业务进行了规范，纠正银行理财产品销售中的不当行为。办法规定理财产品销售文件应当载明投资范围、投资资产种类和各投资资产种类的投资比例，并确保在理财产品存续期间按照销售文件约定比例合理浮动；商业银行应当根据风险匹配原则在理财产品风险评级与客户风险承受能力评估之间建立对应关系；商业银行应当在客户首次购买理财产品前在本行网点进行风险承受能力评估；不得无条件向客户承诺高于同期存款利率的保证收益率；商业银行应当建立和完善理财产品销售质量控制制度，制定实施内部监督和独立审核措施。以上细则进一步完善了理财业务的监管。

3. 加强了对地方融资平台贷款的风险监管

为了进一步控制和逐步化解地方融资平台积累的风险，中国银监会于2011 年 4 月发布了《关于切实做好 2011 年地方政府融资平台贷款风险监管工作的通知》，主要内容包括：（1）严格加强新增平台的管理，包括健全"名单制"管理系统、建立总行集中审批制度、严格信贷准入条件、合理确定贷款期限和还款方式等；（2）全面推进存量平台贷款的整改管理，包括贷款条件、贷款合同、抵押担保和贷后管理的整改等；（3）强化平台贷款的约束，包括监管、合规、统计、质量、拨备以及资本等的约束；（4）特别提出监控已经整改为"一般公司类贷款"的风险；（5）由于未来三年（2012～2014 年）是地方融资平台贷款的到期还款高峰期，监管部门还考虑对原有期限安排不合理的贷款，根据具体实际情况，允许适当延长还款期限或展期。

此外，中国银监会还颁布了《商业银行杠杆率管理办法》，旨在有效控制商业银行的杠杆化程度，维护商业银行的安全、稳健运行；和《商业银行贷款损失准备管理办法》，旨在加强审慎监管，提升商业银行贷款损失准备的动态性和前瞻性，增强商业银行风险防范能力，促进商业银行稳健运行（见表1 - 4）。

表1 - 4　2011 年度中国银监会出台的部分监管文件

时间	文件名称	主要内容
2011 年 4 月 2 日	《中国银监会关于切实做好2011 年地方政府融资平台贷款风险监管工作的通知》	进一步防范和化解地方政府融资平台贷款的风险。
2011 年 5 月 3 日	《关于中国银行业实施新监管标准的指导意见》	推动中国银行业实施国际新监管标准，增强银行体系稳健性和国内银行的国际竞争力。
2011 年 6 月 1 日	《商业银行杠杆率管理办法》	为有效控制商业银行的杠杆化程度，维护商业银行的安全、稳健运行。
2011 年 7 月 27 日	《商业银行贷款损失准备管理办法》	加强审慎监管，提升商业银行贷款损失准备的动态性和前瞻性，增强商业银行风险防范能力，促进商业银行稳健运行。

续表

时间	文件名称	主要内容
2011 年 8 月 15 日	《商业银行资本管理办法（征求意见稿）》	对中国银行业资本监管的总体原则、监管资本要求、资本充足率计算规则、商业银行内部资本充足率评估程序、资本充足率监督检查内容和监管措施、资本充足率信息披露等重新进行了全面规范。
2011 年 8 月 28 日	《商业银行理财产品销售管理办法》	规范商业银行理财产品，促进商业银行理财业务健康发展。

资料来源：中国银行业监督管理委员会网站。

四、未来宏观经济形势展望

（一）世界经济的不稳定与不确定性上升

1. 欧洲主权债务危机继续深化蔓延，影响整体经济形势

欧洲各国实行的经济紧缩政策和部分欧洲国家主权债务危机向银行业蔓延，将影响 2012 年欧洲经济形势，同时可能引发全球经济衰退。希腊、葡萄牙等国债务风险愈演愈烈，市场融资成本高企。同时，危机加速向其他欧洲国家蔓延，削弱了对重债国的援助能力。此外，债务危机严重影响银行体系健康，进一步加剧了银行的融资压力。由于投资者市场信心不足，资金加速撤离欧元区高负债国家，欧洲银行间市场拆借利率一度快速攀升。

在就业方面，虽然奥地利、比利时和德国就业形势稍有好转，但那些面临主权债务危机的欧元区国家就业形势仍不容乐观。2012 年，欧元区国家失业率将维持在 10% 左右[①]。高企的失业率将继续抑制居民消费，财政减赤计划限制政府支出，全球经济增长放缓影响对外贸易，区内经济可能陷入温和衰退。根据国际货币基金组织（IMF）最新预测，2012 年欧元区经济增速为 −0.5%，比 2011 年 9 月的预测值下调 1.6 个百分点，其中区内经济"龙头"德国的经济增速下调 1 个百分点至 0.3%。但欧债危机的恶化最终将倒逼欧洲出台强有力的政策反击，最终使欧债危机能够在 2012 年得到控制，避免演变成一场全球性金融危机。

---

① 联合国：《2012 年世界经济形势与展望》。

2. 美国经济仍面临诸多风险，但将继续维持温和复苏

2012 年，美国经济仍面临很多风险，主要有：（1）欧洲主权债务危机继续恶化，将制约美国经济复苏的步伐。（2）美国自身经济仍面临很多结构性失衡问题，如庞大的贸易逆差和严重的财政债务问题。（3）就业市场仍然疲软。当前，美国劳动参与率处于历史低位，长期失业人数并未出现改善，而且由于美国国会没有能够达成削减财政赤字的协议，2013 年后，联邦政府的支出将自动每年削减约 1000 亿美元。这意味着，两项刺激就业的税收减免政策将会于 2012 年初到期。这将直接影响居民收入，拖累消费增长。（4）扩大出口的难度增加。在全球经济增长趋缓以及资本回流加大美元升值压力的情况下，美国的出口形势不容乐观。但目前美国经济出现的积极变化有一定的可持续性，同时，美国银行业放贷意愿在加强，房地产业出现好转苗头，家庭负债已明显减轻，这些将有助于美国经济继续维持温和复苏，预计 2012 年美国经济增速在 1.3% 左右。①

3. 新兴经济体将出现经济增速下滑

受发达经济体增速放缓的拖累，同时也因为不得不通过紧缩政策来抑制通胀，再加上国际资本流动的方向、规模和速度愈发扑朔迷离，新兴经济体增速放慢的可能性非常大，一些重要的新兴经济体甚至有出现"硬着陆"的可能。IMF 预计，2012 年新兴市场经济和发展中国家的经济增长率将降至 5.4%，比 2011 年 9 月的预期下调 0.7 个百分点。

一方面，欧债危机的恶化客观上拖累美国经济复苏，欧美市场未来需求下滑将导致新兴经济体出口整体萎缩。另一方面，由于担心新兴市场经济体国家可能"硬着陆"以及欧洲大量银行资金回流本土"自救"，国际资本在 2012 年或将掀起撤离新兴市场的风潮。这不仅将加剧新兴经济体金融市场的动荡程度，而且势必驱动新兴市场国家货币进一步贬值，在削弱相关国家偿债能力的同时，也增大了新兴市场在全球经济再平衡中的风险。

（二）中国经济增速将逐步放缓，物价上涨压力依然存在

1. 经济发展以转型为主题，经济增速将缓中趋稳

2012 年国际形势仍旧比较复杂严峻，世界经济的复苏总体上还是步履蹒跚，我国外部需求增长的压力比较大。从国内情况看，我国经济发展已显现出长期矛盾和短期问题相互交织、结构性因素和周期性因素相互作用、国内问题和国际问题相互关联的阶段性特征，转变经济发展方式刻不容缓，房地产调

---

① 联合国：《2012 年世界经济形势与展望》。

控、产能过剩、结构调整也将使经济增速呈现缓中趋稳的趋势。据国家统计局公布的数据显示，2012年第一季度GDP同比增长8.1%，低于此前专家和机构预计的8.4%，但预计全年增速将高于2012年政府工作报告中提出的全年7.5%的指导性目标。

2. 投资增速总体放缓

2012年上半年，房地产投资和政府主导的基建投资增速继续回落，成为投资增速放缓的重要因素。但随着政策向"稳增长"倾斜，货币政策逐步放松，5月以来部分大城市的房屋成交量有较大幅度增长，预计房地产投资增速将逐渐企稳。从基建投资看，"两会"后重大基建项目审批加速，预计下半年基建投资将有所回暖。然而，外部市场的持续疲弱将抑制制造业的投资增速。总体来看，投资增速较2011年将放缓。

3. 消费将保持稳定增长

短期内中国难以从依赖外需直接转向以内需拉动经济的增长模式，但消费增长将保持相对稳定的水平。受限购和补贴政策退出的影响，汽车消费2011年增长相对较低，这为2012年摆脱政策影响后的反弹积蓄了力量。尽管随着通胀的回落，服装、食品等必需品的消费将有所放缓，但奢侈性和炫耀性消费有望保持较高增长。

4. 出口情况不容乐观

美国经济复苏的速度十分缓慢，资产负债表的修复依然艰难；欧债危机有进一步发酵蔓延的趋势；在欧美经济难有起色的情况下，新兴市场进出口也将深受影响。2012年外需的下降将导致我国出口增长的进一步下滑，未来几年进口增速将显著高于出口增长。

5. 物价上涨压力依然存在

一方面，我国正处于结构转型时期，人工成本、资源成本这类长期影响物价上涨的因素在短期之内难以根本消除。另一方面，欧美国家为应对欧债危机、促进经济复苏而实施的非常规扩张性货币政策仍将延续，美联储已宣布将联邦基金目标利率维持至2014年中，全球流动性过剩问题在未来两年内不会有根本改变。这都将对我国形成较大的通胀压力。

（三）银行业金融机构面临的经济和政策环境充满挑战

未来几年，我国银行业金融机构，特别是中小金融机构，面临的宏观经济环境和政策环境充满挑战。首先，在巴塞尔委员会通过提高银行体系资本要求的改革背景下，国内资本监管改革的总体框架随之出炉，银行补充资本金的监管要求提升，银行融资压力加大，且更严格的拨贷比监管指标可能加大银行信贷成本。其次，随着稳健从紧货币政策的放松和利率市场化改革的逐步深入①，银行业净息差收入将逐步收窄，利润增长率会下滑。最后，银行资产质量面临的压力主要来自地方政府融资平台贷款、房地产贷款及部分产业贷款，特别是中小企业贷款质量的恶化，不良贷款将有所增加。不过，未来两年宏观经济仍将保持稳定增长的态势，贷款出现大面积坏账的可能性较小，不良贷款率总体仍将保持在相对较低水平。

面对宏观政策和经营环境的变化，银行业金融机构需要在不断调整经营战略、加快盈利模式的转变的同时，防范和控制信贷风险。第一，优化银行信贷结构，加大对战略性新兴产业、节能环保产业、现代服务业等行业的金融支持，执行国家产业调整政策，把资金投向前景更为看好、潜在收益更高的项目，从而提高资金使用效率。第二，大力发展和创新低耗资本的中间业务和零售业务，逐渐突破结算、代理收费等劳动密集型产品，向技术含量高的资信调查、资产评估、个人理财、期货期权以及衍生工具类业务倾斜。这也符合经济结构转型、消费升级的趋势，最终增加非利息收入在银行收入中的比重。第三，开展特色差异化经营，在不同业务领域发现和强化自身比较优势，中小银行更应特别重视对中小企业贷款的开拓，从而提高议价能力和经营业绩。第四，继续加强信贷风险管理，尤其是对房地产贷款、地方政府融资平台贷款和中小企业贷款的风险管理。虽然自 2011 年第四季度以来货币政策有所放松，但政府对房地产市场调控的力度短期内不会明显放松，银行业在支持实体经济发展的同时，仍然要坚持严格审慎的放贷原则，防范和控制新一轮扩张政策下信贷风险的快速上升。

① 自 2012 年 6 月 8 日起，中国人民银行将银行业金融机构存款利率浮动区间的上限调整为基准利率的 1.1 倍，将金融机构贷款利率浮动区间的下限调整为基准利率的 0.8 倍。此前，存款利率是以中国人民银行公布的基准利率作为上限管理，而贷款利率则实行基准利率的 0.9 倍下限管理放开。

第二章 中国银行业中小金融机构的整体运行状况

2011 年，我国银行业中小金融机构继续保持快速稳定的增长，市场份额不断提高，稳健运营能力得到提升，在支持实体经济，尤其是中小企业发展中发挥了重要的作用。但与此同时，银行业市场垄断性竞争格局仍将维持，这对中小金融机构的差异化、特色化经营提出了更高要求。

一、银行业中小金融机构的基本状况

（一）法人机构数量保持稳定

根据中国银监会的统计数据，截至 2011 年底，我国银行业共有法人金融机构 3800 家，从业人员 319.8 万人，其中中小法人金融机构①3791 家，包括 12 家股份制商业银行，144 家城市商业银行，212 家农村商业银行，190 家农村合作银行，2265 家农村信用社，4 家金融资产管理公司，40 家外资法人金融机构，66 家信托公司，127 家企业集团财务公司，18 家金融租赁公司，4 家货币经纪公司，14 家汽车金融公司，4 家消费金融公司，635 家村镇银行，10 家贷款公司以及 46 家农村资金互助社。

从总量上看，图 2-1 显示，我国银行业中小金融机构法人数量在 2011 年仍然延续了近年来整体下降的大趋势，不过与 2010 年相比，2011 年的中小金融机构法人数量略有增加。2010 年，我国银行业中小金融机构法人数量为 3760 家，2011 年为 3791 家，比 2010 年增加了 31 家，增长率为 0.82%。

从结构上看，2010 年至 2011 年，各类中小法人金融机构数量增减不一（见表 2-1）。尽管农村信用社近年来呈现逐年减少的趋势，其数量从 2010 年的 2646 家减少到 2011 年的 2265 家，减少了 381 家（-14.40%），但在各类中小金融机构中，法人机构数量仍然最多，2011 年占全部中小金融机构数量

---

① 中小法人金融机构是指除了 5 家大型商业银行、2 家政策性银行以及国家开发银行和中国邮政储蓄银行之外的法人金融机构。

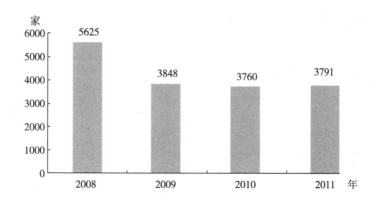

数据来源：2008～2011年《中国银行业监督管理委员会年报》。

图2-1 我国银行业中小金融机构法人机构数（2008～2011年）

的59.73%。2010年至2011年，新型农村金融机构继续保持着高速增长的态势，增长率达74.75%，法人机构数从2010年的395家迅速增加到2011年的691家，占全部中小金融机构数量的18.23%。2010年至2011年，增长最快的是农村商业银行，年增长率高达149.41%，从2010年的85家猛增到2011年的212家，超过农村合作银行（190家）和城市商业银行（144家）而位居中小金融机构数量的第三位。企业集团财务公司、金融租赁公司、金融公司和信托公司也保持了稳定的增长，增长率分别为18.69%、5.88%、5.88%和4.76%。2010年至2011年，股份制商业银行（12家）、货币经纪公司（4家）、资产管理公司（4家）以及外资金融机构（40家）的数量均保持不变。但城市商业银行、农村信用社和农村合作银行法人机构数分别下降了2.04%、14.40%和14.80%。

表2-1 我国银行业各类中小法人金融机构数量及其增长率（2010～2011年）

中小金融机构	2010年		2011年	
	法人机构数（家）	增长率（%）	法人机构数（家）	增长率（%）
股份制商业银行	12	0.00	12	0.00
城市商业银行	147	2.80	144	-2.04
农村信用社	2646	-13.42	2265	-14.40
农村商业银行	85	97.67	212	149.41
农村合作银行	223	13.78	190	-14.80
企业集团财务公司	107	17.58	127	18.69
信托公司	63	8.62	66	4.76

中小金融机构	2010 年		2011 年	
	法人机构数（家）	增长率（%）	法人机构数（家）	增长率（%）
金融租赁公司	17	41.67	18	5.88
金融公司*	17	70.00	18	5.88
货币经纪公司	4	33.33	4	0.00
新型农村金融机构	395	128.91	691	74.76
资产管理公司	4	0.00	4	0.00
外资金融机构	40	8.11	40	0.00
总计	3760	-2.29	3791	0.82

注：*金融公司包括汽车金融公司和消费金融公司。

数据来源：2009~2011 年《中国银行业监督管理委员会年报》。

（二）从业人员数量稳步增加

从图 2-2 中可见，2008 年至 2011 年，我国中小金融机构从业人员数逐年稳步增加，2011 年增加到 1332819 人，比 2010 年（1233343 人）增加了 8.07%[①]。我国中小金融机构的从业人员不仅绝对数量稳步增加，其占我国金融机构从业人员总数的比例也逐年提高，从 2008 年的 39.07% 稳步提高到 2011 年的 41.68%。可见，我国中小金融机构在吸纳就业方面的作用也日益显著。

从各类中小金融机构从业人员的占比结构来看，2011 年，从业人员最多的为农村信用社，从业人员达到了 533999 人，占中小金融机构从业人员总量的 40.07%；其次是股份制商业银行（278053 人）和城市商业银行（223238 人），分别占 20.86% 和 16.75%；接着是农村商业银行（11.67%）、农村合作银行（5.26%）和外资金融机构（3.17%）。其他中小金融机构（含企业集团财务公司、信托公司、金融租赁公司、金融公司、货币经纪公司和资产管理公司）的从业人员数相对较少，总共占比为 2.23%。

从各类中小金融机构从业人员数的增长率来看（见表 2-2），2010 年至 2011 年，农村商业银行从业人员由 2010 年的 96721 人快速增加到 2011 年的 155476 人，增长率高达 60.75%。其次为金融公司，其从业人员数增长了 43.59%。从 2010 年至 2011 年，货币经纪公司、信托公司、金融租赁公司、外资金融机构、股份制商业银行、企业财务集团公司等都实现了两位数的增

---

① 2010 年和 2011 年的中小金融机构从业人员数量不包括新型农村金融机构。

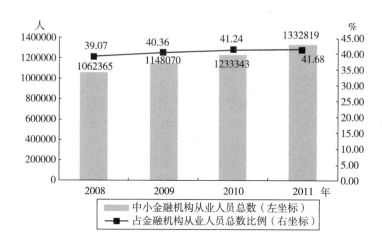

注：2010 年和 2011 年的中小金融机构从业人员数量不包括新型农村金融机构。

数据来源：2008～2011 年《中国银行业监督管理委员会年报》。

图 2 - 2　我国银行业中小金融机构从业人员数（2008～2011 年）

长，分别增长了 27.76%、21.16%、20.08%、17.36%、17.24%、17.16%。资产管理公司（9.47%）和城市商业银行（8.05%）从业人员数增长较为平稳，而农村信用社与农村合作银行由于法人机构数下降明显，致使从业人员数也分别下降了 3.06% 和 13.52%。

表 2 - 2　我国银行业各类中小金融机构从业人员数及其增长率（2010～2011 年）

中小金融机构	2010 年		2011 年	
	从业人员数（人）	增长率（%）	从业人员数（人）	增长率（%）
股份制商业银行	237158	19.98	278053	17.24
城市商业银行	206604	16.22	223238	8.05
农村信用社	550859	-3.42	533999	-3.06
农村商业银行	96721	45.85	155476	60.75
农村合作银行	81076	8.43	70115	-13.52
企业集团财务公司	5990	13.53	7018	17.16
信托公司	7382	35.10	8944	21.16
金融租赁公司	1235	44.95	1483	20.08
金融公司*	2645	63.27	3798	43.59
货币经纪公司	245	41.62	313	27.76
资产管理公司	7411	-13.72	8113	9.47
外资金融机构	36017	10.81	42269	17.36
总计	1233343	7.42	1332819	8.07

注：*金融公司包括汽车金融公司和消费金融公司。从业人员数量不包括新型农村金融机构。

数据来源：2009～2011 年《中国银行业监督管理委员会年报》。

（三）区域分布进一步向东部倾斜

　　无论从营业网点数量、从业人员数，还是从资产总额上来看，2011 年我国银行业中小金融机构仍然集中在东部地区，中部和西部地区相对较少①。从图 2 - 3 中可以看到，2011 年，东部地区共有中小金融机构的营业网点 44120 家，分别是中部地区（23168 家）和西部地区（26874 家）的 1.90 倍和 1.64 倍。从业人员数量和资产总额的区域分布更加不均衡。2011 年，东部地区中小金融机构中的从业人员共 776974 人，分别是中部地区（279266 人）和西部地区（316081 人）的 2.78 倍和 2.46 倍。而从资产总额上来看，2011 年，东部地区中小金融机构中的资产总额为 334093.7 亿元，分别是中部地区（61826.9 亿元）和西部地区（77340.3 亿元）的 5.40 倍和 4.32 倍。2010 年，东部中小金融机构的营业网点数是中部的 1.44 倍，是西部的 1.49 倍；东部中小金融机构的从业人员数是中部的 1.92 倍，是西部的 2.22 倍；东部中小金融机构的资产总额是中部的 3.83 倍，是西部的 3.87 倍。显然，与 2010 年相比，2011 年我国中小金融机构的地区分布呈现进一步向东部倾斜的趋势。

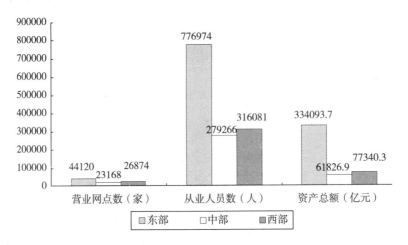

注：按照中国人民银行的统计口径，新型金融机构中包括贷款公司。

数据来源：中国人民银行公布的《2011 年中国区域金融运行报告》。

图 2 - 3　2011 年我国中小金融机构的区域分布

　　从图 2 - 4 中可以看到，2011 年，我国的东部地区集中了中小金融机构中

---

① 结合中国人民银行公布的《2011 年中国区域金融运行报告》，东部地区包括东部 10 个省市和东北 3 省，中部地区包括 6 个省份，西部地区包括 12 个省市。

46.86%的营业网点，56.62%的从业人员以及高达70.59%的金融资产。而与之相比，只有24.60%和28.54%的中小金融机构的营业网点分布在中部和西部地区；20.35%和23.03%的从业人员分布在中部和西部地区；而分布在中部和西部地区的中小金融机构的总资产更少，分别只有13.06%和16.34%。类似地，这一数字与2010年相比显得更加悬殊，可见，2011年我国中小金融机构向东部地区集中的趋势更加明显。

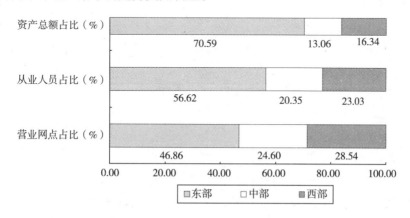

注：按照中国人民银行的统计口径，新型金融机构中包括贷款公司。

数据来源：中国人民银行公布的《2011年中国区域金融运行报告》。

图2－4　2011年我国各地区中小金融机构的各项占比

（四）市场份额继续提高

2011年，我国银行业中小金融机构占整个银行业的市场份额，无论从总资产、总负债、所有者权益，还是从税后利润来看，都呈现继续稳步提高的态势，市场占有率均超过了四成。

1. 总资产份额小幅提升

截至2011年末，我国银行业中小金融机构的总资产为459870亿元，比2010年的372487亿元增加了87383亿元，增长率为23.46%。从图2－5可以看出，中小金融机构的总资产市场份额不断提高，从2009年的36.55%提高到2010年的39.08%，在2011年进一步提高到40.59%。其中，股份制商业银行的总资产规模最大，占中小金融机构总资产的39.97%；城市商业银行和农村信用社以21.71%和15.67%的占比分列第二位和第三位；其他类型中小金融机构的总资产占比都比较小。

2. 总负债份额继续上升

总负债的总量和结构变动状况与总资产类似。截至2011年末，我国银行业

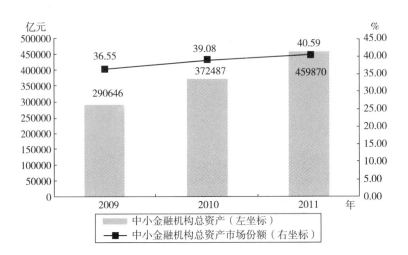

注：不包括新型农村金融机构。

数据来源：2009～2011年《中国银行业监督管理委员会年报》。

图 2 - 5　我国中小金融机构总资产与市场份额（2009～2011 年）

中小金融机构的总负债为 427710 亿元，比 2010 年的 347876 亿元增加了 79834 亿元，增长率为 22.95%。从图 2 - 6 可以看出，中小金融机构的总负债市场份额不断提高，从 2009 年的 36.31% 提高到 2010 年的 38.88%，在 2011 年进一步提高到 40.32%。其中，股份制商业银行、城市商业银行和农村信用社的总负债

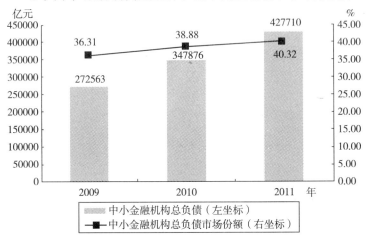

注：不包括新型农村金融机构。

数据来源：2009～2011年《中国银行业监督管理委员会年报》。

图 2 - 6　我国中小金融机构总负债与市场份额（2009～2011 年）

规模位列前三位，分别占中小金融机构总负债市场份额的40.45%、21.79%和16.03%。其他类型中小金融机构的总负债占比都比较小。

3. 所有者权益份额稳步提高

截至2011年末，我国银行业中小金融机构的所有者权益为32160亿元，比2010年的24611亿元增加了7549亿元，增长率为30.67%。从图2-7可以看出，中小金融机构的所有者权益市场份额从2009年的40.69%提高到2010年的42.20%，在2011年进一步提高到44.61%。在中小金融机构中，股份制商业银行的所有者权益规模最大，占中小金融机构所有者权益总额的33.56%；其次是城市商业银行和农村信用社，市场占比分别为20.65%和10.80%；接着是农村商业银行，占比为10.32%；其他类型中小金融机构的所有者权益占比都比较小。

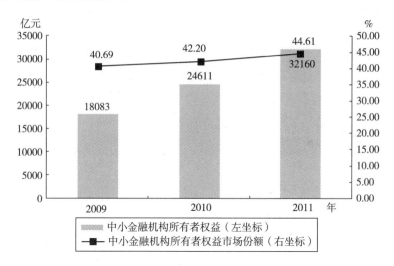

注：不包括新型农村金融机构。

数据来源：2009~2011年《中国银行业监督管理委员会年报》。

图2-7　我国中小金融机构所有者权益与市场份额（2009~2011年）

4. 税后利润份额大幅提高

近年来，我国银行业中小金融机构的税后利润有了长足的增长，占整个银行业税后利润的市场份额也逐年稳步增加。截至2011年末，我国银行业中小金融机构的税后利润为5077.5亿元，比2010年的3305.5亿元增加了1772亿元，增长率高达53.61%。从图2-8可以看出，中小金融机构的税后利润市场份额不断提高，从2009年的34.39%提高到2010年的36.76%，在2011年进一步提高了3.80个百分点至40.56%。在中小金融机构中，股份制商业银行和城市商业银行的税后利润占比远高于其他类型中小金融机构，以39.49%和21.29%的占比分列第一位和第二位；非银行金融机构的税后利润占中小金融机构税后利润总额的11.79%，位居第三；接着是农村信用社（10.46%）和农村商业银行（10.09%）；其他类型中小金融机构的税后利润占比都比较小。

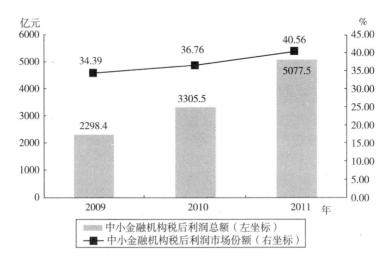

注：不包括新型农村金融机构。

数据来源：2009～2011年《中国银行业监督管理委员会年报》。

图2-8　我国中小金融机构税后利润与市场份额（2009～2011年）

（五）盈利能力显著提升，不良贷款率逐年下降

1. 税后利润高速增长

截至2011年末，我国银行业中小金融机构的税后利润总额由2010年的3305.5亿元增加到2011年的5077.5亿元，增长了53.61%，增长率比2010年的43.82%提高了9.79个百分点，继续保持高速增长。其中，农村信用社税后利润增长率高达128.08%，成为2011年各类中小金融机构中税后利润增速最快的金融机构。外资银行、农村商业银行的税后利润也实现了较快的增长，2011年的增速分别为115.04%和82.99%。股份制商业银行、非银行金融机构和城市商业银行也分别以47.64%、46.76%和40.41%的增长速度实现了税后利润的稳步提高。而农村合作银行的税后利润增长率较低，仅为1.62%。[①] 总体来看，2011年我国中小金融机构的税后利润比2010年进一步

---

① 2009～2011年《中国银行业监督管理委员会年报》。

增加，盈利能力显著提高。

与大型金融机构相比，中小金融机构的相对盈利能力也在逐年提高。如表2－3所示，中小金融机构的税后利润的相对份额从2009年的0.52逐步提高到了2011年的0.68，提高了0.16个百分点。但与大型金融机构相比，近三年中小金融机构的总资产、总负债和所有者权益相对份额明显高于税后利润的相对值，尤其是所有者权益相对份额高于税后利润相对份额。这表明我国中小金融机构的盈利能力低于大型金融机构。但所有者权益与税后利润的相对市场份额之间的差距在逐步缩小，到2011年，这一差距进一步缩小到0.13。这表明，尽管我国中小金融机构的盈利能力仍然低于大型金融机构，但是这种差距正在逐年缩小。

表2－3　我国中小金融机构与大型金融机构的相对市场份额（2009～2011年）

指标	2009年		2010年		2011年	
	中小金融机构份额（%）	中小型与大型金融机构相对份额	中小金融机构份额（%）	中小型与大型金融机构相对份额	中小金融机构份额（%）	中小型与大型金融机构相对份额
总资产	36.55	0.58	39.08	0.64	40.59	0.68
总负债	36.31	0.57	38.88	0.64	40.32	0.68
所有者权益	40.69	0.69	42.20	0.73	44.61	0.81
税后利润	34.39	0.52	36.76	0.58	40.56	0.68

注：不包括新型农村金融机构。

数据来源：2009～2011年《中国银行业监督管理委员会年报》。

2. 不良贷款率逐年下降

2011年，我国中小型银行的不良贷款余额为1282.8亿元，比2010年的1210.7亿元略有增加（见图2－9），但不良贷款率在逐年下降。从2008年至2011年，除了外资银行在2009年不良贷款率小幅上升以外，我国各类中小型银行的不良贷款率均呈现逐年下降的趋势。尤其是农村商业银行，尽管其不良贷款率仍然高于大型银行的1.1%，但近年来的降幅明显，不良贷款率从2008年的3.9%显著降低到2011年的1.6%。其他三类中小型银行的不良贷款率均低于大型银行，其中外资银行的不良贷款率最低，2011年为0.4%。其次是股份制商业银行和城市商业银行，不良贷款率分别为0.6%和0.8%，低于大型商业银行1.1%的水平。这表明，我国中小型银行的稳健运营能力良好。

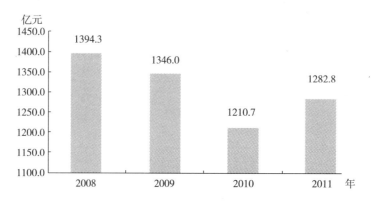

数据来源：2008～2011年《中国银行业监督管理委员会年报》。

图 2-9　中小型银行的不良贷款余额（2008～2011 年）

二、银行业中小金融机构信贷收支状况分析

（一）在资金来源上，存款比重更低，同业拆借和金融债券比重更高

截至 2011 年 12 月底，中资全国性中小型银行的资金来源余额为245062.46 亿元，比 2011 年 1 月底的 188869.06 亿元增加了 56193.40 亿元，增速为 29.75%。在四大资金来源中，存款仍然是中小型银行的首要资金来源，占比在 70% 以上。其次为同业拆借，占中小型银行各类资金来源的比重不断上升，从 2011 年 1 月的 11.86% 增加到 12 月的 15.70%。金融债券是中小型银行的第三大资金来源，2011 年各月的比例在 9.35%～10.37%。资金来源占比最低的是央行借款，在全部资金来源中的比重不足 2% 并逐月下降，至2011 年 12 月下降到 1.19%。

与四大国有控股银行相比，中小型银行的存款比重明显较低。2011 年各月，各项存款在四大国有控股银行中资金来源的占比均超过了 90%，显示了四大国有银行在国内银行业的强大垄断力量和吸储能力。此外，中小型银行对同业拆借和金融债券更为依赖，这两项资金来源在四大国有控股银行的资金来源的比重仅为 4.88%～6.50% 和不足 1.5%。与大型银行相比，中小型银行同业拆借和金融债券不仅在资金来源占比更高，甚至其绝对数额也超过了大型银行（见图 2-10）。在吸储方面的劣势使得中小型银行不得不更多地借助于同业拆借和发行金融债券来融资，这就使它们面临着比四大国有控股银行更高的融资成本：2011 年 12 月 31 日上海银行间同业拆借利率（Shibor）为

3.8855%，全国同业拆借利率为3.9432%，而活期存款基准利率仅为0.5%[①]。

表2-4　2011年四大国有控股银行与中小型银行各类资金来源所占比重

单位:%

资金来源		1月	2月	3月	4月	5月	6月	7月	8月	9月	10月	11月	12月
各项存款	中小型银行	78.44	77.24	79.92	80.01	79.94	78.94	76.93	77.07	75.95	74.69	73.98	72.85
	四大银行	92.85	92.73	94.89	93.88	93.64	93.93	92.56	92.05	92.46	90.71	90.09	91.21
金融债券	中小型银行	9.52	9.35	9.65	9.96	9.93	9.86	10.37	10.21	10.15	10.12	9.92	9.78
	四大银行	0.92	0.91	0.89	0.89	0.96	1.15	1.16	1.15	1.13	1.13	1.22	1.32
央行借款	中小型银行	2.02	1.98	1.45	1.41	1.39	1.34	1.33	1.32	1.30	1.28	1.24	1.19
	四大银行	0.00	0.00	0.00	0.00	0.00	0.00	0.00	0.00	0.00	0.00	0.00	0.01
同业往来	中小型银行	11.86	13.55	13.51	13.11	13.13	13.20	14.10	14.30	13.04	13.92	14.46	15.70
	四大银行	4.88	6.23	6.03	5.32	5.07	5.81	5.55	6.09	5.86	5.90	6.50	6.35

注：中资全国性中小型银行指本外币资产总量小于2万亿元且跨省经营的银行（以2008年末各金融机构本外币资产总额为参考标准）。

数据来源：根据中国人民银行网站《中资全国性中小型银行人民币信贷收支表》和《中资全国性四家大型银行人民币信贷收支表》公布的数据计算。

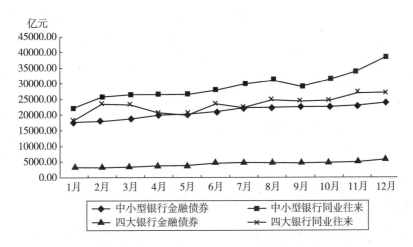

数据来源：中国人民银行：《中资全国性中小型银行人民币信贷收支表》和《中资全国性四家大型银行人民币信贷收支表》。

图2-10　2011年四大国有控股银行与中小型银行的同业拆借和金融债券规模

---

① 《2011年中国人民银行年报》。

（二）在存款结构上，企业存款比重更高

截至 2011 年 12 月底，中资全国性中小型银行各项存款余额为178525.50亿元，比 2011 年 1 月底的 148153.09 亿元增加了 30372.41 亿元，增速为20.50%。从存款结构上来看，中小型银行比大型银行更加依赖企业存款。从图 2－11 可以看到，2011 年，中小型银行的各项存款中的企业存款占比高达70% 以上，比 2010 年还要高。而同时期的个人存款只有 20% 左右。与之形成鲜明对比的是，四大国有控股银行的企业存款和个人存款在其各项存款中的比重相当，个人存款占比稳定在 50% 左右，远远高于中小型银行的这一指标。这再次反映了四大国有控股银行强大的吸储能力和中小型银行在这方面的竞争劣势。

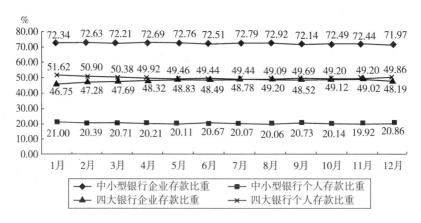

数据来源：根据中国人民银行网站公布的数据计算。

图 2－11　2011 年四大国有控股银行与中小型银行的企业存款比重

（三）在资金运用上，贷款和同业往来比重更高，有价证券及各项投资比重更低

在资金运用方面，截至 2011 年 12 月底，中资全国性中小型银行的各类资金运用总额为 245062.46 亿元，比 2011 年 1 月的 188869.06 亿元增加了56193.40 亿元，增速为 29.75%。在五大资金运用途径中，贷款是中小型银行的首要资金运用途径，占比为 60% 左右。2011 年 1 月至 12 月，中小型银行的贷款占比有下降的趋势，从 1 月的 66.46% 逐月降低到 12 月的 59.24%。中小型银行的资金投资在各种有价证券上的比重在 13.84% ~ 15.52% 内小幅波动，基本保持稳定。缴存存款准备金是中小型银行的第三大资金运用途径，2011

年上半年，中国人民银行多次上调银行存款准备金比率，致使中小型银行该项资金用途的占比从 2011 年 1 月的 12.96% 提高到 12 月的 14.21%。2011 年，我国中小型银行的同业往来占资金运用总额的比重快速上升，从 1 月的 4.35% 急剧增加到 12 月的 11.91%，这直接反映了中小型银行对于同业拆借和拆放市场的日益依赖，也反映出中小型银行融资成本的高企和不稳定性。

与四大国有控股银行相比，中小型银行的贷款比重明显较高。2011 年各月，各项贷款在四大国有控股银行资金运用中的占比约为 55%，加上中小型银行的存款占比明显较低，这表明中小型银行面临着比四大银行更大的存贷比压力。此外，四大银行投资于有价证券的资金比重高于中小型银行，但其同业拆借占比较低。由于政府对于大型银行实施较高的存款准备金率，所以四大银行的缴存准备金存款的占比高于中小型银行。但从时间趋势上来看，2011 年中小型银行的贷款占比显然降得更快，而大型银行的贷款占比基本稳定。这表明，当实体经济出现紧缩时，中小型银行贷款收缩相对快于大型银行。

表 2-5　2011 年四大国有控股银行与中小型银行各类资金运用所占比重

单位:%

资金运用		1 月	2 月	3 月	4 月	5 月	6 月	7 月	8 月	9 月	10 月	11 月	12 月
各项贷款	中小型银行	66.46	65.76	65.22	65.17	65.15	63.83	63.74	63.30	62.78	62.16	61.03	59.24
	四大银行	55.49	55.18	54.57	55.39	55.23	54.00	55.01	55.01	54.35	55.01	55.01	54.53
有价证券	中小型银行	15.52	15.13	14.84	15.09	15.16	14.89	15.22	14.87	14.42	14.44	14.25	13.84
	四大银行	26.11	25.15	24.45	24.40	24.26	23.60	24.18	24.12	23.61	23.73	23.65	23.55
股权及其他投资	中小型银行	0.72	0.72	0.65	0.71	0.75	0.87	0.81	0.99	1.00	0.93	0.91	0.80
	四大银行	0.35	0.40	0.53	0.48	0.46	0.70	0.65	0.71	0.88	0.88	0.88	0.92
缴存准备金存款	中小型银行	12.96	13.42	13.14	13.85	13.72	13.79	13.83	13.86	13.52	14.32	14.36	14.21
	四大银行	15.30	16.25	16.87	16.37	16.92	17.46	17.11	17.17	17.78	17.52	17.43	17.43
同业往来	中小型银行	4.35	4.96	6.15	5.17	5.21	6.63	6.39	6.99	8.28	8.14	9.45	11.91
	四大银行	2.75	3.02	3.58	3.36	3.13	4.23	3.05	3.00	3.38	2.86	3.03	3.58

注：中资全国性中小型银行指本外币资产总量小于 2 万亿元且跨省经营的银行（以 2008 年末各金融机构本外币资产总额为参考标准）。

数据来源：根据中国人民银行网站公布的数据计算。

将不同规模银行的资金来源和资金运用结合起来分析，可以进一步证实中小型银行资金成本高企的现状。由于同业拆借（资金来源）和同业拆放（资金运用）市场以及金融债券市场上的利率是完全市场化的，利率远高于存款利率，因而可以用银行间同业拆借的规模与同业拆放规模的比值、使用金融债券融资与投资于金融证券的资金比值来衡量银行的资金成本。在图 2 - 12 中，除了最后一个季度四大银行的同业拆借/同业拆放高于中小型银行外（这与季节性因素有关），中小型银行的这一比值显著高于四大银行，绝大多数月份都高于 2，即同业拆借的资金是同业拆放资金的两倍以上。类似地，在图 2 - 13 中，显然中小型银行对于金融市场融资比四大银行更加依赖，金融债券融资与证券投资的资金比值是大型银行的十几倍。这些指标进一步反映了中小型银行高企的资金成本。

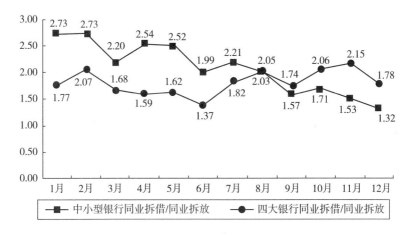

数据来源：根据中国人民银行网站公布的数据计算。

图 2 - 12　2011 年四大国有控股银行与中小型银行的同业拆借/同业拆放

（四）在贷款结构上，短期贷款和票据融资比重更高

在贷款结构方面，截至 2011 年 12 月底，中资全国性中小型银行的短期贷款余额为 69218.08 亿元，比 2011 年 1 月的 56482.50 亿元增加了 12735.57 亿元，增速为 22.55%；票据融资总额为 4620.29 亿元。从图 2 - 14 中可以看到，2011 年，中小型银行的短期贷款和票据融资总额占其各项贷款的比例为 47% ~ 50%，并呈现出稳步增加的趋势，而同时期四大国有控股银行的同一指标仅为 30% 上下。由于中小企业的融资结构中，很少有两年期以上的贷款，票据融资更是中小企业的重要资金来源。因此，图 2 - 14 表明，中小型银行在为中小企业提供资金方面起着更加重要的作用。

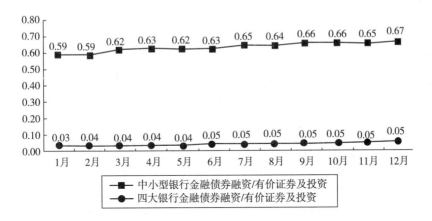

数据来源：根据中国人民银行网站公布的数据计算。

图2-13 2011年四大国有控股银行与中小型银行的金融债券融资/有价证券及投资

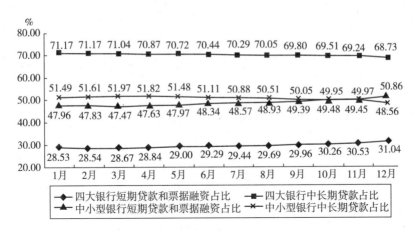

数据来源：根据中国人民银行网站公布的数据计算。

图2-14 2011年四大国有控股银行与中小型银行的各类贷款比重

（五）存贷比居高不下

截至2011年12月底，中资全国性中小型银行的存款余额为178525.50亿元，贷款余额为145170.60亿元，存贷比为81.32%，比2010年12月的82.03%下降了0.71个百分点，但中小型银行的存贷比一直居高不下，始终处在80%以上的高位，并一度超过85%。与中小型银行相比，四大国有控股银行的存贷比要低得多，稳定在57%~60%（见图2-15）。

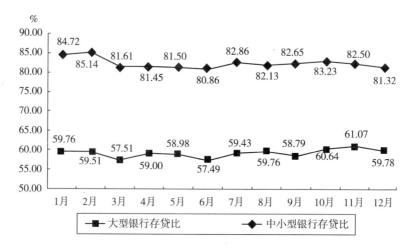

数据来源：根据中国人民银行网站公布的数据计算。

图 2 – 15　2011 年四大国有控股银行与中小型银行的存贷比

三、银行业中小金融机构面临的机遇与挑战

（一）地方政府的鼎力支持助推其发展

中国中小银行的一大优势就是与地方政府的良好关系。地方政府常常不遗余力地推动地方经济的发展，毫无疑问，促进本地中小银行的发展，使其更好地服务于地方经济，成为地方政府经济社会发展的一项重大战略。最典型的案例之一是龙江银行，该行在黑龙江省委、省政府的大力支持下，在不到一年的时间里成功地合并了三家银行和一家城市信用社，并迅速成为省内规模第二大法人银行（仅次于哈尔滨银行）。此外，2011 年还有已经合并 5 家城市商业银行的湖北银行，合并两家城市商业银行的甘肃银行，以及正在合并重组中的贵州银行、西部银行等。

除了推动地方经济增长外，中小银行还可以利用地方经济结构转型和社会保险制度建设等机遇获得发展。例如，无锡农村商业银行凭借与地方政府的良好关系获得了发行"社会保障·市民卡"的业务，并通过该市民卡发放养老金从而获得了大量个人客户。这一切都为中小银行的发展提供了难得的机遇。

（二）政府为小微企业金融与农村金融的鼓励政策提供了巨大的发展空间

为了解决中小企业融资难问题，近几年来政府出台了各种优惠政策，重点在于鼓励商业银行改善小微企业贷款。这些措施主要包括以下几个方面：首先，要求商业银行努力实现小型微型企业贷款增速不低于全部贷款平均增速，增量高于上年同期水平。其次，鼓励银行重点加大对单户授信总额 500 万元（含）以下的小型微型企业的信贷支持，并在计算资本监管要求时适用 75% 的优惠风险权重（而原来为 100%），在内部评级法下比照零售贷款适用优惠的资本监管要求。再次，鼓励商业通过发行专项金融债券用于小微企业贷款，并允许小微企业贷款业务做得好的银行在同城批量开设分支机构。最后，适度提高小微企业贷款的风险容忍度，通过差别化监管和激励政策，支持商业银行进一步加大对小型微型企业的信贷支持力度。

为了改变农村金融发展滞后的局面，我国政府也有类似的鼓励政策。如自 2009 年 1 月 1 日至 2013 年 12 月 31 日，金融机构农户小额贷款的利息收入在计算应纳税所得额时，按 90% 计入收入总额，并对金融机构农户小额贷款的利息收入，免征营业税；对农村金融机构实行定向费用补贴政策，鼓励农村金融产品和服务方式创新等。

这一切为以小微企业和农户为主要服务对象的中小金融机构的进一步发展带来了难得的机遇。

（三）民间资本的进入有助于提高资本实力

中小银行的快速成长离不开资本金的持续补充。以往大部分中国银行会通过发行次级债来补充资本，但中国银监会根据《第三版巴塞尔协议》（巴塞尔协议Ⅲ）而制定的《商业银行资本管理办法（试行）》将核心资本和附属资本进行分类管理，并提高了核心资本要求。这样一来，银行通过发行次级债补充资本金的方式将难以为继。通过内部融资（如增资扩股、利润留存等）方式来提高资本充足率将成为商业银行提高资本充足率的主要途径。

2012 年 5 月，中国银监会出台了《关于鼓励和引导民间资本进入银行业的实施意见》（以下简称《实施意见》），在多个方面对于民间资本进入银行业放松了管制：第一，不得单独针对民间资本进入银行业设置市场准入限制条件；第二，提高了民营资本参与中小金融机构并购重组的持股比例；民营企业参与城市商业银行风险处置的，持股比例可以适当放宽至 20% 以上；第三，将村镇银行主发起行的最低持股比例由 20% 降低为 15%；第四，允许符合规定的小额贷款公司改制并设立为村镇银行。《实施意见》的出台，为民间资本顺利进入中小银行提供了更大的便利，也为大量需要补充资本金的中小银行提供了获得资本金来源的一个重要途径。

（四）存款保险制度缺失致使吸储压力增大、资金成本高企

在中国，中小银行吸收存款的压力远远大于大型国有银行。这不仅仅是因为其网点数量少、客户资金规模小等原因，更重要的在于存款保险制度缺失的情况下普通储户对中小银行安全性的担忧。正因为如此，中小银行的存款来源更多的是企业存款，而非居民存款，其稳定性比居民储蓄存款要低。由于很难吸收低成本的个人存款，中小银行不得不从同业市场拆入资金，以同业负债支撑资产。这必然导致同业存款的争夺日趋激烈，同业资金成本提高。这在2011年存款负利率、金融脱媒的背景下表现得更为明显。此外，四大国有控股银行还可以享受存贷比"软约束"的好处，当银行存款增速放缓时，银监会结构性调整存贷比监管要求，从而放松四大国有控股银行的资金压力[①]。

在吸收储蓄存款困难的情况下，各家中小银行纷纷通过发行金融债券来弥补资金不足。但总的来看，银行发行债券的成本年息在4%至6%，而吸收存款的平均资金成本为3%左右。[②] 显然，发行金融债券并不能解决资金成本问题。如何提高吸收存款的能力、降低资金成本、提高融资效率，对中小银行是一个不小的挑战。

（五）垄断性市场竞争格局下对差异化、特色化经营提出了更高要求

我国银行业已经形成以大型国有银行为主导的垄断性竞争格局。这种市场格局的形成有其历史等多方面的原因，尽管中小银行的市场份额在逐步上升，但也仍然难以在短期内动摇大型国有银行的垄断地位。因此，如何找准市场定位，与大型银行形成差异化、特色化错位竞争，成为我国中小银行持续发展面临的一大挑战。

1. 制定与落实特色化、差异化竞争战略是中小银行面临的重要挑战

2012年3月28日，国务院常务会议决定设立温州市金融综合改革试验

---

① 卫容之、张竞怡：《四大行存贷比"松绑"，目标值最高上调2个百分点》，载《国际金融报》，2012－03－16。

② 聂伟柱：《小微金融债成本高企，国有大行兴味索然》，见一财网，http://www.yicai.com/news/2011/12/1296291.html。

区，鼓励民间资本进入金融领域，以引入竞争、打破垄断。会议明确了温州市金融综合改革的十二项主要任务，包括加快发展新型金融组织，鼓励和支持民间资金参与地方金融机构改革，依法发起设立或参股村镇银行、贷款公司、农村资金互助社等新型金融组织，符合条件的小额贷款公司可改制为村镇银行。温州金融改革试点的启动，无疑是中小金融机构抓住机遇、快速发展的难得机遇。因此，如何找准市场定位，与大型银行和更多的中小金融机构之间进行差异化错位竞争，是中小金融机构面临的一大挑战。

中小金融机构具有经营灵活、本地化特色明显等优势，有必要清楚地把握自身的竞争优势，开展差异化错位竞争。例如，中小型银行在设立村镇银行时必须根据本地区贷款需求和金融服务的特点，探索符合自身发展特点的经营模式和公司治理模式；城市商业银行要以"立足本地、服务小微、打牢基础、形成特色、与大银行错位竞争"为发展思路，深化市场细分，明确市场定位，创新产品、服务和机制流程，与所在区域经济发展水平和金融服务需求相适应，坚持服务实体经济，重点支持小微企业发展；农村中小金融机构作为"三农"金融服务的主力军，必须立足服务"三农"的根本点，在结构性改革中强化"三农"市场定位。

2. 强化风险管理是实现稳健发展的前提

鼓励小微企业和农村金融的发展，满足实体经济对金融发展的需求，为服务于小微企业和"三农"的众多中小金融机构的发展开辟了广阔的空间。但与此同时，在发放小微企业和"三农"贷款时，中小银行也面临着贷款风险管理方面的挑战。例如，小微企业的抵押、担保、信用评级和财政支持制度还不完善，部分地区社会信用环境不良，农产品价格波动大、农户抗风险能力很弱、农业保险发展落后等，这些都成为制约中小金融机构开展小微企业和农村金融服务的重要因素。国外或同业的先进经验可以借鉴，但仍需结合本地的实际情况，创新贷款技术、设计合理的机制和流程，才能在控制风险的同时支持小微企业和农村经济的发展，使小微企业金融和农村金融业务切实成为中小金融机构利润增长点。

随着中国经济结构的转型，经济增速已经开始下降。与大企业相比，小微企业更加脆弱、更易受到外部冲击的影响，因此，在经济增速下滑的背景下，以小微企业为主要服务对象的中小金融机构面临更大的信用风险。如何根据经济周期的波动，有效识别和控制小微企业风险，是中小金融机构面临的又一挑战。

近年来，中国中小银行规模扩张的速度远远快于大型银行。规模的扩张在很大程度上体现为银行营业网点的增加，其中跨区经营已经成为各家中小银行，尤其是城市商业银行的共识。大部分城市商业银行都加快了异地经营的步伐，以便提高市场渗透率。但是，跨区经营对于银行的综合运营、战略管理、人力资本和资金实力等各方面均具有更高的要求。2010～2011年再次出现了部分中小银行因操作风险失控而导致重大损失的案件。可见，在银行规模快速扩张中如何加强风险控制，提高管理效率是摆在中小银行面前的一个重要任务。

3. 提高盈利能力是实现可持续发展的基础

近年来，我国银行业中小金融机构的利润高速增长，2008～2011年，税后利润总额从2055万亿元上升到了5078万亿元，年均增幅约50%。① 这与宏观经济高速增长密切相关。然而，在全球经济金融不确定的大环境中，正在经历经济结构调整中的中国经济增速下降，对银行业务的需求也将不可避免地下降。这对于中小银行的利润增长带来不利影响。

银行收入的构成主要包括净利息与非利息收入两大类。其中净利息收入在中小银行的营业收入中的比重可高达80%～90%，历来是中小银行最重要的收入来源。随着利率的下调，银行存贷利差收窄。如何在现有的基础上提高效率、降低贷款成本，同时在利率市场化的进程中提高利率定价的能力，成为中小银行提高盈利能力的关键所在。

另一个影响利润的不利因素是银行非利息收入增速的下降。针对我国银行服务收费过快增长的情况，2011年7月1日起，中国银监会、中国人民银行、国家发展改革委对银行服务收费进行了清理整顿，免除了11类34项商业银行服务收费项目。在此次清理整顿中，大型商业银行降低了银行服务收费或者扩大了服务收费的优惠范围。2012年1月12日，中国银监会下发《关于整治银行业金融机构不规范经营的通知》，对于部分银行附加不合理贷款条件、收取不合理费用等问题进行了专项治理。2012年5月2日，国务院纠风办发布《关于2012年纠风工作的实施意见》，要求开展全国商业银行收费专项检查，坚决纠正银行业金融机构乱收费问题。这一切对中小银行的服务收费都带来了更大的压力。根据中金证券的估计，在对银行收费监管日益加强的环境下，顾问咨询费和信贷承诺费贡献度较高的中小银行手续费收入高增长将难以持续。据统计，这两项费用普遍占中小银行手续费收入的35%～40%②。受规范银行收费政策的影响，股份制银行手续费收入占比可能下降，而地方性银行原本手续费收入就不多（有的银行为了维持和扩大市场份额而减少收费，甚至不收

---

① 2008～2011年《中国银行业监督管理委员会年报》。
② 包兴安：《整治乱收费，银行中间业务将分化》，载《证券日报》，2012–05–04。

费），目前这类收费可能下降。在此背景下，中小银行面临如何通过金融创新开发新的产品和服务，以提高盈利能力的挑战。

四、银行业中小金融机构发展展望

（一）特色化、差异化错位竞争思路将进一步强化

随着我国银行业引入竞争、打破垄断金融改革步伐的加快，银行业的竞争程度将明显加大。加之在进一步推进人民币汇率改革的背景下，利率市场化的市场预期也越来越明确。在这一背景下，中小金融机构不仅直接面临来自于大型国有银行的价格竞争，还有中小金融机构之间的竞争。因此，在激烈的市场竞争中立足，并获得长期发展，战略转型将成为中小金融机构的必然选择。而在此过程中，最重要的就是寻找符合自身优势的细分市场，深耕细作，树立品牌运营意识和风险控制意识，强化特色化、差异化错位竞争思路。

目前，我国部分中小金融机构已经开始探索差异化、特色化经营，并取得了明显的效果。未来中小金融机构差异化错位竞争思路将进一步强化，并形成各自独具特色的经营模式。

（二）机构之间的合作将进一步加强

不同中小金融机构所处的地理、历史、经济等环境不同，所具有的比较优势也不同。它们之间的合作正好可以相互交流经验、取长补短，实现共赢。

2012 年 4 月 24 日，由中国民生银行、包商银行和哈尔滨银行发起倡议创立、33 家亚洲国家的中小银行及非银行金融机构组成的区域性金融合作组织"亚洲金融合作联盟"正式成立，在战略研究、风险管理、科技系统、运营管理四个管理领域和金融市场、信用卡和私人银行三个业务领域展开合作，旨在通过加强中小金融机构之间的战略合作谋求更大的发展。2012 年 6 月，南京银行、杭州银行、福建海峡银行、汉口银行、晋商银行、湖北银行、江阴农商行等多家城商行、农商行在内的 13 家中小银行业金融机构成立资金联合投资项目第六期，主要在充分发掘项目行合作潜力的基础上，将资金投向债券分销、同业业务、理财业务、投行业务、银团业务等中间业务领域，提高中小金融机构经营管理水平和抗风险能力①。

---

① 《中小银行抱团取暖，构建多领域深层次合作》，见 http://51fayan.people.com.cn/GB/18088088.html。

面临利率市场化、人民币国际化、经济全球化等各方面的严峻挑战，中小金融机构之间的合作也将日益密切、深入和全面。这将有利于提高中小金融机构稳健运营和市场竞争力，对于金融系统的稳定性也将发挥重要的作用。

（三）　改制重组将继续推进

多年来，改制重组一直是我国中小金融机构发展的关键词。自 20 世纪 90 年代开始，我国在对城市信用社进行撤并的基础上组建城市合作银行，后更名为城市商业银行。此后，在经济的发展和产业结构调整的过程中，地方政府对辖内规模较小的城市商业银行和城市信用社进行整合，形成了越来越多的省行政区内跨区经营的商业银行。在城市商业银行合并重组的同时，大量农村信用社也在逐步改制为农村商业银行。2006 ~ 2011 年，我国农村信用社的数量从 19348 家下降到了 2265 家，而农村商业银行与农村合作银行数量则分别从 13 家和 90 家增加到了 212 家和 190 家。2006 年我国城市信用社还有 78 家，资产规模 1830.7 亿元。到 2011 年，城市信用社的数量已经寥寥无几，资产规模仅剩下 30 亿元。①

一方面，银行监管机构正在推进农村信用社向商业化、市场化方向改革；另一方面，地方政府具有非常强烈的动机做大做强地方金融机构以推动地方经济增长，因而未来将有更多农村信用社改制为农村商业银行，也会有更多包括城市商业银行在内的中小金融机构合并重组，以期提高规模和实力。如果不考虑其他机构（如新型农村金融机构）的建立，未来我国银行业中小法人金融机构的数量将进一步下降。

五、促进我国银行业中小金融机构发展的政策建议

中小银行业金融机构由于具有熟悉当地中小企业、扎根地方经济、经营方式灵活等优势，在提供中小企业贷款、支持"三农"发展、提高城乡居民的就业和收入等方面作出了重要的贡献。因此，为中小金融机构提供适度的政策性倾斜，为它们创造公平竞争的制度环境，促进其健康成长，关系到大量小微企业的生存和发展，关系到我国居民收入水平的提高和内需的扩大，更关系到整个社会的和谐与稳定。

---

① 2006 ~ 2011 年《中国银行业监督管理委员会年报》。

（一）加快推出显性的存款保险制度

银行业因其现金流的不确定性，本身就具有极大的脆弱性。为了防止银行挤兑而带来系统性风险，自 20 世纪 30 年代大萧条以来，世界上大部分发达国家都实行了显性存款保险制度。从实际效果来看，尽管从制度设计上仍然有待完善，但总的来说发挥了应有的作用。而存款保险制度缺失是我国银行业的一个制度缺陷，尽管早就有学者进行了研究，提出了建立存款保险制度的方案，但迟迟无法推出。在没有存款保险的环境下，由于大型国有商业银行有政府的隐性担保，普通居民和小企业的存款大都会选择国有银行，而非中小银行。由于我国对于贷款利率下限和存款利率上限存在利率管制，在高通胀率的经济中就出现利率倒挂的现象，在这种条件下，中小银行的一大部分存款流向了民间借贷，而还有一部分存款流向了资金实力更雄厚、研发能力更强、营销网络更完善（其背后仍然是政府的隐性担保）的大型国有商业银行，使得中小银行在存款的竞争中处于更加不利的地位。

更重要的是，从长远来看，显性存款保险制度应成为利率市场化的前提。近年来，我国利率市场化的步伐加快。2012 年 6 月 8 日，中国人民银行决定将金融机构存款利率浮动区间的上限调整为基准利率的 1.1 倍，将金融机构贷款利率浮动区间的下限调整为基准利率的 0.8 倍，这是利率市场化的实质性进展。但是，与大型国有商业银行不同，几乎所有中小银行都将所有期限的存款利率上浮到 1.1 倍的上限，这无疑增加了中小银行的资金成本。可见，在缺乏显性存款保险制度的情况下推进利率市场化，很难为不同类型、不同规模的银行机构提供公平竞争的市场环境，甚至可能加剧金融资源的进一步集聚。

目前，我国国有银行已经进行了股份制改革，经营人民币业务的外资银行的数量也逐渐增多。综合上述多方面因素，我国显性存款保险制度的推出日益紧迫，因为它不仅可以保障存款人的利益，还可以使不同规模和不同所有制的银行有一个平等竞争的舞台。

（二）明确监管政策取向、细化差异化监管措施

中小银行的市场定位是一个关系到银行生存与发展的战略问题，监管部门应该给予正确的引导以强化各自的特色和差异。尽管我国银行监管部门无数次地重申鼓励中小银行探索具有自身特色的发展道路，但在监管时却没有体现足够的差异性，或者监管政策在取向上比较模糊。以城市商业银行为例，城市商业银行在成立之初就确立了"服务地方经济、服务中小企业和服务城市居民"的市场定位，但随着城市商业银行规模的急剧扩张，特别是数家机构的合并重

组，其贷款对象完全可能逐渐上移，并成为地方政府大项目的融资工具。城市商业银行小企业贷款在企业贷款中的比重只有 47.8%[①]，这显然与该类金融机构的定位和政府对其的要求有相当大的差距。当农村信用社从分散的、主要服务于农户的小微金融机构逐渐成长为集中的、向县域和城区发展的中小金融机构时，也同样出现贷款对象上移的趋势。

当然，针对小微企业贷款高成本、高风险的特点，中国银监会已经提出了对小微企业不良贷款比率实行差异化考核，这有利于调动银行小微企业贷款的积极性。但还需要进一步细化和落实相关措施。由于中小金融机构探索差异化、特色化的发展道路离不开监管部门明确的政策取向，因此，还应该研究和探索不同类型金融机构的差异化监管，使中小金融机构能够真正留在社区、留在村镇。

（三）加紧研究和建立市场退出机制

一个有序竞争的银行业市场不仅要求降低进入壁垒，引进新的中小金融机构，而且还要求降低退出壁垒，让使那些经营失败的金融机构能够顺利退出。这是建立市场经济的基本要求。与那些"大而不倒"的大型金融机构相比，中小金融机构的市场退出成本更低。在此次全球金融危机中，美国有上百家中小银行倒闭，但由此带来的影响却远远不及雷曼兄弟倒闭对经济带来的负面冲击。可见，只要处理得当，中小金融机构倒闭不仅不会威胁到经济的稳定，而且还有利于金融资源的有效配置，降低或控制金融机构的道德风险。因此，最重要的不是"小而不倒"，而是做到"倒而不乱"。

因此，应该结合银行存款保险制度的推出，尽快研究中小金融机构的市场退出机制，制定"金融机构破产条例"。只有疏通了市场退出通道，市场的进入才会畅通；只有完善了金融监管，才能够为包括民间资金在内的所有参与者提供开放、公平和有序的竞争平台。

---

① 数据来源：《中国银行业监督管理委员会 2011 年报》。

第三章 中国股份制商业银行发展报告

2011 年，中国股份制商业银行继续进行战略调整和经营转型，总体运行平稳有序。通过管理体制、业务品种和特色服务等多方面的创新举措，股份制商业银行实现了营业收入和税后利润的高速增长。在目前宏观经济增速下滑、实体企业经营面临诸多困境之际，面对宏观政策的微调与外界对高盈利的质疑，股份制商业银行能否传递政策意图、帮助实体企业扭转困境、继续完善自身转型和保证盈利的稳健增长，这些问题仍将值得关注。

一、股份制商业银行发展概况

（一）从业人员数量快速增长

截至 2011 年底，全国股份制商业银行数目较 2010 年没有变化，仍为 12 家，包括中信银行、中国光大银行、华夏银行、广发银行、平安银行①、招商银行、上海浦东发展银行、兴业银行、中国民生银行、恒丰银行、浙商银行和渤海银行。其中有 8 家在我国境内 A 股上市，3 家在香港 H 股上市，从业人员共计 278053 人，在银行从业人员中的比重由 2010 年的 7.93% 提高到 2011 年的 8.69%，人员总数较 2010 年大幅增长 17.2%，高于行业总体增速 6.9%，比银行业总体 6.9% 的增速高出 10 多个百分点。②

（二）资产规模及市场份额稳步提升

截至 2011 年底，股份制商业银行总资产、总负债及所有者权益分别为 183794 亿元、173000 亿元和 10794 亿元③，三项指标较 2010 年均实现高速增长，增幅超过 20%（见图 3 - 1），高于全行业三项指标数据 18.9%、18.6%

---

① 2012 年 1 月，深圳发展银行吸收合并平安银行后更名平安银行。
② 《中国银行业监督管理委员会 2011 年报》。
③ 《中国银行业监督管理委员会 2011 年报》。

和23.6%的水平①。股份制商业银行所有者权益增长迅猛，达到32%，彰显了股份制银行健康可持续的增长模式。

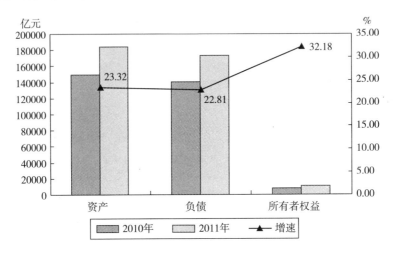

数据来源：2010～2011年《中国银行业监督管理委员会年报》。

图3-1　股份制银行的总资产、总负债和所有者权益（2010～2011年）

从市场份额来看，股份制商业银行总资产、总负债及所有者权益也实现了稳步的提升，三项指标在行业中的市场份额均实现小幅增长（见图3-2）。

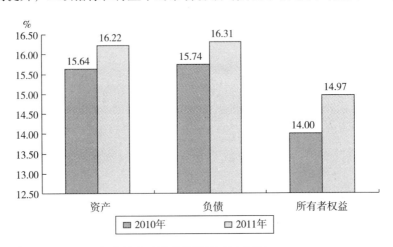

数据来源：2010～2011年《中国银行业监督管理委员会年报》。

图3-2　股份制银行的总资产、总负债和所有者权益规模在行业占比（2010～2011年）

---

① 《中国银行业监督管理委员会2011年报》。

二、股份制商业银行的盈利能力分析

(一) 税后利润高速增长

截至 2011 年底，股份制商业银行实现税后利润 2005 亿元①，是城市商业银行税后利润的两倍，大型商业银行税后利润的三分之一左右，较 2010 年增长 47.6%，增速比 2010 年的 46.8% 略高，也远高于全行业 39.24% 的税后利润平均增速，仅次于农村中小金融机构和外资银行。② 这说明股份制银行通过不断的战略调整和业务优化取得了显著的成效。

根据上市银行公布的年报，2011 年股份制商业银行的平均资本利润率 (ROE) 为 20.11% (见表 3-1)，较 2010 年提升了 1.4 个百分点，延续了 2008 年以来该指标逐年回升的趋势，目前已经接近了金融危机爆发前 2007 年的水平。截至 2011 年底，股份制商业银行资产利润率 (ROA) 为 1.11% (见表 3-2)，同样延续了上升的势头。

表 3-1　股份制商业银行资本利润率 (ROE)　　　　单位:%

资本利润率	2007 年	2008 年	2009 年	2010 年	2011 年
招商银行	24.80	28.60	21.20	22.70	24.20
中信银行	14.30	14.80	14.50	19.30	20.90
浦发银行	20.70	35.80	24.10	20.10	20.10
兴业银行	31.20	25.90	24.50	24.40	24.60
民生银行	18.20	15.20	17.10	18.30	23.90
华夏银行	17.00	15.20	13.00	18.20	18.60
平安银行	27.20	4.20	27.30	23.30	19.20
广发银行	18.66	15.80	16.17	19.78	20.06
光大银行	41.10	25.30	18.80	19.80	20.40
渤海银行	0.94	2.54	4.89	8.26	11.13
浙商银行	18.57	18.23	13.34	12.39	14.80
恒丰银行	25.00	30.60	16.73	17.98	23.48
平均	21.47	19.35	17.64	18.71	20.11

数据来源：Wind 资讯，各银行年报。

---

① 《中国银行业监督管理委员会 2011 年报》。
② 《中国银行业监督管理委员会 2011 年报》。

表 3 - 2　股份制商业银行资产利润率（ROA）　　　　单位:%

资产利润率	2007 年	2008 年	2009 年	2010 年	2011 年
招商银行	1.36	1.45	1.00	1.15	1.39
中信银行	0.97	1.21	0.98	1.13	1.27
浦发银行	0.69	1.13	0.90	1.01	1.12
兴业银行	1.17	1.22	1.13	1.16	1.20
民生银行	0.78	0.80	0.98	1.09	1.40
华夏银行	0.41	0.46	0.48	0.64	0.81
平安银行	0.86	0.15	0.95	0.96	1.05
广发银行	0.66	0.57	0.56	0.84	1.11
光大银行	0.75	0.92	0.75	0.95	1.12
渤海银行	0.19	0.27	0.29	0.41	0.64
浙商银行	0.75	0.84	0.70	0.86	1.10
恒丰银行	0.46	0.83	0.79	1.00	1.08
均值	0.75	0.82	0.79	0.93	1.11

数据来源：Wind 资讯，各银行年报。

从银行具体情况来看，2011 年兴业银行、招商银行和民生银行在 ROE 指标占据前三位，分别为 24.6%、24.2% 和 23.8%，同年 12 家股份制商业银行的 ROA 指标均较上年有所提高，均值较 2010 年上升了 0.18 个百分点，其中民生银行（1.40%）、招商银行（1.39%）、中信银行（1.27%）和兴业银行（1.20%）保持行业领先，显示了较强的资产盈利能力，处于落后地位的渤海银行（0.64%）和华夏银行（0.81%）也保持了行业平均增幅。

（二）利息净收入贡献最高

我们将 2011 年上市股份制银行的税后利润根据其驱动因子进行细项分析（见表 3 - 3），通过比较可知，息差提高和规模增长、中间业务快速发展以及银行经营效率提高（成本收入比下降）是股份制商业银行的税后利润在 2011 年获得大幅提高的主要原因。

表3-3 股份制商业银行税后利润驱动因子分析（%）

驱动因子	招商银行	兴业银行	浦发银行	民生银行	华夏银行	中信银行
营业收入	239.2	235.0	222.7	267.0	280.4	227.5
其中：利息净收入	185.6	181.9	200.3	183.3	233.0	182.3
手续费及佣金	41.5	57.9	32.9	65.9	47.4	33.7
其他收入	12.1	-4.8	-10.4	17.8	0.0	11.5
营业支出	-107.4	-97.1	-91.0	-128.9	-141.4	-83.0
所得税	-33.0	-37.0	-29.4	-33.3	-39.8	-41.1
其他	1.3	-1.0	-2.4	-4.7	0.8	-3.4
驱动因子	光大银行	平安银行	广发银行	恒丰银行	浙商银行	渤海银行
营业收入	199.8	290.9	182.9	176.4	251.9	234.0
其中：利息净收入	170.9	236.8	127.9	89.1	236.9	92.8
手续费及佣金	42.9	52.1	52.9	62.3	12.1	57.8
其他收入	-14.0	2.0	2.1	25.0	2.9	83.5
营业支出	-64.0	-158.6	-72.4	-40.8	-117.9	-105.1
所得税	-34.3	-28.9	-11.2	-36.5	-33.7	-29.7
其他	-1.5	-3.4	0.6	0.9	-0.3	0.7

注：税后利润驱动因子 = 营业收入驱动因子 - 营业支出驱动因子 - 所得税驱动因子 + 其他

营业收入驱动因子 = 2011年营业收入增量/2011年净利润增量×100% = 利息净收入驱动因子 + 手续费及佣金驱动因子 + 其他收入驱动因子

利息净收入驱动因子 = 2011年利息净收入增量/2011年净利润增量×100%

手续费及佣金驱动因子 = 2011年手续费及佣金收入增量/2011年净利润增量×100%

其他收入驱动因子 = 2011年其他收入增量/2011年净利润增量×100%

营业支出驱动因子 = 2011年营业支出增量/2011年净利润的增量×100%

所得税驱动因子 = 2011年所得税增量/2011年净利润的增量×100%

其他 = 100% - （营业收入的驱动因子 + 营业支出驱动因子 + 所得税驱动因子）

数据来源：根据Wind资讯和各银行年报数据计算得到。净利润指归属母公司股东的净利润。

1. 存贷款业务的发展仍是收入增长的主因

根据表3-3可以看出，利息净收入在税后利润增长中的贡献最高，除渤海银行和恒丰银行外，多数股份制银行的利息净收入增长对净利率的贡献度超过100%，其中存贷款业务的发展仍是收入增长的一个主要原因。

截至2011年底，12家股份制商业银行贷款规模合计9.66万亿元，较2010年增长16.98%，增速快于银行业金融机构的15.7%；存款规模合计

13.32 万亿元，较 2010 年增长 17.87%，增速快于银行业金融机构的 13.5%。[①] 贷款增速整体低于存款增速，符合管理层的存贷比指标监控的初衷。

2. 手续费收入快速增长推高了税后利润率

除了传统的存贷业务规模继续稳步扩张以外，股份制商业银行取得高额盈利更依赖于手续费及佣金收入的高速增长，绝大部分银行手续费净收入对税后利润的驱动超过 30%（见表 3 – 3），成为盈利增长的新来源。其中，民生银行此项收入对税后利润驱动达 65.9%，中间业务的崛起为可持续发展打下基础。

从上市股份制商业银行收支增速分析（见表 3 – 4）来看，手续费及佣金净收入的增速在 2011 年取得了惊人的成绩。除了招商银行由于规模较大增速落后外，其余银行此项业务的收入增速均超过 50%，大幅领先于税后利润增速。其中，恒丰银行和渤海银行手续费及佣金净收入获得超过 200% 的超常规增长，华夏银行、兴业银行和民生银行分别获得 105.9%、84.2% 和 82.2% 的高速增长，由于手续费及佣金收入不受银行资本金的约束，成为股份制银行在资本监管更趋严厉之下又一可靠的业绩来源。

表 3 – 4　股份制商业银行收支增速分析　　　　单位:%

2011 年同比增速	招行银行	兴业银行	浦发银行	平安银行	华夏银行	民生银行	中信银行	广发银行	恒丰银行	浙商银行	渤海银行
营业收入	34.7	37.8	36.2	38.7	37.0	50.4	38.0	28.3	53.5	56.2	62.9
利息净收入	33.7	33.4	35.9	36.0	33.1	41.3	35.3	22.4	31.2	59.3	34.8
手续费及佣金净收入	37.9	84.2	65.9	72.3	105.9	82.2	55.1	76.0	321.1	31.7	217.1
营业支出	25.2	36.0	22.1	32.9	34.1	39.8	25.6	18.3	23.3	43.7	38.8
税后利润	40.2	37.7	42.3	47.0	54.0	58.8	43.3	54.9	80.8	73.5	136.2

数据来源：Wind 资讯，各银行年报。

3. 营业支出下降成为税后利润高增长的又一动因

在上市股份制商业银行税后利润贡献驱动因子分析中，营业支出的下降成为税后利润保持高速增长的又一重要因素。各股份制商业银行营业支出增长的速度均低于税后利润增速（见表 3 – 5），成本收入比总体上保持下降趋势（12 家股份制银行 2011 年成本收入比均值为 35.23%，较 2010 年下降 3.44 个百分点，见表3 – 6），体现了股份制商业银行管理效率的提高。

---

① 《中国银行业监督管理委员会 2011 年报》。

表3-5 2011年股份制商业银行成本收入比及变化 单位:%

银行名称	2010 年	2011 年	减幅
招商银行	39.90	36.19	3.71
光大银行	35.44	31.95	3.49
华夏银行	43.41	41.89	1.52
民生银行	39.48	35.61	3.87
兴业银行	32.91	31.95	0.96
平安银行	40.84	39.99	0.85
浦发银行	33.06	28.79	4.27
中信银行	33.82	29.86	3.96
渤海银行	51.17	44.64	6.53
广发银行	41.26	39.94	1.32
浙商银行	41.86	36.81	5.05
恒丰银行	30.80	25.10	5.70
均值	38.66	35.23	3.44

数据来源:Wind 资讯,各银行年报。

(三) 净息差上升,存贷利差与债券投资等收入对净息差贡献显著

1. 银行业净息差呈上升趋势,股份制银行最高

银行资产规模的稳健增长固然意义重大,但产品定价能力的提高才是银行获得高额利润最重要的原因。净息差是银行净利息收入和银行全部生息资产的比值。计算公式为:净息差 = (银行全部利息收入 - 银行全部利息支出)/全部生息资产。它反映了银行整体收入的效率,是银行议价能力强弱的体现。

经历 2006 年与 2007 年一轮加息周期后,2008 年银行业净息差达到近几年最高值 2.97%;由于连续降息,2009 年净息差回落,第二季度企稳并逐季回升;在新一轮加息周期中,2011 年净息差保持了稳定回升的态势,达到 2.63% 的高值(见图 3-3);其中,股份制商业银行的净息差水平最高,达 2.76%,较中期提升 10 个基点;国有银行的净息差水平上升至 2.49%;城市商业银行的息差水平从中期的 2.39% 提升到 2.51%。

2. 存贷利差依然高企

从具体业务来看,存贷利差高企是银行获得高额息差的一个最重要因素。截至 2011 年末银行人民币一年期存款基准利率为 3.5%,低于一年期贷款基

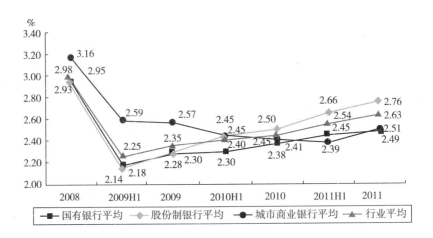

数据来源：Wind 资讯。

图 3-3　主要商业银行净息差每半年变化（2008～2011 年）

准利率 3.06 个百分点。由于我国并未完全实现利率市场化，存款利率上限和贷款利率下限的规定保护了银行在存贷业务上的垄断利润，造成了银行实际营业中较高的存贷业务收入差。

　　更进一步地看，银行实际利差并不局限于基准利率的规定，贷款利率上浮在 2009 年之后已是主要趋势。我们用净利差表示银行贷款的平均收益率与存款平均成本的差距。12 家股份制银行在 2011 年末平均净利差为 2.59%（见表 3-6），高于大型银行净利差 2.55% 的水平，从而拉动股份制银行净息差高于大型银行 0.14 个百分点。股份制银行保持较高的净利差水平，使其在所有类型的银行中税后利润水平的增长靠前。其中，浙商银行、民生银行和招商银行净利差水平超过 2.9%，显示其较强的表内业务盈利能力；未上市的恒丰银行、渤海银行以及上市的平安银行和光大银行净利差水平仍低于大型国有银行，未来具有一定的成长空间。

表 3-6　股份制商业银行与大型商业银行 2011 年末净息差与净利差

银行名称	净息差（%）	净利差（%）
招商银行	3.06	2.94
兴业银行	2.52	2.49
浦发银行	2.60	2.42
平安银行	2.53	2.37

续表

银行名称	净息差（%）	净利差（%）
华夏银行	2.81	2.63
民生银行	3.14	2.96
中信银行	3.00	2.85
光大银行	2.49	2.30
广发银行	2.93	2.78
恒丰银行	2.15	2.21
浙商银行	3.17	3.17
渤海银行	2.17	1.98
股份制银行平均	2.71	2.59
工商银行	2.61	2.49
农业银行	2.85	2.73
中国银行	2.12	2.48
建设银行	2.70	2.57
交通银行	2.59	2.49
大型银行平均	2.57	2.55

数据来源：Wind 资讯。

3. 债券投资收入对净息差贡献显著

2011 年股份制商业银行在积极拓展传统存贷业务的同时，大力发展债券投资等业务，获得了显著的增长。截至 2011 年底 12 家股份制商业银行投资债券产生的利息收入达 702.7 亿元（见表 3 - 7），较 2010 年底增长 37%，大幅高于大型银行 11% 的增速，同期发行债券的利息支出增长 11%，低于大型银行 44% 的增速。因此，股份制商业银行投资债券获得的利息净收入增长 44%，远高于大型银行 9% 的增速，对于净息差上升产生了积极的影响。除了广发银行（-9%）和浙商银行（7%）以外，其余所有股份制银行 2011 年债券净利息收入均实现 30% 及以上的增速，远远超过大型商业银行。其中规模相对较小的平安银行（108%）、渤海银行（97%）和恒丰银行（62%）由于其基数水平较低，在债券业务方面的发展速度更为迅猛，成为拓展新业务的一大亮点。

表 3 - 7　2010～2011 年股份制商业银行与大型
商业银行债券利息收入、支出、净收入及其增速

单位：百万元、%

银行	2010 年收入	2011 年收入	收入增速	2010 年支出	2011 年支出	支出增速	2010 年净收入	2011 年净收入	净收入增速
招商	9178	12568	37	1871	1869	0	7307	10699	46
兴业	7723	10810	40	2622	2656	1	5101	8154	60
浦发	6914	9541	38	756	908	20	6159	8633	40
平安	3190	6314	98	556	837	51	2634	5477	108
华夏	2738	3634	33	1077	1056	-2	1661	2577	55
民生	5272	6553	24	955	1408	47	4317	5145	19
中信	6016	7636	27	1167	1346	15	4849	6290	30
光大	5766	7822	36	859	753	-12	4907	7069	44
广发	2400	2337	-3	286	422	48	2114	1915	-9
恒丰	1310	2066	58	80	77	-4	1230	1989	62
浙商	367	385	5	97	97	-1	269	288	7
渤海	321	605	89	74	120	62	246	485	97
股份制银行总和	51194	70270	37	10400	11549	11	40794	58721	44
工行	106611	121077	14	2992	5357	79	103619	115720	12
农行	78247	84266	8	1881	3470	84	76366	80796	6
中行	53987	56728	5	4676	6554	40	49311	50174	2
建行	79317	89716	13	3526	3987	13	75791	85729	13
交行	24570	27282	11	2062	2426	18	22508	24856	10
大型银行总和	342732	379069	11	15137	21794	44	327595	357275	9

数据来源：Wind 资讯。

　　股份制商业银行的高利润特征不仅源于其高利差支撑下存贷业务的稳健增长，更与非利息收入的大幅增加相关（手续费及佣金收入增速大都超过 50%）。而营业支出特别是存款利息支出的下降以及拨备支出所构成的综合成本的下降（见表 3 - 4）反映出银行业自身绩效管理和风险控制能力的提升，带动银行利润的内生性增长。

　　4. 从全球范围来看，我国商业银行的净息差处于偏低位置

　　2003～2008 年，我国处于经济上行周期中，基准利率逐步提高，净息差从 2.29% 缓慢提高到 3.03%；2009 年信贷宽松，基准利率下降，净息差大幅回落，从 3.03% 下降到 2.37%；2010 年和 2011 年信贷控制，2010 年底开始加息，净息差又逐步提高，2011 年达到 2.63%，增幅明显，总体来看，我国

银行业净息差波动较小，相对稳定，变动趋势比较单一，与货币政策的调整有
较强的相关性，但绝对幅度低于美国银行业的净息差。[①] 在与"金砖四国"银
行业的净息差比较中，我国也处于偏低的位置（见图3-4）。

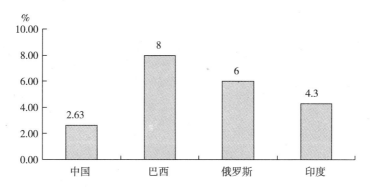

数据来源：Wind 资讯，Bloomberg。

图 3 - 4　2011 年"金砖四国"净息差比较

根据总资产规模对全球银行排序，在前100名银行中，中国招商银行和中
国中信银行2011年分别处于第84位和第95位，美国的花旗银行和富国银行
处于第24位和第25位[②]。对四家银行净息差的比较发现（见图3-5），2004

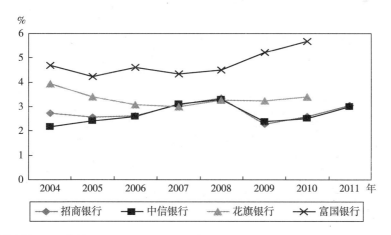

数据来源：Wind 资讯，Bloomberg。

图 3 - 5　2004～2011 年中外四家银行净息差

---

① Wind 资讯。
② 数据来源：Bloomberg。

年之后，招商银行和中信银行的净息差均处于上升阶段，同期国外两家银行净息差回落；2009 年金融危机过后，全球银行的净息差均显著回升。总体来看，我国股份制商业银行与国际大型银行相比，净息差也处于较为合理的水平。

三、股份制商业银行重点业务分析

（一）中间业务高速增长，结构更趋优化

受资本充足率监管标准提高、金融脱媒、信贷监管趋严、贷款增速放缓等因素影响，中间业务已成为股份制商业银行转变经营模式和开拓新的利润渠道的重要手段。

表 3 - 8 列出了股份制银行中间业务占比及手续费和佣金收入在其营业收入的比重。占比最高的是民生银行，其比例已经达到 19.41%，非常接近大型商业银行的平均水平，其次是招商银行（17.60%）和广发银行（17.58%）。恒丰银行中间业务占比提升尤为迅速，从 2009 年末的 5.23% 猛增到 2011 年末的 16.62%。银行中间业务近年来一直保持 20% 以上的增长速度，同时，股份制银行中间业务收入增速波动幅度相对较小，增长稳健，在 2009 年金融危机之后，股份制银行中间业务增速都超过 30%，2011 年爆发式增长达 98.53%，较 2010 年 62.69% 的平均增速超过 30 个百分点，也远快于同期大型商业银行和城市商业银行的增长速度。

表 3 - 8　股份制银行中间业务占比及手续费和佣金收入增速（2010～2011 年）

单位:%

银行名称	中间业务收入占比		手续费和佣金收入增速	
	2010 年	2011 年	2010 年	2011 年
招商银行	17.39	17.60	35.57	36.38
兴业银行	12.03	15.73	50.16	80.11
浦发银行	8.95	10.61	64.00	61.49
平安银行	10.19	13.93	32.40	124.88
华夏银行	7.32	10.12	37.41	89.45
民生银行	15.98	19.41	74.85	82.69
中信银行	11.31	12.32	33.70	50.30
光大银行	14.30	16.02	43.82	45.27

续表

银行名称	中间业务收入占比		手续费和佣金收入增速	
	2010 年	2011 年	2010 年	2011 年
广发银行	13.41	17.58	32.58	68.25
恒丰银行	6.44	16.62	151.37	300.14
浙商银行	8.81	7.53	100.33	33.43
渤海银行	7.93	15.09	96.15	209.96
股份制银行平均	11.17	14.38	62.69	98.53
大型银行平均	18.47	21.14	28.91	41.98

数据来源：Wind 资讯，各银行年报。

手续费与佣金收入大幅增长是中间业务高速增长的重要驱动因素。一方面信贷咨询、担保、结算、银行卡等业务收入大幅增长；另一方面，银行理财产品的热销（见表3-9）也推动了手续费收入的增长。

上市银行中间业务结构也在不断升级优化和转型。银行中间业务可分为低附加值和高附加值业务，低附加值中间业务主要以传统业务为主，包括结算与清算、托管业务、代理业务等，高附加值业务以新型业务为主，包括顾问和咨询（投行业务）、担保与承诺、理财产品、电子银行等。整体来看，新型业务对手续费收入的贡献持续提升。

长期来看，中间业务70%以上的高速增长不可持续。参考国外银行中间业务收入40%左右的占比，未来股份制商业银行的转型任重道远，随着资本约束的强化，中间业务将成为银行市场竞争的重要领域，只有那些拥有更强综合平台以及核心竞争力的股份制商业银行能够实行中间业务收入的持续增长。

（二）理财产品发行创新高

2011 年股份制商业银行发行的各类理财产品继续保持大幅增长的局面，12 家银行发行理财产品的数量总计7513 只（见表3-9），较2010 年大幅增长了103%。股份制商业银行发行理财产品占所有银行发行理财产品的31.09%，较2010 年的30.76%继续小幅提升，其中，渤海银行、平安银行、恒丰银行和中信银行理财产品发行数量增长超过200%；分别达到1440%、287%、269%和204%。招商银行、浦发银行和民生银行则实现了绝对数量上的领先，年内均发售超过900 只产品，仅广发银行和浙商银行理财产品的发行数量不及三位数。

表 3 - 9　2011 年股份制银行理财产品发行数量统计

银行	2010 年（只）	2011 年（只）	增速（%）
招商银行	986	2133	116
兴业银行	180	457	154
浦发银行	495	937	89
平安银行	87	337	287
华夏银行	311	561	80
民生银行	617	922	49
中信银行	226	687	204
光大银行	648	774	19
广发银行	13	6	- 54
恒丰银行	97	358	269
浙商银行	30	33	10
渤海银行	20	308	1440
加总	3710	7513	103
全部	12061	24162	100
股份制银行占比	30.76	31.09	——

数据来源：Wind 资讯。

（三）中小企业贷款业务积极推进

在货币政策保持稳健、适度微调的背景下，股份制商业银行的信贷投放顺应了管理层信贷结构性调整的方向，小微企业信贷投放不断增加。从上市股份制银行公布的数据来看，我国银行小企业业务发展迅速，小企业贷款同比增速逐渐高于公司贷款（见表 3 - 10），这体现在小企业贷款在公司贷款中的比例逐渐提高。其中，招商银行（53.22%）、浦发银行（51.78%）和广发银行（51.62%）的该项指标均超过 50%，形成了专业服务于中小成长型企业的贷款投放方式，不仅符合国家的政策指向，更有利于与其他类型银行形成差异化的竞争优势。除浦发银行外，其余银行 2011 年中小企业贷款比重均呈现上升趋势，由于中信银行（9.42%）、平安银行（12.36%）和兴业银行（14.18%）该指标显著落后，未来增长空间较大。总体来看，在股份制商业银行经营战略转向差异化和特色化竞争的背景下，未来中小企业贷款比重上升的趋势仍将延续。

表3-10　上市股份制银行（中）小企业贷款占公司贷款的比例（2008～2011年）

（中）小企业贷款/公司贷款	分类口径	2008年	2009年	2010年	2011年
中信银行	小企业	5.97%	4.55%	6.86%	9.42%
兴业银行	小企业			9.65%	14.18%
华夏银行	小企业				24.41%
广发银行	小企业				51.62%
平安银行	小微企业				12.36%
民生银行	小微企业	1.37%	6.55%	20.74%	28.66%
浦发银行	中小企业		51.44%	52.61%	51.78%
招商银行	中小企业	40.39%	43.97%	44.62%	53.22%
光大银行	中小企业		14.11%	19.64%	26.15%

数据来源：各银行2008～2011年年报。

　　为了扩大小企业贷款规模，股份制商业银行还通过发行中小企业金融债的方式来筹集资金，满足中小企业信贷需求。比如，民生银行发行500亿元中小企业金融债，浦发银行和兴业银行发行300亿元中小企业金融债，平安银行发行金融债的规模也提高到300亿元，招商银行申请发行总额不超过200亿元金融债券，中信银行启动了小微企业专项金融债券的议案①。各大银行积极筹措资金，并计划进一步加大小企业业务发展力度。

四、股份制商业银行安全性与流动性指标分析

（一）银行资产质量整体风险可控

　　截至2011年底，股份制商业银行不良贷款余额为563.1亿元，其中次级、可疑和损失贷款余额分别为219.6亿元、195.9亿元和147.6亿元，分别占比39%、34.8%和26.2%。不良贷款率为0.6%，低于商业银行0.4个百分点，②也低于大型商业银行和城市商业银行，显示良好的风险管控能力。

　　从股份制商业银行不良贷款率和拨备覆盖率季度变化（见表3-11）来看，股份制商业银行在2011年内实现了平均不良贷款率的季度连续下降和拨

---

① 数据来源：各银行2011年年报。
② 《中国银行业监督管理委员会2011年报》。

备覆盖率的连续上升，显示出银行资产质量稳中有升。从具体银行的不良贷款率指标看，华夏银行、招商银行第四季度末仍保持较大幅度下降，说明贷款质量继续改善；浦发银行、光大银行第四季度改善，但速度递减；中信银行、兴业银行和民生银行年内不良贷款率下降、第四季度末较第三季度末基本维持稳定；而平安银行由于合并不良贷款率在第四季度出现较大的反弹，显示资产质量有所恶化。总体来看，2011 年股份制商业银行贷款质量在改善的大趋势下，在第四季度起出现分化，随着经济增速下滑和企业经营困境加剧，银行贷款的质量有见顶的迹象。

表 3 - 11　　2011 年上市股份制商业银行不良贷款率和拨备覆盖率季度变化

银行名称	不良贷款率（%）				拨备覆盖率（%）			
	第一季度	第二季度	第三季度	第四季度	第一季度	第二季度	第三季度	第四季度
华夏银行	1.08	0.98	0.96	0.92	238	271	301	308
招商银行	0.61	0.61	0.59	0.56	335	348	367	400
浦发银行	0.44	0.42	0.40	0.39	434	453	477	556
中信银行	0.66	0.62	0.60	0.60	231	238	250	272
兴业银行	0.41	0.38	0.34	0.34	342	380	388	404
民生银行	0.66	0.63	0.62	0.63	301	334	355	357
平安银行	0.48	0.44	0.43	0.53	332	380	366	321
光大银行	0.70	0.67	0.65	0.64	330	359	363	367
平均	0.63	0.59	8.62	0.58	318	345	358	373

数据来源：Wind 资讯，各银行 2011 年季报、半年报及年报。

受经济增速放缓及出口下滑的影响，制造业、中小企业、产能过剩的行业、房地产相关行业以及地方政府贷款都会受到影响，部分银行出现了不同程度的不良贷款余额和不良贷款率双升的局面，但升幅与各银行信贷结构和风险管理水平密切相关。

当前上市股份制商业银行拨备覆盖率较为充分，远远高于监管层对此项指标 150% 的要求。截至 2011 年，股份制银行中拨备覆盖率前三位分别是浦发银行（556%）、兴业银行（404%）和招商银行（400%）（见表 3 - 14），在第四季度这三家银行以及中信银行的拨备覆盖率继续上升；华夏银行、民生银行和光大银行在前三个季度大幅提高拨备的情况下，第四季度的拨备覆盖计提增速有所趋缓，而平安银行由于合并报表在第三季度起拨备覆盖率连续下降。总体来看，为应对不良资产提升的预期，各家银行仍将保持拨备计提力度，因此上市股份制商业银行仍能实现拨备覆盖率的持续提升。

（二）房地产贷款风险仍需持续跟踪

上市股份制商业银行房地产业贷款占比总体保持平稳，2010年以来该指标有所回升，但2011年增速明显降低（见表3－12），表明银行已经意识到风险的提升，并主动进行信贷投放的控制。其中，平安银行（5.58%）和招商银行（7.61%）的房地产贷款占比最小，涉及此类风险的可能性最小。民生银行（11.40%）和浦发银行（10.11%）房地产贷款占比最高，但也仅为一成有余。从近几年数据观察，2010年成为了银行投放房地产贷款的峰值年份，随着政策调控力度的加强，多数银行2011年的该指标低于2010年的水平，显示银行对房地产贷款的控制收到初步效果。

表3－12　上市股份制商业银行房地产业贷款占比（2007～2011年）

单位:%

银行	2007年	2008年	2009年	2010年	2011年
招行	6.41	7.35	7.63	7.91	7.61
浦发	10.66	9.17	8.71	10.14	10.11
中信	7.26	6.97	4.35	5.73	7.24
民生	12.96	13.69	11.75	12.24	11.40
兴业	14.01	11.81	9.39	9.93	9.48
光大	6.74	6.77	9.83	10.43	9.74
华夏	6.32	6.50	7.80	9.00	9.92
平安	6.52	5.60	6.47	5.53	5.58
平均	8.86	8.48	8.24	8.86	8.89

数据来源：根据各银行2007～2011年年报整理。

尽管市场对于房地产调控造成银行资产质量恶化的风险有些担忧，但未来风险大规模传导至银行的可能性较小。截至2011年底，房价环比上涨的动能基本消失，对于本轮调控底线的预期已基本形成，而房地产调控对银行潜在影响的忧虑也有所缓解。

（三）融资平台贷款风险有望顺利化解

国家审计署的公告[①]显示全国地方政府性债务余额10.7万亿元，其中融

① 2011年6月27日国家审计署向全国人大常委会报告2010年度中央预算执行和其他财政收支的审计情况的公告，见http://news.sohu.com/20110627/n311783028.shtml。

资平台公司政府性债务余额 4.97 万亿元，占比为 46.38%，由于平台贷款披露的不透明性，融资平台贷款风险成为困扰着中国银行业稳定的一枚隐形炸弹。

2011 年从地方政府的债务到期情况看，三项债务合计 2.6 万亿元，是平台贷款偿付压力最大的一年。随着中国银监会 2010 年底开始对平台贷款的全面清查，银行系统顶住压力，协调各种渠道分散相关风险，各家银行政府债务还本付息基本正常，未出现大额不良情况，暂时缓解了对平台贷款的担忧情绪。

根据表 3 - 13，股份制商业银行的平台贷款风险可控。截至 2011 年底，平台贷款占总贷款余额比重平均为 11.3%。高风险类贷款占比非常低，根据银监会对平台贷款的"四分类"法，上市股份制商业银行"半覆盖"和"无覆盖"类占总贷款余额比重在 1% 左右，远低于平台贷款的平均比重，此外平台贷款的不良率并不显著高于总体贷款的不良率。

表 3 - 13　2011 年上市股份制银行地方政府融资平台贷款基本情况

银行	平台贷款余额（亿元）	半覆盖和无覆盖类占比（%）	平台贷款占总贷款余额比重（%）	半覆盖和无覆盖类占总贷款余额比重（%）	平台贷款不良率（%）
招行	1200	5.0	7.5	0.4	—
中信	1493	—	10.8	—	0.12
浦发	1409	9.0	11.0	1.0	0.00
民生	1600	<10	13.8	<1.4	—
兴业	1000	10.0	10.8	1.1	0.00
光大	949	10.0	11.2	1.1	0.57
华夏	800	2.1	14.0	0.3	—

数据来源：各银行年报。

总体来看，随着对地方政府融资平台贷款整顿的持续推进，对这一问题的解决方案已日趋明朗，围绕平台贷款的风险正在逐步得到化解，虽然不排除未来仍可能有部分地方政府债务违约案例爆出，但均属极小范围内的个案情况，平台贷款的问题最终有望得到平稳解决。

（四）银行流动性稳中略紧

2011 年市场流动性整体趋紧、银行间同业拆借等利率持续高企，股份制商业银行在经营中整体保持了良好的流动性状况，截至 2011 年底，12 家银行流动比率（流动性资产期末余额/流动性负债期末余额，见表 3 - 14）达 42.34%，较 2010 年底下降 2.33 个百分点。虽然整体流动性略有下降，但仍显著高于银监会 25% 的监管指标。

从具体银行看，流动比率指标下滑幅度较大的有恒丰银行（27.69%）、光大银行（7.96%）、兴业银行（7.74%）和广发银行（7.39%）；流动比率指标改善靠前的为民生银行、招商银行和渤海银行，分别提高 8.55%、7.24% 和上升 4.25%；中信银行（58.97%）和平安银行（51.93%）在流动性指标上均超过 50%，近两年整体波动平稳，在流动性管理上保持行业领先。

表 3 - 14 近两年股份制银行流动性比例及变化   单位:%

银行	流动性比例			存贷比		
	2011 年	2010 年	变化	2010 年	2011 年	变化
中信银行	58.97	56.75	2.22	72.83	72.97	0.14
平安银行	51.93	52.52	-0.59	69.23	72.94	3.71
广发银行	48.22	55.61	-7.39	74.24	71.64	-2.60
招商银行	44.28	37.04	7.24	74.59	71.8	-2.79
浦发银行	42.80	40.28	2.52	69.96	71.93	1.97
恒丰银行	41.44	69.13	-27.69	66.59	71.37	4.78
民生银行	40.90	32.35	8.55	74.67	72.85	-1.82
华夏银行	39.39	38.10	1.29	67.00	66.72	-0.28
渤海银行	39.26	35.01	4.25	72.08	69.31	-2.77
光大银行	37.67	45.63	-7.96	71.63	71.67	0.04
浙商银行	32.46	35.11	-2.65	72.08	69.31	-2.77
兴业银行	30.71	38.45	-7.74	71.21	71.46	0.25
均值	42.34	44.67	-2.33	70.90	71.18	0.27

数据来源：Wind 资讯、各银行年报。

另一个衡量银行流动性的指标——存贷比也反映了同样的趋势。2011 年股份制银行存贷比均值为 71%，不仅略高于 2010 年的 70.90%，而且较大型商业银行（68%）和城市商业银行（64%）更加接近监管红线；2012 年信贷投放过程中股份制银行仍将面临较大的存贷比压力。

12 家银行整体处于高值区间（均超过 65%），从具体银行来看，2011 年规模较小的恒丰银行、平安银行和渤海银行存贷比指标上升较快，说明其延续了通过存贷业务扩大规模的原有模式；而 2010 年逼近 75% 监管红线的招商银行、广发银行和民生银行在 2011 年均收缩了存贷比指标，走向更为健康的发展模式；2011 年华夏银行存贷比为 66.72%，是唯一该指标低于 69% 且保持下降的银行，为今后扩张提供相对充足的发展空间。

2011 年股份制商业银行经历了存款小幅度的流失。一方面，在实际负利率的环境下，理财产品、民间融资等渠道分流了股份制商业银行的部分存款；另一方面，"三个办法一个指引"[①] 的严格执行对股份制商业银行等中小型银行的吸存能力有较大的负面影响。

五、股份制商业银行未来发展展望

（一）利率市场化改革对盈利能力带来一定的冲击

一方面，利率市场化推进是我国金融市场改革的必然选择，银行业天然的利差保护时代将一去不复返，这对股份制商业银行的盈利能力形成冲击。国外银行放开利率管制后均出现盈利水平不同程度的下降，因此，在当前客户质量和网点数量少于大型商业银行、本地化经营程度不及城市商业银行等条件的限制下，股份制商业银行如何利用全国性布局的优势、先进的经营理念和便捷的交易手段等，克服自身不足将冲击降到最低限度，保持在行业内增长领先的地位具有十分紧迫的意义。

另一方面，国内经济增速下降和企业盈利下滑造成信贷需求不振也对银行的经营造成影响，银行的息差已经度过上升周期形成向下的拐点，从 2011 年的数据看出，已有部分股份制商业银行的资产质量受到大环境的影响，未来银行整体呆坏账比率上升的概率较大，虽然多数银行继续提高拨备覆盖，但在经营中需预防资产超预期的恶化局面和进行更加严格的贷款审批与管理。整体来看，未来股份制银行内部的分化将更加显著。那些面对市场变化不断推进改革、充分利用近些年积累的品牌优势发挥产品特色、在业务开发和管理上不断创新、将差异化和特色化经营充分运用的银行有望在保持盈利的高增长，在竞争中赢得更大的市场份额；而那些囿于改革、在市场环境突变之下反应迟缓、不从客户的角度经营管理的银行只会停滞不前，在竞争中退败。因此，积极拓展业务模式，进行战略转型，是股份制银行发展的必然选择。

---

① 指中国银监会颁布的《流动资金贷款管理暂行办法》、《个人贷款管理暂行办法》、《固定资产贷款管理暂行办法》和《项目融资业务指引》。

（二） 继续推进战略转型是进一步发展的必然选择

进一步推进股份制商业银行的战略转型既有利于银行应对挑战，又有利于其支持实体经济发展。优化资产结构、实现业务的均衡发展是股份制银行推进战略转型的关键。从股份制商业银行的发展模式看，需积极调整业务结构，增加非信贷类业务比重，拓展零售业务、中间业务、小企业服务以及资本节约型业务，形成零售业务与批发业务、中间业务与非中间业务、传统业务与新兴业务均衡发展的格局。由于未来资本金监管将更趋严厉，在优化业务节约资本使用的同时，股份制商业银行资本补充将由过去的主要依靠外源融资转向内源融资过度。同时，股份制商业银行将服务重心更多地转向中小企业、为更多创新、高科技和民营企业解决融资困境，通过体制机制创新、技术手段改进，把过去高风险、难操作的小企业金融服务变成一种低风险规范化的可持续商业模式，为中小企业提供更好的金融服务，从而促进经济的协调发展。在这方面，具有先发优势的招商银行、较高管理水平的兴业银行、积极开拓零售业务的民生银行和成功引入战略投资者实现综合化经营的浦发银行均是行业的翘楚，其成功的经验值得借鉴与学习。

（三） 在经济下滑背景下需要加强信用风险的管理

经济下滑使得企业经营困难加剧，易引发企业资金链断裂，造成对银行贷款的拖欠。股份制银行的贷款冲动比较强，部分股份制银行在前期经济高速增长时向一些高风险行业发放了贷款，造成了银行信贷违约风险上升。从 2011 年第四季度开始，我国部分地区出现房地产企业倒闭、钢材贸易企业拖欠银行贷款不还以及民间借贷资金链断裂等问题，在一定程度上影响了银行资产安全。根据中国银监会网站公布的数据，2012 年第一季度到第二季度，股份制商业银行的不良贷款余额和不良贷款率均出现"双升"，分别环比增加 49 亿元和 0.1%，[①] 这凸显出银行强化信用风险前瞻性管理的必要性和紧迫性。加强信用体系建设，建立健全银行内部风险管理组织构架，优化银行的信用评级机制，提高风险的测量水平，并通过绩效考核等手段切实加强贷后检查等，都是股份制商业银行可供选择的管理风险的主要措施。在实践操作中，股份制银行应树立"严格风控"的理念，避免追求规模效应，对于可能出现信用风险的行业和地区减少介入，以期通过更为高效的管理能力将本行的信用风险降到

---

① 中国银监会网站，http://www.cbrc.gov.cn/chinese/home/docView/7E1679F277BC4161982E2BCF068E5DDA.html。

最低水平。

（四）未来发展中更需要强化社会责任

近些年来银行业在快速发展的同时部分忽略了应承担的社会责任，出现"银行业的暴利声讨"和"银行乱收费检讨"等事件，造成了国内民众对银行业的信任度下降。作为银行业的重要组成，且平均资产规模仅次于国有控股银行的股份制商业银行，需要从战略的高度承担企业的社会责任，在提升银行信誉的同时增强自身的竞争力。从长期来看，积极承担社会责任与企业的长久竞争力和股东的利益最大化是一致的：一方面，股份制商业银行需要规范行业操作，特别是对新业务的开展和相关收费标准的确定需对客户明确列示，减少由于信息不对称造成的争议，培养客户对银行的信赖度；另一方面，银行可策略性地介入扶贫、教育和救灾等社会公益活动，划拨专项资金扶持弱势和少数群体，积极推动社会公平，积极参与保护环境等各项活动，以柔化银行的社会感观，增强银行的社会功效。而更为重要的是，商业银行作为金融资源配置的重要途径之一，在源头上可以甄别出社会效用较大的企业项目，使得其商业价值与社会价值有效统一，为社会的健康可持续发展打好基础。

总之，股份制商业银行在未来的发展中机遇与挑战并存、压力和责任共担。积极开拓战略转型之路，从客户利益出发，以回报社会落脚，真正成为值得信赖的银行，这是股份制商业银行应对盈利增速下降，在激烈的竞争中求得生存和壮大的必然选择。

第四章 中国城市商业银行发展报告

在经过 2009 年和 2010 年两年的异地大举扩张后，2011 年中国城市商业银行的扩张步伐明显放慢。在吸储困难和资金成本高企的压力下，城市商业银行通过扩大理财产品的发行规模来弥补存款的不足；与此同时，多家城市商业银行通过增资扩股、发行次级债等来满足日益严格的银行资本监管要求，并且加大了小微企业金融服务的创新力度。

目前，我国城市商业银行的发展已出现两极分化的趋势。在当前实体经济增速趋缓、信用风险加大、利率市场化改革步伐加快的外部环境中，如何明确自身定位，走差异化、特色化发展道路，提高抗风险能力，形成自身的核心竞争力，是城市商业银行实现可持续发展需要解决的首要问题。

一、城市商业银行整体发展概况

（一）机构数量略有下降，从业人员数量稳步增加

根据中国银行业监督管理委员会的统计，截至 2011 年底，城市商业银行法人机构 144 家，从业人数总计 223238 人。与 2010 年相比，法人机构数减少了 3 家，从业人数却增加了 16634 人。[①] 法人机构数量的减少，主要是因为现有城市商业银行进行合并重组改革，达到整合资源、规模经济的作用，以期未来获得更大的生存和发展空间（见表 4 – 11）。

（二）资产负债规模增速放缓

2011 年，城市商业银行总资产、总负债规模继续保持稳步上升，但增长速度明显放缓。从图 4 – 1 和图 4 – 2 中可以看出，城市商业银行的资产和负债增长率在经历了 2008 年的下降后，在 2010 年达到高峰，接近 40%。2011 年增长速度大幅下降，资产、负债增长率分别为 27. 15% 和 26. 46%，说明城市商业银行这两年高速扩张的发展模式得到一定程度的抑制。

---

① 2009 ~ 2011 年《中国银行业监督管理委员会年报》。

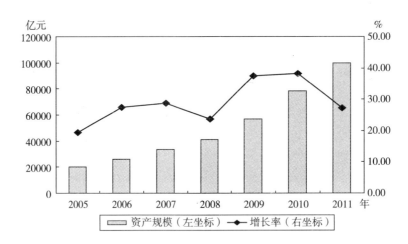

数据来源：《中国银行业监督管理委员会2011年报》。

图4-1　城市商业银行的总资产规模与增长速度 （2005～2011 年）

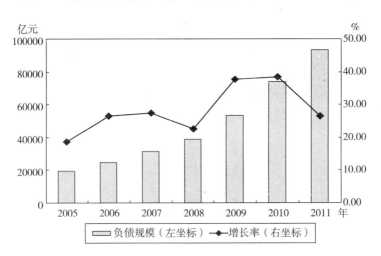

数据来源：《中国银行业监督管理委员会2011年报》。

图4-2　城市商业银行的总负债规模与增长速度 （2005～2011 年）

　　虽然城市商业银行的总资产规模增长速度趋缓，但增速依然高于同业水平，且居全部银行机构之首。截至2011年12月末，银行业金融机构总资产为1132873万亿元，同比增长18.87%。其中，大型商业银行总资产达536336万亿元，增长14.37%；股份制商业银行总资产达183794万亿元，同比增长

23.32%；城市商业银行总资产99845万亿元，同比增长27.15%。①

（三）市场份额不断扩大

由于城市商业银行的发展速度仍然快于其他银行业金融机构，因此，它们在整个银行业金融机构中的市场份额继续上升。无论从总资产还是从总负债来看，城市商业银行的市场份额分别从2005年的不到5.44%和5.46%提高到了2011年的8.81%和8.79%。其中2010～2011年，城市商业银行的资产和负债市场份额分别提高了0.57个和0.55个百分点。②

2011年，城市商业银行股东权益总计6641亿元，比2010年的4822亿元增加了37.72%（见图4-3），大大高于其同期资产和负债规模的增长速度。同时，城市商业银行的股东权益增长速度依然领先于其他银行业金融机构（见图4-4）。

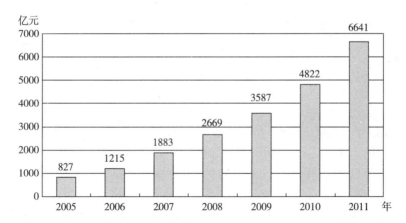

数据来源：《中国银行业监督管理委员会2011年报》。

图4-3 城市商业银行的股东权益规模（2005～2011年）

二、城市商业银行财务状况分析

（一）不良贷款"双降"格局被打破

2011年城市商业银行各项财务指标持续向好，整体保持了良好稳健的发

---

① 根据《中国银行业监督管理委员会2011年报》提供的数据计算。
② 根据《中国银行业监督管理委员会2011年报》提供的数据计算。

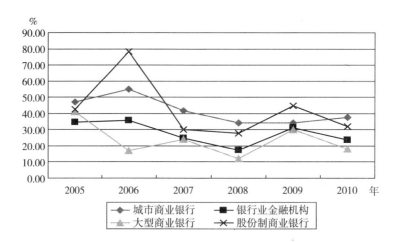

数据来源：《中国银行业监督管理委员会 2011 年报》。

图 4 - 4　城市商业银行股东权益增长速度及比较（2005～2011 年）

展态势。从表 4 - 1 中可以看出，2006 年至 2010 年，城市商业银行不良贷款余额和不良贷款率连续四年保持双降态势，其中不良贷款余额从 2006 年的 654.7 亿元的高位下降了 329.1 亿元，不良贷款率也在 2006 年 4.8% 的高水平上大幅度下降了 390 个基点到 0.9%。但是到 2011 年，这种不良贷款"双降"的趋势被打破。截至 2011 年末，城市商业银行的不良贷款余额为 338.6 亿元，比 2010 年的 325.6 亿元增加了 13.0 亿元；不良贷款率为 0.8%，较 2010 年的 0.9% 仅仅降低了 10 个基点，下降速度明显放缓。不良贷款出现小幅反弹，说明在经济下滑、中小企业破产倒闭增多的情况下，城市商业银行面临的信用风险压力加大。随着 2012 年国内经济转型的艰难推进，地方政府融资平台、房地产贷款和中小企业贷款风险的增加，在明后年很可能会迎来不良贷款由下降转为上升的拐点，城市商业银行需要加强对风险的防范和化解。

表 4 - 1　城市商业银行不良贷款余额与不良贷款率（2006～2011 年）

单位：亿元、%

指标	2006 年	2007 年	2008 年	2009 年	2010 年	2011 年
不良贷款余额	654.70	511.50	484.82	376.90	325.60	338.60
次级	315.30	255.80	252.38	205.80	166.20	177.70
可疑	247.00	193.30	174.78	123.30	109.50	111.80
损失	92.40	62.40	57.67	47.80	49.90	49.10
不良贷款率	4.80	3.00	2.30	1.30	0.90	0.80

数据来源：2006～2011 年《中国银行业监督管理委员会年报》。

虽然与自身相比，城市商业银行的不良贷款规模有所反弹，不良贷款率改善有限，但仍好于商业银行平均水平。从 2007 年到 2011 年，城市商业银行的不良贷款率连续五年低于商业银行平均水平。截至 2011 年末，全国商业银行不良贷款率为 1.0%，高出同期城市商业银行 0.2 个百分点。同时，城市商业银行不断提高拨备覆盖率，加强对不良贷款的风险防范。如图 4－5 所示，城市商业银行的拨备覆盖率从 2008 年的 114% 提高到 2011 年的 298.69%，增加了近两倍，并且一直领先于商业银行平均水平。

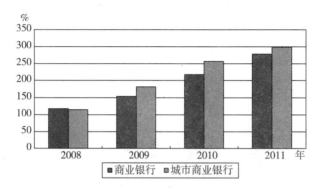

数据来源：根据《中国银行业监督管理委员会 2011 年报》以及中国金融网城商行频道相关数据整理。

图 4－5　城市商业银行拨备覆盖率与商业银行平均水平的比较（2008～2011 年）

（二）资本充足率处于较高水平

资本金是制约城市商业银行发展最重要的因素。在我国城市商业银行的发展过程中，共经历了两轮引资潮：第一轮是为了清理历史遗留下来的大量不良资产，由地方政府主导的注资和资产置换；第二轮是城市商业银行为了实现规模的扩大、业务的发展而自发掀起的引资潮，包括增资扩股、联合重组、上市筹资、发行次级债等。从目前来看，城市商业银行的资本补充效果非常显著。截至 2011 年底，城市商业银行资本充足率整体达标，平均为 13.03%，较 2010 年提升约 0.23 个百分点，较 2005 年提升了近 10 个百分点（见图 4－6）。

但需要注意的是，虽然相对于大型商业银行和股份制商业银行而言，城市商业银行的资本充足率普遍较高，但日益严格的监管要求、业务扩张的要求、改善公司股东结构提高治理水平的需要、参与国内外竞争的需要都进一步加大了城市商业银行的资本压力，促使其不断补充资本金。

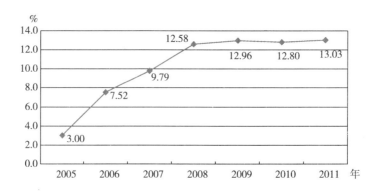

数据来源：根据《银行家》杂志发布的《2008～2009 年中国城市商业银行竞争力评价报告》、《2010 年中国城市商业银行竞争力评价（摘要)》以及中国金融网城商行频道（http：//citybank. zgjrw. com/）相关数据整理。

图 4 - 6　城市商业银行平均资本充足率（2005～2011 年）

（三）利润增长速度有所放缓

2011 年，城市商业银行实现税后利润 1080.9 亿元，同比增长 40.41%，增速与 2010 年的 55.05% 相比明显放缓，且低于同期股份制商业银行利润增长率 47.64%，但仍然高于银行业金融机构利润增长率 39.24%，以及大型商业银行利润增长率 29.03%（见图 4 - 7）。从历史数据来看，2007 年至 2011 年间，城市商业银行税后利润的年均增长率是 43.75%，高出同期银行业金融机构 13.53 个百分点，高出大型商业银行 15.90 个百分点，高出股份制银行 7.06 个百分点。

2011 年，城市商业银行资本利润率为 18.86%，较 2010 年提高了 0.55 个百分点，明显低于股份制商业银行的 21.15% 以及大型商业银行的 21.32%。2011 年，城市商业银行资产利润率为 1.21%，仅比 2010 年提高了 0.07 个百分点，基本和股份制商业银行持平，但低于大型商业银行的 1.32%（见表 4 - 2）。由于 2011 年期间，持续收紧的银根、严格的存贷比监管，以及跨区经营限制对城市商业银行的经营均产生了较大压力，加之业务结构单一、过度依赖息差收入是城市商业银行盈利能力下降的主要原因。随着今后银行监管的日趋严格和利率市场化的加速推进，城市商业银行推进经营转型、优化业务结构的需求非常迫切。

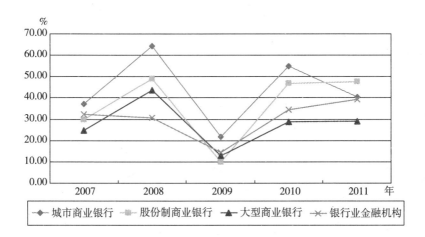

数据来源：2007～2011年《中国银行业监督管理委员会年报》。

图4-7　城市商业银行税后利润增长速度及比较（2007～2011年）

表4-2　城市商业银行资产利润率、资本利润率及比较（2007～2011年）

单位：%

指标 年份	资产利润率			资本利润率		
	城市商业银行	股份制商业银行	大型商业银行	城市商业银行	股份制商业银行	大型商业银行
2007	0.84	0.89	0.94	16.02	21.31	16.80
2008	1.09	1.04	1.16	17.92	21.56	19.99
2009	1.01	0.90	1.09	15.87	18.40	19.25
2010	1.14	1.02	1.17	18.31	19.67	20.37
2011	1.21	1.20	1.32	18.86	21.15	21.32

数据来源：根据《中国银行业监督管理委员会年报》2007～2011年相关数据计算。

三、城市商业银行业务发展分析

（一）理财产品突飞猛进

理财业务作为商业银行重要的中间业务，其品种的不断丰富和规模的不断扩大，对拓宽居民投资渠道、改进商业银行经营模式具有十分重要的作用。但理财产品市场繁荣的背后，凸显了银行通过理财产品揽储的窘境。2011年以来，持续收紧的银根和严格的存贷比监管，以及跨区经营限制对城市商业银行的扩张产生较大压力，在激烈的揽储大战中，网点数量、综合实力落于下风的城商行，不得不借助发行高息理财产品揽储。特别是那些等待上市而资产规模尚未达标的城市商业银行，无论是在理财产品的数量还是发行频率上，都更加发力。

1. 发行数量迅猛增长

2011 年我国银行业理财市场蓬勃发展，虽然股份制商业银行仍然是理财市场的发行主体（其全年产品市场占比约为 40%），但城市商业银行在发行理财产品方面增速明显，市场占比增幅最大，无论是产品发行数量还是产品发行规模，均大大超过 2010 年。根据西南财经大学信托与理财研究所和普益财富联合发布的《2011 年度银行理财能力排名报告》，2011 年度我国共发行理财产品 22441 款，较 2010 年上涨 100.58%；发行规模为 16.99 万亿元人民币，较 2010 年增长 140.99%。其中城市商业银行全年共发行产品近 4300 款，比2010 年的 1651 款增长了 160%，市场占比也由 2010 年的 15.88% 上升至 2011年的 19.15%。

表 4 - 3 根据 Wind 资讯数据整理了 63 家城市商业银行在 2011 年度发行的理财产品的相关信息。[①] 截至 2011 年 12 月 31 日，这 63 家城市商业银行共发行银行理财产品 4402 款，接近城市商业银行全年理财产品的发行总量。其中发行数量排名前十位的城市商业银行分别为北京银行、上海银行、南京银行、东莞银行、宁波银行、哈尔滨银行、包商银行、汉口银行、石家庄市商业银行、广州市商业银行，共发行了 2801 款，占 63 家城市商业银行发行总量的 63.63%。

表 4 - 3　63 家城市商业银行 2011 年度理财产品发行情况（按发行总量排名）

银行名称	发行总量	预期收益率区间（%）	保本类产品占比（%）	非保本类产品占比（%）	最短存续期	最长存续期
北京银行	861.00	0 ~ 8.47	52.96	47.04	7 天	681 天
上海银行	499.00	0.79 ~ 6.01	77.76	22.24	7 天	365 天
南京银行	400.00	1.50 ~ 7.00	5.50	94.50	7 天	2 年
东莞银行	260.00	0 ~ 6.50	93.08	6.92	5 天	729 天
宁波银行	163.00	2.70 ~ 6.30	12.27	87.73	7 天	368 天
哈尔滨银行	150.00	0 ~ 90	9.33	90.67	3 天	24 个月
包商银行	134.00	0 ~ 5.60	92.54	7.46	6 天	185 天

---

① 2011 年度，这 63 家银行占我国 144 家城市商业银行数量的 43.75%。

续表

银行名称	发行总量	预期收益率区间（%）	保本类产品占比（%）	非保本类产品占比（%）	最短存续期	最长存续期
汉口银行	123.00	2.10～6.60	40.65	59.35	5 天	336 天
石家庄市商业银行	107.00	0～6.30	95.33	4.67	7 天	182 天
广州市商业银行	104.00	0～6.00	13.46	86.54	7 天	183 天
绍兴银行	97.00	4.50～60	0.00	100.00	35 天	364 天
徽商银行	97.00	0～6.40	100.00	0.00	13 天	365 天
锦州银行	87.00	0～5.30	87.36	12.64	22 天	487 天
齐鲁银行	85.00	0～6.20	2.35	97.65	5 天	186 天
厦门市商业银行	79.00	0～60	0.00	100.00	7 天	365 天
兰州银行	77	1.90～5.50	100.00	0.00	7 天	238 天
江苏银行	67.00	0～7.80	94.03	5.97	7 天	24 个月
浙江稠州商业银行	63.00	0～6.60	1.59	98.41	9 天	308 天
珠海华润银行	63.00	0～60	17.46	82.54	16 天	103 天
湛江市商业银行	62	0～5.30	12.90	87.10	7 天	169 天
杭州银行	60.00	3.00～7.00	3.33	96.67	7 天	546 天
西安市商业银行	53.00	0～5.40	96.23	3.77	14 天	367 天
浙江泰隆商业银行	45.00	3.78～6.90	26.67	73.33	15 天	319 天
德阳银行	43.00	0～6.20	95.35	4.65	7 天	269 天
晋城银行	42.00	0～60	33.33	66.67	14 天	1 年
南昌银行	41.00	0～5.70	73.17	26.83	7 天	1.5 年
青岛银行	40.00	0～5.40	100.00	0.00	7 天	6 个月
重庆三峡银行	40.00	3.20～8.80	0.00	100.00	14 天	24 个月
嘉兴市商业银行	37.00	3.50～6.25	5.41	94.59	30 天	731 天
天津银行	35.00	0～6.80	0.00	100.00	7 天	388 天
重庆银行	34.00	0～6.50	70.59	29.41	3 天	358 天
瑞丰银行	30.00	3.60～5.80	0.00	100.00	7 天	88 天
上饶银行	26.00	0～6.20	88.46	11.54	14 天	126 天
九江银行	26.00	2.75～6.00	96.15	3.85	21 天	176 天
晋商银行	26.00	0～5.70	3.85	96.15	7 天	5 个月
台州市商业银行	22.00	0～5.50	0.00	100.00	7 天	104 天

续表

银行名称	发行总量	预期收益率区间（%）	保本类产品占比（%）	非保本类产品占比（%）	最短存续期	最长存续期
宁夏银行	21.00	2.40～6.30	19.05	80.95	13 天	618 天
泉州市商业银行	19.00	3.00～7.00	100.00	0.00	7 天	182 天
广西北部湾银行	19.00	0～6.30	63.16	36.84	11 天	261 天
营口银行	18.00	0～6.00	0.00	100.00	25 天	183 天
威海市商业银行	17.00	0～5.60	0.00	100.00	35 天	183 天
成都银行	16.00	4.20～6.30	0.00	100.00	69 天	185 天
辽阳银行	15.00	3.60～5.00	0.00	100.00	18 天	366 天
富滇银行	12.00	0～4.80	33.33	66.67	14 天	183 天
桂林市商业银行	11.00	0～7.00	81.82	18.18	15 天	1 年
郑州银行	10.00	3.50～5.30	0.00	100.00	7 天	184 天
温州银行	10.00	2～6.00	0.00	100.00	7 天	92 天
吉林银行	9.00	0～5.50	0.00	100.00	60 天	182 天
南充市商业银行	7.00	0～6.35	42.86	57.14	26 天	2 年
盛京银行	6.00	0～5.00	0.00	100.00	1 个月	1 个月
湖北银行	5.00	4.50～6.20	0.00	100.00	25 天	183 天
柳州市商业银行	5.00	4.80～60	0.00	100.00	33 天	354 天
浙江民泰商业银行	4.00	3.00～4.50	50.00	50.00	20 天	91 天
内蒙古银行	3.00	0～70	100.00	0.00	33 天	118 天
阜新银行	3.00	0～4.80	0.00	100.00	12 个月	12 个月
德州银行	3.00	0～5.50	0.00	100.00	58 天	104 天
乌鲁木齐市商业银行	2.00	0～5.70	0.00	100.00	12 个月	12 个月
泰安市商业银行	2.00	0～5.50	100.00	0.00	56 天	95 天
日照银行	2.00	0～4.80	0.00	100.00	6 个月	6 个月
福州市商业银行	2.00	4.80～4.90	100.00	0.00	30 天	57 天
莱商银行	1.00	6.00～6.00	0.00	100.00	145 天	145 天
长沙市商业银行	1.00	0～5.20	100.00	0.00	85 天	85 天
长安银行	1.00	0～4.35	100.00	0.00	88 天	88 天
共计	4402.00					

数据来源：根据 Wind 资讯提供的相关数据整理。

2. 币种结构以人民币为主

从理财产品的投资币种来看，多样化程度不高，主要还是以人民币产品为主，外币产品数量较少。这63家城市商业银行2011年共发行人民币银行理财产品4163款，占到了全部产品数量的94.57%。仅有三家银行发行了外币类理财产品（见表4-4），数量为239款，仅占全部产品数量的5.43%。其中，北京银行理财产品的币种构成最为多样化，除了美元产品外，还包括澳元、港元、欧元、英镑等外币产品。其次是上海银行，全年共发行美元理财产品107款。

表4-4　部分城市商业银行外币理财产品及人民币理财产品发行数量（2011年）

指标	澳元	港元	美元	欧元	英镑	人民币
北京银行	21	21	47	21	21	730
上海银行	0	0	107	0	0	392
宁波银行	0	0	1	0	0	162
总计	21	21	155	21	21	4163
占比	0.48%	0.48%	3.52%	0.48%	0.48%	94.57%

数据来源：根据Wind资讯提供的相关数据整理和计算。

3. 非保本类理财产品比例略高，预期收益率普遍高于主要商业银行

从投资对象来看，2011年城市商业银行发行的理财产品主要投向收益稳健的债券与货币市场工具，由于此类产品收益率与Shibor挂钩，可随加息调高收益率，因此受到投资者的追捧，逐渐成为理财产品的主流，市场占比已经超过50%；而信贷资产类产品由于受到较大监管约束，在理财产品发行中占比明显下降。

从理财产品收益类型来看，往年，银行理财产品大多数是"保本型"，收益率较低，投资对象主要为低风险资产。面对2011年来强大的通胀压力，客户不再满足于3%至4%的年收益率，因此高风险高收益的"非保本型"理财产品更受青睐。2011年这63家城市商业银行共发售"保本型"理财产品2094款，占比47.57%，"非保本型"理财产品2308款，占比52.43%（见表4-5）。

从理财产品的预期收益率来看，由于理财产品市场竞争趋于激烈，并且现有理财产品同质化程度较高，城市商业银行为了占领市场，吸引、留住客户，在控制风险，力求稳健的基础上，向客户承诺更高的收益率。因此2011年城市商业银行理财产品的预期收益率普遍高于大型商业银行以及股份制商业银行。

表 4-5　城市商业银行 2011 年部分到期理财产品实际收益率

产品名称	所属银行	收益类型	是否保本	实际收益率
"心喜"系列 PB11075 号：人民币 1 个月 Shibor 利率挂钩理财产品	北京银行	浮动	不保本	7.2983%
"心喜"系列 PB11074 号：人民币 1 个月 Shibor 利率挂钩理财产品	北京银行	浮动	不保本	7.1925%
"超越"系列 PB11088 号：人民币 14 天 Shibor 利率挂钩理财产品	北京银行	浮动	不保本	6.9608%
2011 年旌喜理财系列之旌城丽人保本型理财产品 JX03-2011-001	德阳银行	浮动	保本	6%
"本无忧"系列 G291109600 号：澳元 184 天银行间市场投资理财产品	北京银行	固定	保本	6%
2011 年个人人民币理财产品（多盈-联通专享 1 期）5 个月	晋商银行	浮动	不保本	5.7%
2011 年"珠联璧合（1016 期Ⅷ）"91 天理财产品 A70059	南京银行	浮动	不保本	5.4%
2011 年"珠联璧合金兰花（1016 期Ⅷ）"91 天理财产品 0059	绍兴银行	浮动	不保本	5.4%
2011 年"慧财"人民币点滴成金理财产品（110M625 期）W20110M625B	上海银行	固定	保本	5.215%

数据来源：根据银率网（www.bankrate.com.cn）公布的数据整理。

4. 短期和超期限理财产品占据主力位置

从销售的理财产品的期限来看，短期和超短期理财产品占据发行的主力位置。2011 年，这 63 家城市商业银行发行的理财产品中，90 天以内的产品共有 2768 款，占比高达 62.88%，90 天到 180 天的产品共有 920 款，占比为 20.9%，181 天到 365 天的产品共有 649 款，占比 14.74%，365 天以上的产品共有 65 款，占比 1.48%。[①]　其中最短期限的为哈尔滨银行发行的 3 天期的 2011 年"丁香花理财"稳赢 201190 号十期产品，以及重庆银行发行的 3 天期的 2011 年长江·给利 1 号 6 期人民币债券理财计划 111006。期限最长的为哈尔滨银行发行的 24 个月的 2011 年"丁香花理财"惠赢系列 201104 号产品，江苏银行发行的 24 个月的 2011 年第 240 期"聚宝财富稳健 30 号"人民币理财产品，以及重庆三峡银行发行的 24 个月的 2011 年"创收 38 号 B 款"理财产品和 2011 年"创收 41 号 B 款"理财产品。

总的来说，城市商业银行在理财业务方面市场份额的扩大，一方面是由于通货膨胀和负利率提高了居民对理财产品的需求，另一方面是由于城市商业银行通过向投资者让渡更多的收益来吸引更多的客户，但这一现状或不可长期持续。提高理财产品的多样化和差异化，更好地满足客户需求，才能保持提高竞争优势。

（二）创新小微企业金融服务，形成品牌特色

2011 年，城市商业银行通过创新产品、客户细分以及创办特色支行等多种方式，打造特色化服务，逐步拥有了特色品牌和管理文化，小微企业金融服务的深度、广度得到不断拓展。根据银监会相关统计数据，截至 2011 年底，全国银行业金融机构小微企业贷款余额（小企业贷款余额与个人经营性贷款余额之和）15 万亿元，占全部贷款余额的 27.3%；其中小企业贷款余额 10.8 万亿元，占全部贷款余额的 19.6%；小企业贷款余额同比增长 25.8%，比全部贷款平均增速高 10 个百分点。同期，城市商业银行小企业贷款余额 1.55 万亿元，占其企业贷款的比重达 47.8%，占银行业金融机构小企业贷款市场份额的 14.35%，[②] 高于其资产的市场份额。可见，城市商业银行在支持小企业金融服务中发挥了举足轻重的作用。

1. 增设专营机构，提供专业化服务

2011 年城市商业银行结合各地产业发展情况和区域经济特点，不断提升小微企业服务专营机构的专业程度，并建设一批有鲜明特色的分支机构，加大对小微企业的资金支持。例如，2011 年江苏银行徐州分行设立了苏北第一家科技支行，对中国矿业大学国家大学科技园区内入园企业实行全方位、一体化的全程服务。同时开发了"科技局 + 银行 + 保险公司"的科技企业融资产品，积极推进"1 + N"供应链融资业务，凡提出贷款申请的科技型企业只要获得

---

① 根据 Wind 资讯提供的相关数据计算。
② 根据《中国银行业监督管理委员会 2011 年年报》提供的数据计算。

徐州市科技局筛选推荐、紫金保险提供保证保险即可获批贷款，而不需提供抵质押、担保或反担保。截至目前，该行已为 11 户小微企业发放科技履约保证保险贷款，贷款金额达 1850 万元。

2. 目标市场细分，满足小微企业多元化融资需求

不少城市商业银行结合小微企业客户的特点，不断加强产品和机制创新，形成一批有影响力的金融服务品牌，如宁波银行的"金色池塘"、北京银行的"小巨人"、哈尔滨银行的"乾道嘉"、包商银行的"微小贷"等。

上海银行为小企业金融服务专设了"成长金规划"品牌系列，它由"便捷贷"、"商易通"、"创智贷"、"金赢家"和"小巨人"五个子品牌构成，分别对应中小企业客户日常周转资金、供应链资金、技术成果转化资金、资金理财和高速成长型企业的需求，为不同行业、处于不同成长阶段的小微企业提供金融解决方案，努力做好企业的金融规划师。其中"便捷贷"以房地产抵押和政策性担保贷款为主；"商贷通"为企业采购、存货和销售活动提供盘活资金的各类解决方案；"创智贷"是专为科技型小企业搭建的融资服务平台，围绕"投、保、贷、引"的服务方式，助推科技创新型企业、拟上市中小企业的发展；"金赢家"是帮助小企业实现结算、资金管理、货币增值、汇率避险的电子银行产品；"小巨人"指专为业绩优良、成长性良好的小企业 VIP 客户提供的差异化服务方案。

哈尔滨银行沈阳分行围绕供应链、产业链推出了多款无须抵押的贷款产品，例如，为大型优质商场和超市供应商设计"商超通"贷款、为大型企业供货商设计"佳易通"贷款、为具有与各级医保中心合作资格的药店或小型医院设计"医保通"贷款、为产业园区内企业设计"联保贷款"等。

3. 破解抵押物崇拜，完善风险控制机制

多家城市商业银行突破传统抵质押品的束缚，采取了应收账款质押、知识产权质押、联贷联保等多元担保方式，解决担保难问题。例如，三门峡市商业银行打破传统信贷模式，针对那些依据传统信贷标准无法从银行获得贷款的小型微型企业，启动"崤函微贷"模式，并对商业集中区域商户进行逐户访问、不留死角，开展"扫街式"金融服务，实现银企和谐发展。许昌银行对单笔在 50 万元以下小额贷款，实行"T＋1 日回复制"和"3 日回复制"，其他贷款则采取"7 日回复制"，优化了审批流程，提高了审批效率。绵阳市商业银行针对小企业抵押资产不足的特点，推出了专利权质押、应收账款质押、仓单质押、法人账户透支等贷款品种。

城市商业银行在为小微企业提供服务的同时，不断完善风险控制机制，创新风险管理技术，提升小微企业贷款业务的质量和效益。例如，浙江泰隆商业

银行通过看"三品"——企业主的人品、企业经营的产品和企业及企业主所拥有的物品,查"三表"——水表、电表和海关报表,全方位掌握客户的信息。通过"三三制",承诺老客户贷款三小时以内解决,新客户三天内给予明确答复,有效降低监控成本、提高效率。江苏银行深圳分行通过与各地在深圳的商会、小企业行业协会、担保公司合作来批量开发客户。台州银行实行"三看三不看"风险识别技术:不看报表看原始、不看抵押看技能、不看公司治理看家庭治理。汉口银行推行"贷款防赖1+1",要求企业主的家庭财产也要作为诚信担保,负连带责任,前"1"是指企业房产抵押物,后"1"是指企业主家庭财产担保物。此举旨在防备小企业融资过程中的"老赖",降低贷款风险。

4. 支持文化创意产业,探索"文化金融"之路

2011 年,银监会引导银行业金融机构根据文化产业特点,创新产品与服务,支持文化产业发展。作为最早涉足文化产业的金融机构,北京银行多年来一直不遗余力地研究和探索"文化金融"之路,是全国首家推出特色的"创意贷"文化金融品牌的银行。目前,北京银行已累计审批通过"创意贷"944笔,总计 147 亿元,在北京市场始终保持了 80% 以上市场份额,全面支持了影视制作、设计创意、动漫网游、文艺演出、出版发行、广告会展、古玩与艺术品交易、文化旅游、文化体育休闲 9 大领域。中影集团、北京演艺集团、华谊兄弟、光线传媒、万达院线、宋城股份、紫禁城影业、元隆雅图、小马奔腾等近 650 户文化创意高成长性企业与北京银行建立了紧密的战略合作关系。

(三)大力发展电子银行业务

随着银行间竞争越来越激烈,电子银行业务的发展程度将成为银行实力的另一种体现。2011 年城市商业银行加速推进电子银行业务发展,在加大渠道扩张和传统业务覆盖的同时,不断探索创新,将电子银行业务与传统银行产品相融合,如银行卡、理财产品、贷款产品等,从而为客户提供更加完善、便捷的服务。

第一,借助第三方平台拓展电子业务。根据《2011 年中国电子银行调查报告》显示,2011 年网上支付和网上缴费两项功能的使用预期最高,在线交易中使用的支付方式排在前三位的分别是网上银行支付、第三方支付、货到付款。相对于大型商业银行和股份制商业银行,规模和资金实力相对较小的城市商业银行在开拓电子银行业务方面存在诸多挑战,比如在网上银行、电话银行、手机银行等电子渠道服务上的资源投入相对不足,自身支付产品和网络覆盖面无法与大型银行竞争。因此,城市商业银行通过借助第三方支付的平台,

可以有效提升客户体验，实现与大型银行的竞争。

2010年12月自支付宝推出快捷支付服务以来，用户数不断攀升。截至2011年7月25日，支付宝快捷支付的用户数已经突破了2000万户，快捷支付交易笔数占支付宝整体交易的比重提升到36%，[①] 支付宝快捷支付签约合作银行有123家，已经合作上线的银行达到了91家，其中包括57家城市商业银行。

第二，提升客户服务体验。与第一代的电子银行注重功能性相比，新一代电子银行产品更注重良好的用户体验，将丰富的金融功能融合于不断更新的产品形式中，希望以此获得更高的客户黏性。城市商业银行在强化电子银行产品功能的同时，树立"以客户为中心"的营销理念，将满足客户需求作为一切产品设计、服务的出发点，力争以核心特色产品赢得客户信赖。大连银行将电子银行业务从信用卡部剥离出来，单独成立电子银行部，加速电子银行业务发展。另外，多家城市商业银行推出的超级网银服务，也受到了用户的好评。

四、城市商业银行的规模扩张及所面临的挑战

2011年，城市商业银行急剧扩张的速度明显放缓。跨区域发展政策的收紧，设立村镇银行门槛的提高，公开发行上市的推迟，在一定程度上给城市商业银行的规模扩张带来了不利影响。在此情况下，城市商业银行要进一步明确市场定位，走差异化发展道路，积极推进业务转型步伐，为未来发展奠定了良好的基础。

（一）规模扩张的速度下降、分化趋势增强

1. 资产规模增速下降

根据网易财经"2011年中国城商行排行榜"统计（见表4-6），截至2012年4月27日，共有64家城市商业银行公布其2011年资产规模等关键财务指标，其中资产规模超过千亿元的共有22家，占到2011年全部城市商业银行数量的15.28%；资产规模在500亿元到1000亿元之间的共有16家，占比为11.11%；资产规模在100亿元到500亿元之间的共有23家，占比为15.97%，资产规模在100亿元以下的占57.64%。[②]

---

① 中国新闻网：《支付宝快捷支付用户突破2000万》，见 http://www.chinanews.com/it/2011/07-26/3209483.shtml。

② 根据网易财经"2011年中国城商行排行榜"公布的数据整理和计算。

表 4-6 2011 年部分城市商业银行资产规模排行榜

排名	公司名称	总资产（亿元）	增幅（%）
1	北京银行	9564.99	30.45
2	上海银行	6558.00	15.71
3	江苏银行	5137.00	19.49
4	南京银行	2817.92	27.22
5	宁波银行	2604.98	-1.05
6	徽商银行	2553.20	23.00
7	天津银行	2353.60	15.46
8	盛京银行	2200.00	10.00
9	广州银行	2060.00	23.28
10	哈尔滨银行	2024.99	59.23
11	吉林银行	1837.00	24.29
12	成都银行	1814.14	20.00
13	包商银行	1783.00	56.27
14	龙江银行	1533.00	85.00
15	汉口银行	1381.35	23.59
16	重庆银行	1272.17	17.53
17	长沙银行	1227.20	47.63
18	东莞银行	1226.23	13.90
19	北部湾银行	1106.96	81.25
20	锦州银行	1061.00	13.33
21	华融湘江银行	1035.10	—
22	河北银行	1000.00	31.87
23	富滇银行	825.61	15.83
24	贵阳银行	820.00	29.34
25	晋商银行	800.00	49.53
26	兰州银行	749.02	29.14
27	郑州银行	724.57	25.79
28	厦门银行	700.00	32.34
29	温州银行	670.63	23.00
30	宁夏银行	620.00	39.92
31	福建海峡银行	619.00	15.06
32	九江银行	613.23	54.85
33	重庆三峡银行	604.09	32.36
34	台州银行	581.85	21.68
35	洛阳银行	580.38	34.76

排名	公司名称	总资产（亿元）	增幅（%）
36	威海商行	562.81	8.26
37	营口银行	534.89	23.21
38	柳州银行	517.33	115.55
39	赣州银行	477.75	46.10
40	珠海华润银行	463.00	179.59
41	潍坊银行	458.00	13.58
42	辽阳银行	441.53	35.00
43	桂林银行	421.11	64.98
44	齐商银行	411.00	20.00
45	绍兴银行	400.00	7.68
46	日照银行	394.98	4.79
47	张家口商行	363.00	10.00
48	烟台银行	349.93	20.17
49	邯郸银行	321.00	27.00
50	青海银行	302.00	33.13
51	嘉兴银行	287.59	24.60
52	邢台银行	277.28	65.28
53	东营银行	257.54	17.93
54	丹东银行	233.56	31.84
55	晋城银行	228.00	4.59
56	唐山商行	227.30	31.80
57	大同商行	223.27	12.38
58	承德银行	210.00	—
59	抚顺银行	190.00	6.19
60	济宁银行	178.74	23.52
61	南阳银行	121.00	—
62	信阳银行	83.00	—
63	三门峡银行	79.24	52.13
64	自贡商行	71.90	34.00

数据来源：网易财经"2011年中国城商行排行榜"。

北京银行以总资产规模9564.99亿元名列第一，上海银行以总资产规模6558亿元名列第二，江苏银行以总资产规模5137亿元名列第三。而另外两家已上市银行——南京银行和宁波银行的资产规模分别为2817.92亿元、2604.98亿元，仅名列第四位和第五位。北京银行、南京银行和宁波银行三家上市银行占全国城市商业银行总资产规模比重达到 15% 以上，其中北京银行一家占比接近 10% 。

2011 年大多数城市商业银行的资产规模增速与 2010 年相比都出现不同程度的下降，增速超过 60% 的银行由上年的 14 家降为 6 家，三家上市银行规模增长速度则明显不及其他城市商业银行，宁波银行资产规模甚至为负增长。资产规模增速排名前三位的分别是珠海华润银行、柳州银行、北部湾银行，同比增幅分别为 179.59% 、115.55% 和 81.25% ，增幅超过 100% 的只有两家（见图 4 - 8）。

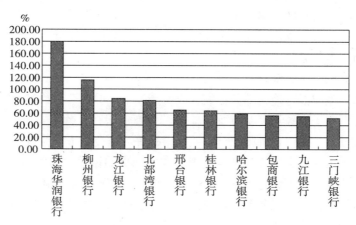

数据来源：网易财经"2011 年中国城商行排行榜"。

图 4 - 8　2011 年城市商业银行资产规模同比增幅前十名

2. 分化发展趋势明显

虽然整个城市商业银行群体发展态势良好，资产规模不断增加，财务状况持续改善，但群体内部各城市商业银行之间差距不断拉大，分化发展趋势进一步加强。从表 4 - 8 的数据我们可以看到，截至 2011 年末，规模最大的城市商业银行（北京银行）总资产已经接近 1 万亿元，而全国还有相当一部分城市商业银行的资产规模仅有几十亿元，差距十分悬殊。总体来说，全国 144 家城商行明显处在不同的发展梯队中。

第一类城市商业银行资产规模较大，资产总额达到 1500 亿元以上，目前共有 14 家城市商业银行符合这一标准。该类银行基本上已完成股份制改革，实现省内网点的全面覆盖，大部分已在全国范围内搭建区域性网络布局，部分银行已成功上市，或者排队等待上市。代表银行有北京银行、上海银行、江苏银行、南京银行、宁波银行等。在 14 家资产超过 1500 亿元的城市商业银行中，仅有龙江银行1家尚未在省外设立分支机构及营业网点，其余13家均在省外或直辖市以外的区域开设了分支行及营业网点，并且大部分省外营业网点数超过10家；其中北京银行跨区域开设的营业网点数量最多，达52家。上海银行、宁波银行、哈尔滨银行、江苏银行、天津银行跨区域开设营业网点也较多，分别为48家、23家、29家、20家、20家。

从总体上看，该类城市商业银行在进行跨区域发展中，一般选择在长三角、珠三角、环渤海三大经济区域设立分支机构及营业网点，特别是上海、北京、天津、深圳等发达城市。这些银行无论是在资产规模还是信息技术和管理水平均在城市商业银行中处于领先地位，随着跨区域经营等进一步开展，以上城市商业银行已经或将要成为全国性的、大型商业银行，可与其他类型的商业银行展开有力的竞争。

第二类城市商业银行具有一定的资产规模，资产总额在500亿元到1500亿元之间。该类银行绝大部分已完成股份制改革，但只有少数实现跨省区域化经营。它们主要为各省会城市所在地的城市商业银行，代表银行有长沙银行、重庆银行、河北银行、贵阳银行、兰州银行等。这类城市商业银行大部分在省内其他地区设立分支机构，基本实现了省内网点的覆盖，组织结构较为适中，具有一定的技术能力和管理水平。相对于少数实现跨省区域化经营的城市商业银行，这类银行主要服务于当地经济，专注发展区域内经营，成为本区域内最具创新力和最具特色的经营主体。

第三类城市商业银行资产规模偏小，资产总额在500亿元以下。该类银行主要为各地市的城市商业银行，基本未实现区域化经营，组织相对简单，营业网点有限，贷款业务市场范围较窄，基本服务于当地的中小企业和居民个人。对于这类城市商业银行，应坚持"市民银行"、"社区银行"的发展方向，结合自身地缘优势，将分支网点深入到各个社区、健全销售网络，同时拓宽融资渠道，走出一条特色发展的道路。

3. 跨区域扩张受阻

自2009年、2010年城市商业银行跨区域迅速扩张后，异地分行数量迅速增加。这种跨区域经营高速扩张的态势，在给城商行带来各种优势的同时，也暴露出了许多风险隐患。2011年全国"两会"期间，国务院副总理王岐山提出警告，城商行的发展不应盲目求大。随后，中国银监会主席助理阎庆民也明确表示，将审慎推进城商行跨区域经营，对内控制度不健全的城商行新设网点申请"暂停审批"①。监管机构对城市商业银行跨区域政策的收紧，使得 2011 年城市商业银行的跨区域发展变得异常艰难，主要表现在以下四个方面：

第一，更名机构数量减少。大部分城市商业银行希望迅速培育自己的品牌形象，在实现"走出去"战略的同时，为未来综合化经营打下基础。特别是 2010 年许多城市商业银行纷纷扎堆更名，但 2011 年更名风潮明显降温。据中国金融网统计，2010 年全国共有 18 家城商行顺利完成更名，而 2011 年全年仅有 3 家城市商业银行实现更名（见表 4 - 7）。

表 4 - 7　部分城市商业银行更名情况（2010 年、2011 年）

完成年份	原名	更名后名称
2010	邢台市商业银行	邢台银行
2010	邯郸市商业银行	邯郸银行
2010	乌海市商业银行	乌海银行
2010	鄂尔多斯市商业银行	鄂尔多斯银行
2010	丹东市商业银行	丹东银行
2010	葫芦岛市商业银行	葫芦岛银行
2010	阜新市商业银行	阜新银行
2010	辽阳市商业银行	辽阳银行
2010	湖州市商业银行	湖州银行
2010	绍兴市商业银行	绍兴银行
2010	金华市商业银行	金华银行
2010	台州市商业银行	台州银行
2010	德州市商业银行	德州银行
2010	柳州市商业银行	柳州银行
2010	桂林市商业银行	桂林银行
2010	德阳市商业银行	德阳银行
2010	西安市商业银行	西安银行
2010	克拉玛依市商业银行	昆仑银行
2011	周口市商业银行	周口银行
2011	驻马店市商业银行	驻马店银行
2011	珠海市商业银行	珠海华润银行

数据来源：根据中国金融网数据整理。

---

① 新京报电子版：《城商行异地扩张遇红灯》，见 http：//epaper. bjnews. com. cn/html/2011 - 05/ 09/content_ 228966. htm？ div = - 1。

第二，跨省设立分支机构数量锐减。据不完全统计显示，2011 年共有 22 家城市商业银行共设立 28 家异地分行，而 2010 年的数据分别是 62 家、103 家。[①] 在此背景下，大多数城市商业银行选择在当地建立网点来实现进一步扩张，如宁波银行 2011 年新增网点 29 个，其中社区支行 9 个；杭州银行新增网点 4 个；大连银行新增网点 6 个；哈尔滨银行新增网点 8 个；锦州银行新增网点 3 个；上海银行新增网点 6 个。[②]

第三，设立村镇银行速度下降。2011 年 9 月 6 日，中国银监会发布了《商业银行村镇银行子银行管理暂行办法》（征求意见稿），不仅将村镇银行的审批权由原来的地方银监局上收至银监会，并且提高了设立村镇银行的门槛。比如，主发起人所应具备的"硬件"条件包括：最近 1 年末总资产不少于 1000 亿元人民币或等值外币；主要审慎监管指标符合监管要求，监管评级连续 3 年达到二级以上等。这无疑增大了城市商业银行发起设立村镇银行的难度，使得城市商业银行向县域拓展变相实现跨区域发展的途径受阻。在此背景下，2011 年城市商业银行设立村镇银行的速度明显下降，全年城市商业银行只设立大约 10 家村镇银行。

第四，上市时间尚不明确。继 2007 年宁波银行、北京银行、南京银行上市之后，城市商业银行上市已被搁置四年至今。2011 年受制于资本市场、宏观调控以及监管收紧等因素，城市商业银行上市依然未取得实质性突破，但这丝毫没有减弱城市商业银行的上市热情。根据证监会披露的"上市待审名单"，截至 2012 年 4 月底，拟上市的城市商业银行数量已经达到 11 家（见表 4 - 8）。城市商业银行热衷上市的目的，除了有助于提高银行资本充足率、风险控制水平以及整体声誉外，更重要的是借上市加快发展步伐，实现进一步的规模扩张。

表 4 - 8　2011 年城市商业银行拟上市名单

银行名称	注册地	拟上市地	保荐机构	审核进度
成都银行	四川	上交所	中信建投	初审中
盛京银行	辽宁	上交所	西南证券	初审中
大连银行	大连	上交所	中信建投	初审中
江苏银行	江苏	上交所	中银国际	初审中

① 张吉光：《城商行发展：2011 年总结与 2012 年展望》，载《当代金融家》，2012（5）。
② 大连银行博士后工作站课题组：《2011 年中国城市商业银行发展述评》，载《银行家》，2012（3）。

续表

银行名称	注册地	拟上市地	保荐机构	审核进度
锦州银行	辽宁	上交所	安信证券	初审中
徽商银行	安徽	上交所	中信证券	初审中
上海银行	上海	上交所	国泰君安	初审中
贵阳银行	贵州	上交所	中信建投	初审中
杭州银行	浙江	上交所	中金公司	落实反馈意见中
重庆市商业银行	重庆	上交所	高盛高华	落实反馈意见中
东莞银行	广东	上交所	高盛高华	落实反馈意见中

数据来源：根据网络媒体数据整理。

4. 通过多种途径补充资本

大部分城市商业银行由于资产结构不合理、收入来源单一等原因，也缺乏足够的内源融资能力，在规模急剧扩张的情况下，普遍面临着资本充足率难以持续达标的严峻挑战。为了补充资本金，满足银监会对商业银行更高的资本要求，为进一步扩张做好准备，2011年，城市商业银行通过增资扩股、发行次级债、更换股东等多种方式缓解资本困境。这主要表现在以下三个方面：

第一，增资扩股，引进战略投资者。为了解决业务和规模快速扩张所带来的资本瓶颈，同时改善股权结构，实现监管指标的达标，2011年，多家城市商业银行相继启动了增资扩股和引进战略投资者的工作。比如，2011年8月1日，青岛银行增发股份571428571股。2011年，广州银行引入加拿大丰业银行作为战略投资者，后者持有广州银行19.99%的股份；石嘴山银行引入杭州银行作为战略股东；广西北部湾银行则与瑞士信贷（香港）公司签订了战略合作框架协议，同时通过股权转让等方式，更换有实力的大股东。2011年部分城市商业银行股东资格变动与股权转让情况见表4-9。

表4-9 2011年部分城市商业银行股东资格变动与股权转让情况

银行名称	事件	时间
抚顺市商业银行	海南东汇股份有限公司增持该行10000万股，加计此前持有的该行5350万股股权，合计持有15350万股，占增资扩股后总股本的7.5%；北京国环展览中心入股15000万股，占增资扩股后总股本的7.33%。	2011-01-04
三门峡市商业银行	河南省农业综合开发公司入股5098.04万股，占增资扩股后总股份的17.43%；三门峡黄河明珠（集团）有限公司入股2745.10万股，占增资扩股后总股份的9.39%；河南黄河明珠实业投资股份有限公司入股2352.94万股，占增资扩股后总股份的8.05%，与其关联企业三门峡黄河明珠（集团）有限公司合计持有17.44%股份。	2011-03-15

续表

银行名称	事件	时间
青海银行	青海省国有资产投资管理有限公司增持 23300 万股股份，合计持有 36000 万股股份，占增资后总股本的 17.99%；上海城市商业集团有限公司入股 18000 万股股份，占增资后总股本的 9.00%；攀华集团有限公司入股 11000 万股股份，占增资后总股本的 5.50%；苏州市相城区江南化纤集团有限公司入股 11000 万股股份，占增资后总股本的 5.50%。	2011 - 06 - 21
石嘴山银行	杭州银行入股 11880 万股股份，占该行本次增资扩股后总股本 6 亿股的 19.8%。	2011 - 07 - 28
湛江市商业银行	广东大华糖业有限公司参与配股 289901140 股股份，合计持有 430781140 股股份，占本次增资扩股后总股本的 11.25%。	2011 - 09 - 01
乐山市商业银行	乐山市财政局增持 5200 万股股份，加计此前持有的 8000 万股，合计持有 13200 万股股份，占增资扩股后股本总额的 13.13%。	2011 - 10 - 12
西安银行	加拿大丰业银行受让中国信达资产管理股份有限公司持有的 1 亿股股份，受让后合计持有 5.43 亿股股份，占总股本的 18.1%。	2011 - 09 - 02
上海银行	中国建银投资有限责任公司受让国际金融公司持有的 29638 万股股份，占总股本的 7%。	2011 - 07 - 06

数据来源：根据中国银监会网站的数据整理。

第二，大量发行次级债券。在流动性偏紧的 2011 年，大部分城市商业银行选择通过发行次级债券补充资本，缓解扩张压力。而次级债发行规模的上升也造成了融资成本高企。2011 年 3 月 31 日，徽商银行发行了 40 亿元次级债，期限为 15 年期，票面利率高达 6.55%；5 月，成都银行发行 24 亿元的次级债，期限为 10 年，票面利率高达 7%；9 月，江苏银行再度发行 30 亿元次级债，期限为 15 年，发行后江苏银行次级债存量规模将达到 70 亿元，逼近银监会规定的次级债额度上限。12 月 29 日，长沙银行发行 13 亿元的 10 年期固定利息次级债券，票面年利率达到 7.3%，仅年利息就达到 9490 万元。

为了缓解小微企业贷款难，2011 年 10 月 25 日，银监会下发了《关于支持商业银行进一步改进小型微型企业金融服务的补充通知》，明确在满足审慎监管的条件下，优先支持商业银行发行专项用于小企业贷款的金融债。明确商业银行在满足金融债发行相关法律法规及审慎性监管要求后，可申请发行专项金融债。2011 年底，各家城市商业银行掀起了一轮小微企业债的发行热潮，比如北京银行、青岛银行、杭州银行、哈尔滨银行、重庆银行、汉口银行、兰州银行等诸多城市商业银行先后发行了小微企业债。这些小微企业专项债在增加资本金的同时，也为城市商业银行缓解信贷额度压力、扩大小企业客户群和获取高额利润带来了良机。2011年部分城市商业银行发行次级债计划见表4-10。

表4-10 2011年部分城市商业银行发行次级债券计划

银行名称	拟发债规模	时间
浙江泰隆商业银行	拟发行上限3.5亿元人民币	2011-01-21
南昌银行	拟发行不超过10亿元人民币的10年期次级债券	2011-05-16
江苏银行	拟发行不超过30亿元人民币的次级债券	2011-06-22
盛京银行	拟发行不超过9亿元人民币的10年期次级债券	2011-07-06
赣州银行	拟发行不超过5亿元人民币的次级债券	2011-07-13
兰州银行	拟发行不超过11亿元人民币的次级债券	2011-07-20
南京银行	拟发行不超过45亿元人民币的次级债券	2011-08-01
张家口市商业银行	拟发行不超过5亿元人民币的10年期次级债券	2011-08-01
吉林银行	拟发行不超过20亿元人民币的次级债券	2011-08-24
广西北部湾银行	拟发行不超过10亿元人民币的10年期次级债券	2011-09-14
长沙银行	拟发行不超过9亿元人民币的次级债券	2011-09-29
沧州银行	拟发行不超过5亿元人民币的10年期次级债券	2011-10-08

数据来源：根据中国银监会网站数据整理。

第三，持续推进合并重组。出于资源整合、规模经济、化解风险、改善财务状况等方面的考虑，2011年多家城市商业银行在当地政府的引导下，实施了合并重组计划。重组之后将会大大提升新银行的社会形象和公众认同度，为今后有引进更多优质股东，吸引更多专业管理人才，实行进一步的规模扩张打下良好的基础。2011年3月，由湖北省内黄石银行、宜昌市商业银行、襄樊市商业银行、荆州市商业银行、孝感市商业银行5家城市商业银行合并重组设立的湖北银行正式挂牌成立。2011年11月19日，由平凉市商业银行、白银市商业银行在合并重组的基础上设立的甘肃银行正式挂牌成立。目前，对于贵州银行（拟合并重组遵义市商业银行、安顺市商业银行和六盘水市商业银行）、西部银行（拟合并重组四川省内除成都银行和南充市商业银行外的11家城商行）的重组计划正在推进过程中。除此之外，2011年对单个城市商业银行的财务重组也取得了重要的进展。2011年2月，停业重整长达10年的汕头市商业银行重组为广东华兴银行，并于10月30日正式全面对外营业（见表4-11）。

表4-11　2011年部分城市商业银行合并重组情况

时间	事件	完成情况
2011年3月	湖北银行挂牌成立（合并重组黄石银行、宜昌市商业银行、襄樊市商业银行、荆州市商业银行、孝感市商业银行5家城市商业银行）	已完成
2011年11月	甘肃银行挂牌成立（合并重组平凉市商业银行、白银市商业银行）	已完成
2011年至今	贵州银行（拟合并重组遵义市商业银行、安顺市商业银行和六盘水市商业银行）	进行中
2011年至今	西部银行（拟合并重组四川省内除成都银行和南充市商业银行外的11家城商行）	进行中
2011年2月	广东华兴银行（对原汕头市商业银行进行重组）	已完成
2011年	珠海华润银行（对珠海市商业银行重组）	已完成

数据来源：根据网络媒体数据整理。

（二）规模扩张的动因多种多样

1. 实现规模经济效益

银行业属于典型的规模经济行业，即在一定科技水平下，随着生产能力扩大和规模增长，伴随银行网络布局的铺开和实力的增强，平均成本降低。规模扩张能够带来明显的规模经济效益，从而有利于实现利润最大化。

2. 提高自身竞争能力和品牌形象

通过规模扩张，实现跨区域经营是城市商业银行应对激烈竞争，实现自身持续发展的有力途径。大型商业银行与股份制商业银行拥有强大的资金实力、丰富的人才队伍和遍布全国的网点布局。与此同时，外资银行也在通过抢掠高端客户等方式争夺市场份额。相比之下，先天实力偏弱的城商行在本地的生存空间持续受到挤压。所有的这些因素都促使城市商业银行不得不突破地域的限制，进行跨区域发展，实现资本的联合以及资源的共享，从而分散经营风险和增强竞争实力。由于银行资产规模是银行经营实力的重要指标之一，所以，银行的规模优势就是信用保障，往往能给公众额外的信任感，有助于提升其声誉，增加银行运营的平稳性。城市商业银行通过规模扩张，可以大幅提高其知名度及品牌形象，并可以由此提供更加多样化的金融服务，吸引优质客户群体。

3. 发挥自身的比较优势满足异地小微企业客户需求

服务小微企业是城市商业银行发挥自身优势，实现与大银行错位竞争，打造特色化、专业化、差异化品牌形象的有效手段。但由于小微企业具有经营规模小、产品种类单一、管理松散等特点，如果当地小微企业市场容量有限、经济结构相似，就会使得银行贷款的行业集中度过高，不利于分散风险。城市商业银行通过跨区域经营，拓展异地小微企业市场，一方面满足了异地小微企业客户需求，提高自身的市场份额，在某种程度上填补异地市场所缺失的金融服务，获得进一步发展空间；另一方面可以优化小微企业客户结构，实现银行资产配置的多元化。同时一些成功的小微企业金融服务模式还会在异地发挥"鲶鱼效应"，推动当地银行服务于小微企业的融资效率，提升当地整体的金融服务水平。

4. 提升地方政府的政绩

城市商业银行脱胎于城市信用社，最初的战略定位是服务于地方经济，并且大部分城市商业银行的发起人都是当地财政或有政府背景的企业，因此其经营和发展势必会受到地方政府的影响。对地方政府来说，城市商业银行规模的扩张和绝对利润的增长意味着其影响力和税收收入的提高。在追逐 GDP 增长的引导下，地方政府必然会利用城市商业银行这一重要的金融平台，引导信贷资金流向，拉动当地经济的增长，达到提高政绩的目的。因此，地方政府会积极支持城市商业银行通过跨区经营和上市融资等方式实现规模扩张。

5. 缓解人才不足的困境

人才问题是制约城市商业银行未来发展的核心瓶颈。受地域、自身实力等方面的限制，城市商业银行在人才的占有和储备方面还存在不足。由于发达地区（尤其是北京、上海、深圳等一线城市）汇聚了大量高素质人才，在人才的数量、质量、配置、教育等方面都明显优于其他地区，因此，城市商业银行通过到发达地区跨区域经营，可以吸引更多高素质人才，提高人才队伍的整体素质，缓解规模扩张中人才短缺的困境，有助于进一步提升城市商业银行的管理水平和竞争能力。

6. 提高银行高管的声誉

银行高管的能力和努力程度很难直接观察到，通常以该银行对地方经济的贡献和银行的放贷规模来评判。因此，为了获取地方政府的好评，城市商业银行高管的最优选择就是不断扩张规模，资产规模较大的城市商业银行更容易获得地方政府的关注，享受到诸多优惠。特别是声誉激励效应的存在，短期内把银行规模做大的高管更容易获得提拔升迁，而且也更容易获得更高的个人收入。

（三）规模急速扩张中面临挑战

城市商业银行规模的快速扩张，在一定程度上有效解决了区域局限性对城市商业银行长远发展的制约，促进了城市商业银行的多元化发展，提高了整体竞争能力，但与此同时，也使其管理能力和风险控制能力受到考验。

1. 面临更加激烈的竞争

部分城市商业银行在规模扩张的过程中，复制了大型银行的发展路径，集中进入发达城市、地区，加剧了金融资源的区域分布不平衡，加剧了市场竞争。若城市商业银行在竞争过程中不注重市场细分，与大型银行提供的金融产品趋同，在目前负利率和存贷比失调的压力下，将不得不在业务上给予客户更多的优惠，从而影响利润水平。如果不惜采用违规操作手段恶性竞争，就将造成严重后果。

2. 管理链条延长，管理难度加大

随着城市商业银行实施跨区域发展战略，原有的两级管理体制，变成了总分支的三级管理模式，无形中需要增加大量管理人员和管理费用；并且为了在异地拓展业务，提高品牌认知度和影响力，需要投入大量的宣传营销费用，导致管理成本进一步上升。随着管理链条的拉长，原有管理体系中的漏洞暴露出来，银行内部控制的有效性受到影响，给银行的组织管理能力、风险控制能力等方面带来挑战。与此同时，城市商业银行在扩张过程中，增资扩股、转让股权等行为频繁，导致股本结构十分复杂，进一步加大了管理难度。

3. 风险控制案例凸显风险管理的重要性

"转型、扩张、上市"几乎是每一个城市商业银行相同的发展路径，随着近几年资产规模快速扩张，经营网络的不断延伸，风险控制能力明显落后于规模扩张速度，从而留下风险隐患。2011年，再次出现银行案件频频爆发的态势，继齐鲁银行伪造票据案后，又发生了汉口银行担保纠纷、烟台银行汇票案等城市商业银行金融案件，凸显出部分城市商业银行在风控制度上的缺失和不足，也再次给城市商业银行敲响了风控警钟。因此，改进并完善自身的风险防控体系，特别是加强操作风险的防范，是城市商业银行安全稳健运行面临的一大挑战。

五、城市商业银行未来发展展望

在过去的十几年里，城市商业银行实现了快速成长，这主要得益于自身经营机制灵活、决策链条短及地方政府的扶持等因素。但随着近几年来城市商业银行规模和组织架构不断扩大，能否进一步明确战略定位、保持竞争优势和实行差异化经营，是未来保持稳定和健康发展的关键所在。内外部环境的新变化，使得城市商业银行站在了重要抉择的十字路口。如何合理制定发展战略、培育竞争优势、实现发展模式的转型，是城市商业银行未来发展亟待解决的问题。

（一）从粗放式的规模扩张到精细化的特色经营

随着利率市场化的不断深入，利差收紧是大势所趋，整个银行业依靠信贷规模扩张的发展模式难以为继。在此背景下，城市商业银行要在未来的竞争中站稳脚跟，必须培育竞争优势，不断进行产品服务创新，深挖客户的潜在需求，做好市场定位与品牌定位，提供精细化、差异化的金融服务，形成鲜明的经营特色，实现从同质化竞争向差异化竞争的转变。

（二）建立严格的风险控制体系

城市商业银行在业务快速发展的同时，要注意风险防范能力的同步提高。针对目前频发的操作风险大案，一定要加强宣传力度，提高管理层内部控制和风险防范的意识，将操作风险的管理重心放在事前，精心设计每一个操作环节，并且不断总结以往操作流程设计中存在的漏洞及缺陷，及时加以修正；同时加强监督约束机制，通过完善的制度安排提高风险管理水平。

（三）建立长效人才激励机制

针对人才短缺、流动性大等问题，城市商业银行不能依靠简单的人才引进来解决，而是要建立一套高效的人才培养机制，加大人才培养力度，营造良好的人才成长环境，凭品牌吸引人才、重激励留住人才。通过改进现有的人力资源和薪酬管理制度，构建科学的业绩考核指标，引入长效激励机制，将银行管理者及员工的薪酬水平与银行经营业绩先挂钩，从而提高对国内外优秀管理人才和专业技术人才的吸引力，增强企业的凝聚力和向心力。

（四）构建合理的股权结构

由于城市商业银行历史上股权机构分散，个人股东多，股权较为分散，同时在规模扩张过程中，又多次经过股权转让、股东变更，股权结构十分复杂，不利于其未来的发展。因此，城市商业银行要结合自身特点和发展战略，构建合理的股权结构，适度减少地方财政控股比例和自然人股东数量，通过大力引进民营资本、外商资本，实现投资主体多元化，达到各种资本之间的相互制衡，大幅度提高资产质量和经营绩效。

第五章　农村中小金融机构发展报告

2011 年，在我国农村中小金融机构发展的宏观环境得到进一步改善的背景下，各类农村中小金融机构获得了进一步的发展。一方面，农村合作金融机构通过深化体制改革、转换经营机制、改善金融服务，已经发展成为我国县域及乡村机构网点分布最广、涉农信贷投放最多、农村普惠制金融服务和均等化建设贡献度最大的一类机构群体。另一方面，新型农村金融机构加快建立，填补了部分地区农村金融服务的空白，也有效提升了农村金融服务的竞争性、农村金融机构的多元化和市场化程度，对提升农村金融服务水平发挥了积极作用。

一、农村中小金融机构发展的宏观经济环境

（一）农业生产能力明显增强

2011 年是"十二五"规划的开局之年，我国的农业生产和农村经济建设均实现平稳发展。尽管部分地区遭受了较多的极端灾害性天气，但气候条件对农业生产总体有利，农业综合生产能力明显增强，粮食连续八年增产、产量连续五年稳定在 5 亿吨以上。国家统计局发布的公告显示，2011 年我国农业生产指数为 104.5（上年 =100），其中种植业、林业、畜牧业和渔业保持良好势头，生产指数分别为 105.3、107.5、101.2、104.5。全国粮食总产量为 57121 万吨，比 2010 年增产 2473 万吨，增长 4.5%。[①] 分地区来看，东部、中部、西部和东北地区农业增加值占全国的比重分别为 35.6%、27.1%、26.9% 和 10.3%，西部和东北地区占比分别较上年提高 0.6 个和 0.5 个百分点。分省看，山东、河南、江苏三省农业增加值超过 3000 亿元。其中，山东省粮食总产实现"九连增"，带动农业增加值居全国首位；辽宁和新疆农业增加值增速并列全国第一位。粮食种植面积比上年增加 70 万公顷，带动粮食增产 346 万吨。粮食主产区的稳产增产作用得到进一步发挥，全国 13 个粮食主产区增产

[①]　国家统计局：《关于 2011 粮食年产量数据的公告》。

2238 万吨，占全国增产总量的 90.5%。黑龙江、河南粮食总产量双双登上 5500 万吨新台阶。一系列政策措施推动生猪生产加快恢复，生猪存栏自 2 月起止跌回升，畜牧业生产趋于稳定。棉油糖、果菜茶等经济作物实现 21 世纪以来首次全面增产。[①]

（二）农民收入稳步上升

在整个国民经济和农村经济稳定快速增长的背景下，我国的农民收入保持持续增加的态势。2011 年，农村居民人均纯收入增速创 1985 年以来新高，连续八年增幅超过 6%，连续两年快于城镇居民人均可支配收入增速。2011 年农村居民人均纯收入 6977 元，比上年名义增长 17.9%，扣除价格因素，实际增长 11.4%。其中，工资性收入比上年名义增长 21.9%，家庭经营收入增长 13.7%，财产性收入增长 13.0%，转移性收入增长 24.4%。农民收入的增加，使得地区和城乡之间消费的差距继续缩小，中西部和东北地区的社会消费品零售总额增速明显快于东部。消费结构升级推动农村居民恩格尔系数比上年下降 0.7 个百分点。[②]

（三）财政支农力度不断加大

2011 年以来，财政部门进一步加大"强农、惠农、富农"政策力度，继续加大投入，增强农业综合生产能力，加快农村改革发展。中央财政"三农"支出达到 10408.6 亿元，比上年增加 1839 亿元，增长 21.3%。中央安排以水利为重点的农业农村基础设施建设投资 1575.4 亿元，全年新增有效灌溉面积 181 万公顷，新增节水灌溉面积 221 万公顷。主要用于粮食的农业"四补贴"规模扩大到 1406 亿元，同比增长 17%。农村水网、电网建设解决了 6398 万农村人口的饮水困难和 60 万无电地区人口的用电问题。农村扶贫标准提高到年人均纯收入 2300 元（2010 年不变价），惠及农村扶贫对象 12238 万人。新农保覆盖全国 60% 以上的农业县（市、旗），1 亿农民领取了养老金。在财政专项扶贫、保障民生政策、支持农业生产政策等七个方面，中央财政用于农村贫困地区、使贫困农民直接受益的综合扶贫投入约 2272 亿元。[③]

总体来看，随着国家支持"三农"力度不断加大，我国农业发展取得了长足进步，农业现代化水平显著提升，粮食等主要农产品供给得到有效保障，

---

① 中国人民银行：《2011 年中国区域金融运行报告》。
② 中国人民银行：《2011 年中国区域金融运行报告》。
③ 数据来源：财政部统计数据。

农业结构更加合理，农业产业化经营得到了跨越式发展，农村民生状况得到了有效改善。这些积极的外部经济因素，保证了我国农村中小金融机构在 2011 年处于一个十分稳定和良好的宏观环境之中。

（四）政策环境不断改善

2010 年 10 月 18 日，中国共产党第十七届中央委员会第五次全体会议通过《中共中央关于制定国民经济和社会发展第十二个五年规划的建议》，明确指出加快社会主义新农村建设，深化农村信用社改革，鼓励有条件的地区以县为单位建立社区银行，发展农村小型金融组织和小额信贷，改善农村金融服务。随后出台的国务院关于印发《全国现代农业发展规划（2011～2015 年）的通知》也指出，需加快农村金融组织、产品和服务创新，推动发展村镇银行等农村中小金融机构，进一步完善县域内法人银行业金融机构，落实和完善涉农贷款税收优惠、农村金融机构定向费用补贴和县域金融机构涉农贷款增量奖励等政策。

2011 年，为促进农村中小金融机构更好地发展，中国银监会下发了四个文件，对农村金融服务工作的细化和金融服务空白乡镇的覆盖问题提出了对策，也对农村中小金融机构的准入条件和村镇银行的核准方式等做出了明确的规定。相关政策的主要内容总结在表 5 - 1 中。

表 5 - 1　中国银监会 2011 年农村金融相关政策文件

时间	文件名	主要内容
2011 - 01 - 05	《中国银监会关于印发农村中小金融机构行政许可事项补充规定的通知》（银监发［2011］3 号）	进一步加强农村中小金融机构准入监管，农村商业银行准入条件应符合持续监管要求。准入要求如下： 不良贷款率低于 5%。 资本充足率不低于 10%，核心资本充足率不低于 6%。 按规定提取呆账准备，拨备覆盖率不低于 150%。 关于村镇银行准入要求如下： 在省内发起设立的资产规模不低于 200 亿元、注册资本不少于 5 亿元、监管评级三级（含三级）以上； 在所辖县（市）较多的地市或跨省设立的资产规模不低于 500 亿元、注册资本不少于 10 亿元、监管评级三级（含三级）以上。 此外，该文件对于行政许可事项审批权限、农商行设立异地分支机构、贷款投放渠道等均有详细规定。

时间	文件名	主要内容
2011 - 02 - 14	《中国银监会关于全面做好农村金融服务工作的通知》（银监办发［2011］36号）	要求银行业金融机构认真贯彻落实党中央、国务院抗旱减灾专题会议和全国粮食生产电视电话会议精神，以支持水利建设和粮食生产为重点，全面做好农村金融服务工作。
2011 - 03 - 23	《中国银监会办公厅关于进一步推进空白乡镇基础金融服务工作的通知》（银监办发［2011］74号）	进一步做好空白乡镇基础金融服务全覆盖工作，力争在全国再解决500个机构空白乡镇的机构覆盖问题。积极推动农村金融机构网点服务升级，加大新型农村金融机构组建工作力度，严格执行新型农村金融机构"东西挂钩、城乡挂钩、发达地区和欠发达地区挂钩"的政策要求，鼓励延伸服务网络。
2011 - 07 - 25	《中国银监会关于调整村镇银行组建核准有关事项的通知》（银监发［2011］81号）	调整组建村镇银行的核准方式，完善村镇银行挂钩政策。在地点上，由全国范围内的点与点挂钩，调整为省份与省份挂钩；在次序上，按照先西部地区、后东部地区，先欠发达县域、后发达县域的原则组建。按照集约化发展、地域适当集中的原则，规模化、批量化发起设立村镇银行。

资料来源：中国银行业监督管理委员会网站政务公开信息。

总体来看，2011 年出台的农村金融相关政策，不但有力地支持了农业增产和农民增收，推动了传统农业向现代农业转变，促进了城乡协调发展，也提高了农村金融服务水平，为农村中小金融机构的发展带来良好的战略机遇。

二、农村合作金融机构发展状况

（一）农村信用社改革稳步推进

2003 年以来，以农村信用社改革试点启动为标志，新一轮农村金融改革创新稳步推进，农村合作金融机构的"三农"服务主力军地位得到进一步巩固。2011 年，农村信用社改革试点取得重要阶段性成果：农村信用社资产质量和经营财务状况显著改善。按照贷款五级分类口径统计，2011 年末，全国农村信用社不良贷款比例比上年末下降 1.9 个百分点；资本充足率和资产利润率分别比上年末提高 2.0 个和 0.3 个百分点。资金实力和支农信贷投放大幅增长。2011 年，全国农村信用社新增涉农贷款和农户贷款 7374 亿元和 3093 亿元，年末余额分别增长 19% 和 15%。[①]

截至 2011 年底，农村信用社共有机构网点 7.7 万个，从业人员近 76 万，提供了全国 77.4% 的农户贷款，承担了 76% 的金融机构空白乡镇覆盖任务，以及种粮直补、农资综合补贴等面向广大农户的国家政策补助资金发放工作，是我国农村地区机构网点分布最广、支农服务功能发挥最为充分的银行业金融机构，为农业增产、农民增收和农村经济社会发展作出了突出贡献。

过去的一年中，农村信用社产权制度改革取得了阶段性成果。截至 2011 年末，全国共组建以县（市）为单位的统一法人农村信用社 2265 家，农村合作银行 190 家，农村商业银行 212 家。通过产权制度改革，引进现代银行的管理制度和治理结构，各级农村信用社均呈现良好的发展局面。

表 5 - 2　2006 ~ 2011 年农村合作金融机构法人机构数　　　单位：家

年份	各级农村信用社	农村合作银行	农村商业银行
2006	19348	80	13
2007	8348	113	17
2008	4965	163	22
2009	3056	196	43
2010	2646	223	85
2011	2265	190	212

数据来源：2006 ~ 2011 年《中国银行业监督管理委员会年报》。

从表 5 - 2 可以看出，在 2006 年之后，由于农村信用社法人机构的合并重组，法人机构数量发生了急剧的变化，从 2006 年底的 19348 家法人机构减少到 2007 年底的 8348 家法人机构，并进一步减少为 2008 年底的 4965 家法人机构，每年减少近 50%。此后，数量依然逐步减少，但减少的速度放缓。

（二）农村商业银行快速发展

2011 年，在农村信用社改革继续深化的背景下，农村商业银行快速发展，我国农村金融体系进一步完善。

自 2003 年组建以来，农村商业银行法人机构数量逐年增加，在农村金融服务中发挥了很大的作用。改革后的实践表明，这一变化有利于完善地区性的银行体系，有利于农村信用社提高防范化解金融风险的能力，有利于农村信用

---

① 中国人民银行：《2011 年中国区域金融运行报告》。

社提高经营管理水平，更好地为广大中小企业提供金融服务和支持"三农"工作。截至 2011 年末，全国共组建农村商业银行 212 家，相较于 2010 年的 87 家，新增 125 家。同时，农村商业银行每年增速不断提升，2007～2011 年，同比增速分别为 31%、29%、91%、107%、144%。图 5 - 1 展现了农村商业银行自 2006 年以来的变化情况。

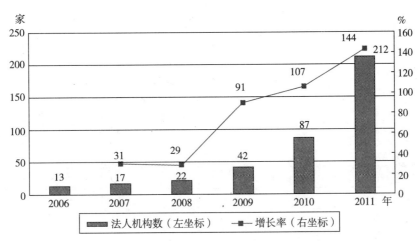

数据来源：2006～2011 年《中国银行业监督管理委员会年报》、中国银监会网站农村金融服务调查。

图 5 - 1　2006～2011 年农村商业银行法人机构数变化情况

2011 年，全国共 125 家农村信用社一级法人收到银监会开业批复，获准组建农村商业银行。表 5 - 3 列示了 2010 年至 2011 年农村商业银行法人机构的地区分布。

表 5 - 3　2010～2011 年我国农村商业银行法人机构的地区分布　单位：家

省份	2011 年	2010 年	2011 年新增
江苏省	39	21	18
安徽省	26	9	17
河南省	16	11	5
湖北省	16	1	15
湖南省	14	4	10
广东省	14	5	9
福建省	12	2	10
山西省	11	1	10
广西壮族自治区	10	0	10

续表

省份	2011 年	2010 年	2011 年新增
山东省	9	8	1
辽宁省	6	5	1
江西省	6	2	4
吉林省	5	3	2
四川省	5	3	2
浙江省	4	2	2
宁夏回族自治区	4	1	3
黑龙江省	3	1	2
天津市	2	2	0
陕西省	2	1	1
北京市	1	1	0
河北省	1	1	0
内蒙古自治区	1	1	0
上海市	1	1	0
海南省	1	0	1
重庆市	1	1	0
贵州省	1	0	1
青海省	1	0	1
云南省	0	0	0
西藏自治区	0	0	0
甘肃省	0	0	0
新疆维吾尔自治区	0	0	0
总计	212	87	125

数据来源：中国银监会农村金融服务调查与网络数据，截止时间为 2011 年底。

　　如表 5 - 3 所示，作为农村信用社改组农村商业银行试点省份之一，江苏省的农村商业银行法人机构数位居全国首位，其数量在 2010 年 21 家的基础上，2011 年新增 18 家，共组建 39 家。安徽省在 2011 年也加快了其推进县级农村信用社商业化的进程，在 2010 年 9 家的基础上，2011 年新增 17 家，共组建农村商业银行 26 家，位居全国第二。湖北省、湖南省、福建省、陕西省和广西壮族自治区五省区在 2011 年发展势态良好，新增农村商业银行均在 10 家及以上。此外，由于地区经济地理等原因，云南省、西藏自治区、甘肃省和新疆维吾尔自治区仍无农村商业银行的覆盖。

表5-4列示了银监会所公开的51所农商行开业批复的相关信息，包括注册资本、董事会规模、独立董事数量和支行数量。

表5-4 2011年51家新成立农村商业银行开业信息

	注册资本（万元）	董事会规模（人）	独立董事（人）	支行数量（所）
平均值	25811	10	1.29	22.70
最大值	107000	14	3	37
最小值	5000	6	1	9

数据来源：2011年中国银行业监督管理委员会行政许可信息。因部分省份的行政批复没有在网络公开，此处数据为不完全统计。

表5-4中，新成立51所农村商业银行，平均注册资本为25811万元，最大注册资本为107000万元（吉林延边农村商业银行），最小注册资本为5000万元（湖北宣恩农村商业银行）。董事会平均规模为10人，最大规模为14人，最小规模为6人。51家农商行中，32家引入独立董事制度，平均规模为1.29人。支行数平均为23个，支行数量最多为37个（安徽潜山农村商业银行），数量最少为9个（安徽泾县农村商业银行和安徽旌德农村商业银行）。

（三）行业从业人数快速增长

2008年以来，我国农村中小金融机构从业人数保持着快速增长的势头，2011年为759590人，相较2010年，新增30934人，增长率超过了4%。从图5-2中可以看出，从业人员数量平稳增长的趋势从2008年开始一直保持至今。

随着农村信用社逐步改组为农村合作银行和农村商业银行，农村信用社从业人数逐渐减少；相应地，农村商业银行从业人数大幅增长。截至2011年底，农村信用社从业人员为533999人，同比减少11.1%；同期农村商业银行从业人员为155476人，同比增长56.8%。[①]

（四）资产规模逐年攀升

截至2011年底，银行业金融机构资产总额为113.3万亿元，其中农村中

---

① 2006~2011年《中国银行业监督管理委员会年报》、中国银监会网站农村金融服务调查。

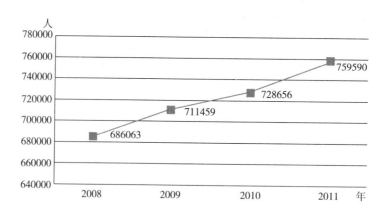

数据来源：2006～2011年《中国银行业监督管理委员会年报》，中国银监会网站农村金融服务调查。

图 5-2　2008～2011 年农村合作金融机构从业人员总数

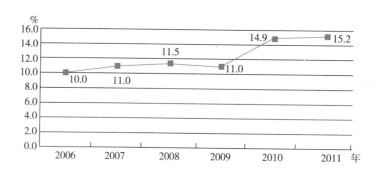

数据来源：2006～2011年《中国银行业监督管理委员会年报》。

图 5-3　2006～2011 年农村中小金融机构占银行业金融机构资产的份额

小金融机构资产总额为 17.22 万亿元，占银行业金融机构的 15.2%。从图 5-3 中可以看出，自 2006 年以来，该份额分别为 10%、11%、11.5%、11% 和 14.9%，一直呈上升趋势。

　　2011 年，农村合作金融机构中所占资产份额比重最高的仍然是农村信用社。近年来，农村信用社不断成长壮大。特别是在 2003 年深化改革试点以来，整体面貌发生实质性变化，步入良性发展轨道。农村信用社资产负债和存款规模达到改革前的 5 倍以上。截至 2011 年，农村信用社总资产为 72047 亿元，同比增长 11.3%；农村合作银行总资产为 14025 亿元，同比减少 7.0%；农村商业银行总资产为 42527 亿元，同比增长 34.9%（见图 5 - 4）。

　　合作金融机构的资产在地区之间的分布也趋于合理。分地区看，48.4% 的农村合作机构资产集中在东部；西部和东北地区农村合作机构资产总额增长较快，同比分别增长 39.0% 和 61.3%。

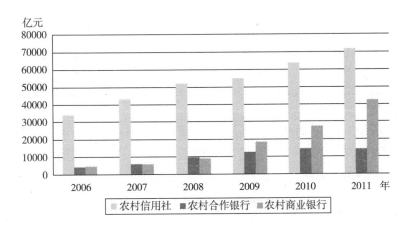

数据来源：2006 ~ 2011 年《中国银行业监督管理委员会年报》。

图 5 - 4　2006 ~ 2011 年我国农村合作金融机构总资产

（五）不良贷款率逐年走低

　　2011 年我国农村合作金融机构资本充足率，不良贷款率等主要监管指标持续改善，风险逐步化解。账面不良贷款余额为 3649 亿元，比年初减少 555 亿元；不良贷款率为 5.5%，比年初下降 2 个百分点。这一年，农村中小金融机构综合采取市场化和地方政府支持等手段，化解不良贷款及历年亏损挂账等历史包袱 774 亿元。中国银监会统计数据显示，截至 2011 年底，已有 23 个省份和 2041 家法人机构全面消化历史包袱，比上年分别增加 18 个和 245 家。

　　不良贷款及历年亏损挂账的 774 亿元中，有 58% 是通过股份制改革得以化解的。股改已成为化解历史包袱的主渠道。这其中，组建农村商业银行是目前农信社股份制改造的最佳办法。

　　2011 年，全国农信社通过组建农村商业银行，合计化解不良贷款和历史亏损挂账等历史包袱 450 亿元，占 2011 年化解的 774 亿元历史包袱的 58%，其中发起人出资购买 240 亿元，政府帮助消化 109 亿元，机构自身消化 101 亿元。

表 5 - 5　2005~2011 年我国农村商业银行不良贷款余额及不良贷款率

时间	不良贷款余额（百万元）	不良贷款率（%）
2005 - 03	36.20	6.10
2006 - 03	158.30	6.96
2007 - 03	150.60	5.33
2008 - 03	129.50	3.68
2009 - 03	197.40	3.59
2010 - 03	265.80	2.47
2011 - 03	299.00	1.80
2011 - 06	299.00	1.70
2011 - 09	297.00	1.60
2011 - 12	341.00	1.60

数据来源：Wind 资讯。

如表 5 - 5 所示，自 2005 年以来，农村商业银行资产质量明显改善，不良贷款率持续下降。按五级分类的不良贷款比例从 2005 年初的 6.1% 下降至 2011 年末的 1.6%。

（六）盈利水平稳步提高

2007 年至 2011 年，农村信用社、农村合作银行和农村商业银行的盈利水平得到稳步提高。农村信用社自 2004 年实现转亏为盈，2011 年全年实现税后净利润 531.2 亿元，同比增长 128.0%。农村合作银行实现税后净利润 181.9 亿元，同比增长 1.6%；农村商业银行实现税后净利润 512.2 亿元，同比增长 83.0%（见图 5 - 5）。

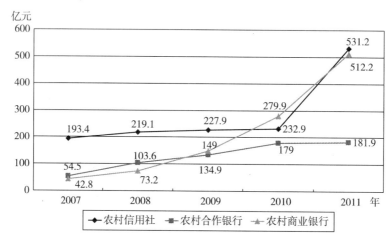

数据来源：2006~2011 年《中国银行业监督管理委员会年报》。

图 5 - 5　2007~2011 年农村合作金融机构税后利润

合作金融机构的盈利能力保持良好发展态势。以资本利润率（ROE）为例，三大农村合作金融机构自 2005 年以来均维持较高的 ROE 比率。2011 年，农村信用社股权收益率为 19%，农村合作银行为 16%，农村商业银行为 25%（见图 5-6）。

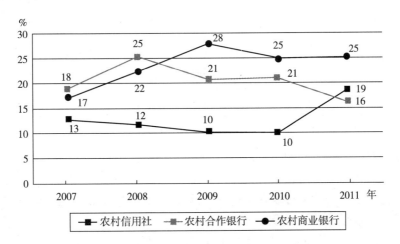

数据来源：《中国银行业监督管理委员会 2011 年报》。

图 5-6 2007~2011 年农村合作金融机构资本利润率

三、新型农村金融机构发展状况

（一）新型农村金融机构加快组建脚步

为解决农村地区银行业金融机构网点覆盖率低、金融供给不足、竞争不充分等问题，2006 年中国银监会开始进行新型农村金融机构的试点工作，并计划用 3 年（2009~2011 年）的时间在全国新设 1294 家新型农村金融机构。该试点工作于 2007 年初从四川、青海、甘肃、内蒙古、吉林、湖北 6 个省（自治区）开始，并于 2007 年 10 月扩大到全国 31 个省（自治区、直辖市）进行。

截至 2011 年底，全国金融机构空白乡镇从启动时（2009 年 10 月）的 2945 个减少到 1696 个，其中 2011 年减少 616 个金融机构空白乡镇；实现乡镇金融机构和乡镇基础金融服务双覆盖的省份（含计划单列市）从 2009 年 10 月的 9 个增加到 24 个。

截至 2011 年末，全国 242 家银行业金融机构共发起设立 786 家新型农村金融机构，其中村镇银行726家（已开业635家），贷款公司10家，农村资金互助社50家（已开业46家）。

表5－6　2007～2011年新型农村金融机构法人机构数　　单位：家

年份	村镇银行	贷款公司	农村资金互助社
2007	19	4	8
2008	91	6	10
2009	148	8	16
2010	349	9	37
2011	726	10	50

数据来源：2007～2011年《中国银行业监督管理委员会年报》。

　　新型农村金融机构的建立，有效提升了农村金融竞争性、农村金融机构多元化和市场化程度，完善了农村金融体系。同时新型农村金融机构的出现，增进了农村金融市场的运行效率，填补了部分地区农村金融服务空白，对提升农村金融服务水平发挥了积极作用。

　　分地区来看，各地区村镇银行增长迅速，西部地区新型农村机构占比最高。广西村镇银行新设家数同比增长1.3倍，贵州村镇银行资产总额增长2.1倍，重庆、江西小额贷款公司在县域实现全覆盖，山东村镇银行业务规模增长2倍以上。新疆和西藏地区已实现基础金融服务全覆盖，金融机构空白乡镇数量较2010年减少63个，新型农村金融机构增至8家。

表5－7　2011年末新型农村机构地区分布　　单位:%

	东部	中部	西部	东北	全国
村镇银行	30.4	23.8	31.1	14.7	100
贷款公司	22.2	22.2	44.4	11.1	100
农村资金互助社	29.5	15.9	36.4	18.2	100
小额贷款公司	26.7	25.3	31.7	16.2	100

数据来源：各省（自治区、直辖市）银监局和金融办网站。

（二）村镇银行发展势头良好

　　自新型农村金融机构试点实行以来，村镇银行保持了良好的发展势头。中国银监会于2006年开始调整放宽农村地区银行业准入政策，经过5年的努力，村镇银行培育发展工作取得了积极成效，初步探索出了"东补西"、"城带乡"发展模式。目前，已开业村镇银行总体运营健康平稳，风险处于可控范围内。

2007 年至 2011 年，我国村镇银行法人机构数量逐年增加。截至 2011 年末，村镇银行 726 家，相较于 2010 年的 349 家，新增 377 家。同时，村镇银行每年增速保持高位，同比增速分别为 379%、63%、136%、108%。截至 2011 年 5 月末，村镇银行资产总额 1492.6 亿元，其中贷款余额 870.5 亿元；负债总额 1217.9 亿元，其中存款余额 1006.7 亿元；所有者权益 274.7 亿元，其中实收资本 260.2 亿元。

自 2007 年成立以来，村镇银行已累计发放农户贷款 30.5 万笔，金额 568.6 亿元。截至 2011 年 5 月，农户贷款与小企业贷款合计占各项贷款的 81%。

表 5 – 8　2007 ~ 2011 年村镇银行各项贷款余额变化情况

单位：亿元、%

年份	各项贷款余额	农户贷款余额	农户贷款余额占比
2007	2.0	1.5	72.8
2008	33.2	11.1	33.5
2009	179.8	55.1	30.6
2010	578.3	185.5	32.1
2011	870.5	568.6	65.3

数据来源：根据中国银监会农村金融服务调查与网络资料整理，截至 2011 年 5 月。

从图 5 – 7 中可以看出，自 2010 年以来，村镇银行加大农户贷款的投放量，农户贷款余额占比逐年提升。截至 2011 年 5 月，农户贷款余额占各项贷款的 65.3%。

截至 2011 年 3 月末，村镇银行加权平均资本充足率达到 30.5%；截至 2011 年 5 月末，不良贷款率 0.12%、拨备覆盖率 810%。[①]

目前，村镇银行的发展情况呈现以下两个特点：（1）村镇银行主要由中小银行发起，国有大型银行谨慎参与。现有的村镇银行中 80% 是由中小商业银行发起设立的，与大型银行相比，中小型银行更希望借助设立村镇银行实现跨区经营。一些外资银行为了规避设立分支机构的政策限制，也成立了村镇银行。（2）当前村镇银行只有部分实现盈利，全面盈利仍有距离。在发展相对较为缓慢的农村地区短期内实现盈利是不现实的，村镇银行实现盈利一般需要 3 年的时间。

---

① 和讯网：《银监会：5 月末已开业村镇银行 440 家》，见 http：//bank. hexun. com/2011 – 07 – 27/131819601. html。

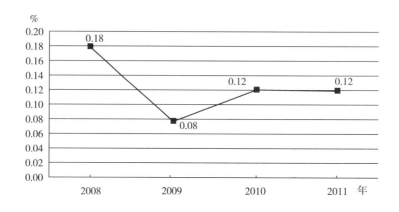

数据来源：根据中国银监会农村金融服务调查与网络资料整理，截至2011年5月。

图 5 - 7　2008 ~ 2011 年村镇银行不良贷款率变化情况

四、2011 年农村金融资源配置情况

（一）涉农贷款投放力度继续加大

2011 年 2 月，中国银监会印发了《关于全面做好农村金融服务工作的通知》，督促银行业金融机构在切实注重防范金融风险前提下优先投放涉农贷款，加大对农田水利建设、粮食生产和抗旱减灾的信贷支持力度；引导银行业金融机构优先支持小规模农业生产、农业结构调整和扩大农村消费。

截至 2011 年底，主要金融机构及农村合作金融机构、城市信用社、村镇银行、财务公司本外币涉农贷款余额为 14.6 万亿元，比年初增加 2.7 万亿元，同比增加 929 亿元，比上年同期增长 24.9%，增速比本外币各项贷款增速高 8.8 个百分点。其中，农户贷款余额 3.1 万亿元，同比增长 19.1%，比上年末下降 10.1 个百分点；全年累计增加 5017 亿元，同比少增 867 亿元；农业贷款余额 2.44 万亿元，同比增长 11.2%，比上年末低 9.8 个百分点；全年累计增加 2452 亿元，同比少增 1640 亿元。涉农贷款增量占各项贷款增量的比重为 35%，有力地支持了农民购买农业生产资料、建房、购买农机和家电、兴办农家店等多种经济活动。

截至 2011 年末，全国已有 402 家由农村信用社改制组建的农村银行机构，县域农村商业银行涉农贷款占比从 2009 年末的 57.2% 上升到 67%，农村合作银行从 66.1% 上升到 70%。

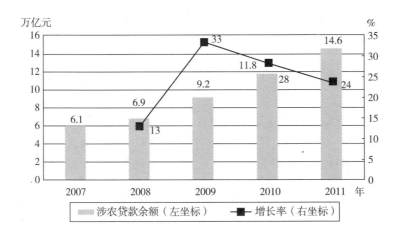

数据来源:《中国银行业监督管理委员会 2011 年报》、中国银监会网站农村金融服务调查。

图 5 - 8 2007 ~ 2011 年金融机构涉农贷款余额与增速

另一方面,村镇银行、小贷公司和农村资金互助社等新型农村金融机构发展迅速,在农村金融服务中所扮演的角色日益重要。已开业机构各项贷款余额1316 亿元,80% 以上是用于"三农"和小企业,其中农户贷款余额 435. 5 亿元,小企业贷款余额 631. 5 亿元。中西部贷款农户数占到全部贷款农户数的70% 以上。

以上两方面的影响使农村地区金融资源配置日益合理。2011 年我国农村中小金融机构涉农贷款的占比为整个银行业金融机构的 30% 。①

分地区来看,北京、海南涉农贷款增幅高于 40% ,山东、安徽、河南、甘肃、辽宁和四川等省份涉农贷款也保持较快增长,支农惠农效果不断增强;黑龙江金融机构加大对现代农业的支持力度,助推黑龙江成为全国粮食产量第一大省。

(二) 农村金融服务均衡化建设稳步推进

农村金融服务均衡化建设主要表现在以下四点:一是推进县域银行业金融机构网点建设,支持大型商业银行在农村增设机构网点,延伸服务渠道;严格控制农村中小金融机构乡镇及以下网点的撤并;批准外资法人银行在其总行或分行所在城市辖内的外向型企业密集市县设立支行,支持当地县域经济、外向型经济以及新农村建设。二是要求农村中小金融机构进一步强化"三农"市

---

① 中国银监会:《调结构,惠民生,促发展 银行业金融机构支持"三农"取得新成效》,见 ht-tp://www.cbrc.gov.cn/chinese/home/docView/6E7B33C3B970401B89AAC4A3A7F79BDA.html。

场定位，下沉经营管理重心，构建做实县域的经营机制，面向"三农"调整业务结构。三是培育村镇银行、贷款公司和农村资金互助社三类新型农村金融机构，调整组建核准程序，按照区域挂钩的原则集约化组建村镇银行。四是推进金融机构空白乡镇全覆盖工作，年末完成解决 500 个金融机构空白乡镇机构覆盖问题的既定目标。

截至 2011 年底，全国金融机构空白乡镇从 2009 年 10 月启动时的 2945 个减少到 1696 个，其中 2011 年减少 616 个金融机构空白乡镇；实现乡镇金融机构和乡镇基础金融服务双覆盖的省份（含计划单列市）从 2009 年 10 月的 9 个增加到 24 个。

2011 年共组建的 786 家新型农村金融机构中，473 家分布在中西部地区，占 60.2%，313 家分布在东部地区，占 39.8%。[①] 特别地，新疆和西藏地区已实现基础金融服务全覆盖，金融机构空白乡镇数量较 2010 年减少 63 个，新型农村金融机构增至 8 家。

以安徽省为例[②]，2011 年以来，安徽银监局加大政策引导和考核评价力度，督促全省农村中小金融机构坚持服务"三农"市场定位，构建支农服务长效机制，增强服务深度、广度和密度，支农金融服务水平不断提升，走在全国前列。农村合作金融机构方面，继续推进股份制改造向纵深发展。截至 2011 年末，安徽省 83 家农村合作银行中，已有 60 家全部取消了资格股，资格股占比下降到 3.2%。与此同时，农村商业银行组建步伐加快。截至 2011 年 12 月末，全省已经开业农村商业银行 26 家，新增 17 家，居全国第二位。新型农村金融机构方面，安徽省大力培育新型农村金融机构，重点引进国有商业银行、股份制商业银行和经营取向上有特色、服务"三农"和小微企业成效突出的地方法人银行，在安徽省发起设立村镇银行，着力实现空间布局趋于合理。截至 2011 年末，安徽省全省农村区域布设 ATM 1339 台，较上年末增加 541 台，增幅为 68%，布设 POS 机 8665 台，较上年末增加 5501 台，增幅为 174%，实现金融机构空白乡镇全覆盖，进一步满足了广大农民群众存、贷、汇以及代收代付等基础金融服务需求。

（三）信贷资源配置向县域倾斜

为了引导信贷资金支持县域经济发展，从 2011 年初开始，银监会与人民

---

① 《中国银行业监督管理委员会 2011 年报》。

② 王永亮：《坚持服务"三农"市场定位　构建"支农"服务长效机制》，载《合肥日报》，2012 - 05 - 11。

银行对县域法人金融机构新增存款资金进行考核。从考核情况看，80%的农村合作金融机构当年新增可贷资金70%以上都投放到当地运用，县域信贷资金进一步得到保证。

在此基础上，监管部门进一步促进了信贷资源配置向县域倾斜，提高金融服务水平：

一是围绕稳定县域深化信用社改革。引进资本，完善机制，增强服务能力，强调将服务"三农"发展战略作为产权改革的前置条件，将有效改进"三农"服务作为机制建设的内在要求。

二是大力加强农村基层队伍建设，招聘5000多名大学生和大学生村官补充到县支行"三农"客户经理队伍。

三是继续强化邮政储蓄银行县域金融服务。邮政储蓄银行在2011年贷款规模整体从紧的前提下，以小额贷款业务及支农业务作为主要贷款业务拓展方向，当年新增小额贷款70.3%集中在县及县以下地区。同时，积极探索商业化服务农村的有效形式，结合地方实际开发了农业设施贷款、烟农贷款、蔗农贷款等新的贷款品种和产品。

五、农村金融产品和服务方式创新

加快推进农村金融创新、积极改进和完善农村金融服务，是金融工作的重要着力点，是统筹城乡发展、加快经济结构调整和推进社会主义新农村建设的现实要求。近年来，"一行三会"和各涉农金融机构围绕建立多层次、广覆盖、可持续的农村金融服务体系这个目标，做出了大量卓有成效的工作。

（一）增发农户小额信用贷款和农户联保贷款

2011年，农村合作金融机构和新型农村金融机构等利用多种方式建立和完善农户资信评价体系，发放不需要抵押担保的小额信用贷款和农户联保贷款，扩大农户贷款覆盖面，提高贷款满足率。

例如四川省农信社，截至2011年8月底，全省158家县级联社全部开通了小额农贷系统。2011年初以来已经在农户小额信用贷款业务系统录入农户资料553万户，通过系统授信总金额达722亿元。全省已上线联社，通过该系统向农户共发放贷款62万笔，累计发放支农小额信用贷款金额达87亿元左右。①

---

① 人民网：《四川省农村信用社联合社2011年度工作总结》，见 http：//sc. people. com. cn/news/HTML/2011/12/15/20111215111404. htm。

又如宁波市慈溪农村合作银行与农户、商户等借款客户、各类团体组织（专业协会、商会、村民委员会）搭建了四类"银行＋产业经营户＋各类团体组织＋贷款风险保证基金"信用联合体贷款模式，从而提高了贷款的可获得性。

（二）积极探索贷款担保方式

2011 年，我国农村中小金融机构发展了林权、水域滩涂使用权等抵押贷款，规范发展了应收账款、股权、仓单、存单等权利质押贷款。全国范围内有明显影响的创新产品包括土地承包经营权、集体林权抵押贷款等。另外，农村信贷担保体系得到完善，各类信贷担保机构通过再担保、联合担保以及担保与保险相结合等多种方式，加大对农村的融资担保服务。例如，广西农信社根据"移民区农户可连续 20 年享受每人每年 600 元的移民后扶持资金补贴"的国家规定，推出了库区移民财政补贴权利质押贷款。

黑龙江省农信社开展"土地流转抵押贷款"、"粮食质押贷款"等特色农业贷款。[①] 其中，"土地流转贷款"的借款人通过承包、转包、出租、转让、入股等方式取得农村土地经营权，向贷款人抵押获得的贷款，目前正在黑龙江省肇东、富锦、呼兰等 6 个县开展试点工作。"粮食质押贷款"以粮食作为质押物，发放给农户主要用于粮食收购、储运、加工、销售以及种植的贷款业务。试点创新产品有效拓宽了涉农资金的融资渠道，方便了农村和农民贷款，受到试点地农村和农民的广泛欢迎。

重庆市农村商业银行加快推进了"三权"抵押贷款工作。2011 年 1 月至 3 月，林权抵押贷款共发放 71 笔，金额 6157 万元，贷款余额达 8442 万元；农房抵押贷款共发放 129 笔，金额 953 万元，贷款余额达 2608 万元；农村土地承包经营权抵押贷款已完善办法，正式启动。自 2011 年以来，已发放"三权"抵押贷款 15.6 亿元。累计支持近万户农户和企业，对促进农民增收、农村经济发展和拉动农村消费发挥了巨大的作用。[②]

另外，重庆农商行也致力于开发"专业合作社贷款"与"农民工返乡创业贷款"。其中，"专业合作社贷款"担保方式多样，采取社员联保、订单质押、动产质押、应收账款质押等担保方式。累计发放贷款 143547 万元，支持农民专业合作社近 200 个。"农民工返乡创业贷款"担保方式多样，采取大件

---

① 资料来源：农信社 60 周年历程暨农村金融产品博览会。

② 重庆金融网：《重庆农商行加快推进"三权"抵押贷款工作》，见 http：//www.cwf.gov.cn/art/2011/4/26/art_ 69_ 2374. html。

耐用消费品、注册商标、发明专利、独立流转经营权、商品林权、农房等资产担保方式，也可由担保公司担保。截至 2011 年末，累计放贷 56.9 亿元，支持返乡农民 30 万人。①

（三）推出基于订单与保单的农业贷款

2011 年，我国农村中小金融机构发展了基于订单与保单的金融工具，提高农村信贷资源的配置效率，分散农业信贷风险。根据农业资金需求的季节性特点，围绕形成订单农业的合理定价机制、信用履约机制和有效执行机制，建立了农业订单贷款管理制度。部分农村中小金融机构、农村信贷担保机构及相关中介机构加强与保险公司的合作，以订单和保单等为标的资产，开发"信贷＋保险"类金融服务新产品。又如，湖南华容县农信社加强银保合作，在享有借款人购买的个体工商户财产保险、意外伤害保险、企业财产保等保险收益权的基础上，有效分散了农户贷款风险，使农户贷款覆盖率增长 8.5%。

（四）各地区金融服务覆盖面有效扩大

涉农金融机构于 2011 年进一步加大了农村金融产品营销力度，通过"金融便利店"、"乡村便利店"等形式，扩大对农村贫困地区和偏远地区的金融服务覆盖面。

上海市农村商业银行创新开设"金融便利店"，将 24 小时自助机与人工服务相结合，每家"金融便利店"配备相应的工作人员，设立在人流量大、居民密集的社区中心地带，业务范围进一步扩大到柜面现金服务、个人贷款和理财服务、电子银行服务、小企业金融服务、信用卡等 7 大类 72 项产品，目标直指社区居民与周边中小企业的日常金融需求，为全国首创。

北京市农商行推出的农村金融服务模式——"乡村便利店"，使得偏远地区农民在当地就可以办理存取款、转账、自助缴费等业务。截至 2011 年底，已建成乡村便利店 9 家、乡村自助店 5 家。另外，该行也创新推出"亲情速汇通"，为来京务工人员打造了专属金融服务工具，采用"亲情卡＋特色汇款服务"的独特设计，减轻汇款到家的成本压力。截至 2011 年 9 月末，已发行亲情卡 6.74 万张。

云南省农村信用社自 2011 年 6 月以来，在全省范围内加大"惠农支付服务点"的建设力度，与广泛分布在乡村的"农家店"合作，通过在"农家店"里安装 POS 刷卡机的方式，让偏远农村地区农户在家门口就能方便、快捷地

---

① 资料来源：农信社 60 周年历程暨农村金融产品博览会。

办理各类涉农补贴资金支取、转账汇款、小额取款、刷卡缴费、账户余额查询、刷卡消费等金融服务，解决了农户频繁往返乡镇金融网点既费时费力又费钱的问题，构建了支农、惠农、便农的"支付绿色通道"。据悉，目前全省农村信用社共有 11 个州市、32 个县开展了惠农支付服务，建立惠农支付服务点 265 个，累计发生清算交易约 6.2 万笔，交易金额约 3104 万元，发生各类查询业务约 4.9 万笔，市场占有率和各项交易指标均名列全省前列。

张家口市农信社于 2011 年 11 月启动了"农信村村通"工程（在农村布放 EPOS 机具，提供 1000 元以下小额存取现、转账、刷卡消费、业务查询等），目前已安装 EPOS 设备 104 台，并计划在 2012 年全市达到 2600 台，达到全市全部行政村 70% 的覆盖率，农民足不出村就可以办理存取现、转账等业务，不向农民收取一分钱手续费。

（五）电子信息化趋势明显

2011 年，部分农村中小金融机构通过推行手机银行、联网互保、农民工银行卡、信用村镇建设等多种方式，积极推进金融服务手段电子化、信息化和规范化，逐步普及农村金融产品的网络化交易，发展基于现代 IT 技术的低成本商业可持续模式。目前，适合农村的电子化金融服务产品主要包括 ATM、POS 机、网上银行、电话银行、手机银行、短信通等。

张家口市农信社依托于电子结算平台，建设了自助银行、电话银行、短信平台等离柜式金融服务产品，创新推出了信通卡、农民工银行卡特色服务、助农取款、联网商户等服务渠道；开通了"96369"电话银行，上线全省统一手机短信平台，启动网上银行业务，进一步延伸了服务渠道，使城乡居民在农信社也同样享受到便捷的金融服务。

云南省农村信用社电子银行自上线以来，不断拓展新业务，不断提高服务质量，在电子银行业务方面再上新台阶。截至 12 月 12 日，全年交易金额突破 500 亿元，达到 501.66 亿元。目前，云南省农信社已形成网上银行和手机银行两大交易渠道为主的产品体系。其网上银行不仅提供了查询、汇款、缴费、支付等传统银行服务，而且还搭建了理财、贷款、信用卡等新兴网上银行交易平台。截至 12 月 12 日，个人网上银行客户达到 36331 户，交易 253703 笔，金额 177.28 亿元；企业网上银行客户达到 3057 户，交易 127630 笔，金额 324.38 亿元。[①]

总体上看，2011 年，我国农村中小金融机构加快推进农村金融产品和服

---

① 云南省农村信用社官方网站，http://www.ynrcc.com/。

务方式，开发和推出了一大批金融创新产品，促进了涉农信贷投放的明显增加，取得了明显的阶段性成效。同时，农村金融服务流程也得以进一步完善，让广大农村和农民得到更多便捷和优质的现代化金融服务。2011 年的成果为全面推进农村金融制度创新、产品创新和服务方式创新积累了经验，奠定了基础。

2012 年 2 月，中国银监会召开 2012 年农村中小金融机构监管工作会议，指出将大力推进抵押担保创新，提升农村金融服务，在现行法律框架内探索扩大农村抵押担保物范围。由此可见，在 2012 年，银监会仍将农村金融产品和服务创新工作视为重点。在"一行三会"、各级机构的努力下，我国农村中小金融机构在 2012 年必将迎来硕果丰收的一年。

六、农村中小金融机构发展中存在的问题

从前文的数据分析中，可以看出 2011 年农村地区中小金融机构的数量、规模和贷款余额都有了很大幅度的增长。但是，应该认识到农村地区金融发展的固有困难和问题依然存在。

（一）贷款对象逐渐上移

伴随着农村信用社的改革，农村合作金融机构的业绩和资产质量稳步提高，但与此同时，其服务对象却有着逐渐上移的趋势。图 5 - 9 中显示了从 2006 年到 2011 年农村合作金融机构的农户贷款情况。从图中可以看出，在这五年时间中，从农村合作金融机构获得贷款的农户数量呈现下降的趋势。2010 年获得贷款的农户数量下降得最多，达到 700 余万户。与此同时，农户户均贷款余额从 2006 年的 1.3 万元增长到 2010 年的 3.2 万元。这说明农村合作金融机构的贷款越来越向较大的农户集中。

从图 5 - 10 中可以看出，自 2006 年以来，农村合作金融机构发放给小企业的贷款余额呈逐年增加的态势，而 2008 年以来增加尤为迅速。虽然 2008 年以后获得贷款的农户数量有所下降，但同期获得贷款的企业数量却在大幅增加。这说明了另外一个趋势：农村合作金融机构发放的贷款越来越多地流向农村中的小企业。

以上分析表明，涉农贷款和农户贷款在向企业和一些大农户集中。从金融机构的角度考虑，这的确是规避经营风险、降低运营成本的需要，是商业可持续发展的要求。但是，从农村金融发展的角度来看，这一趋势需要引起高度关注。

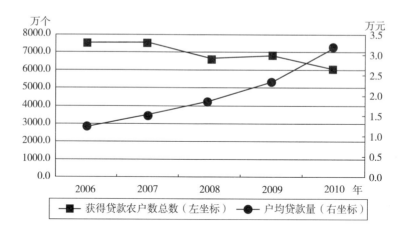

数据来源：中国银监会网站农村金融服务调查。

图 5 – 9　2006～2010 年农村合作金融机构的农户贷款变化趋势

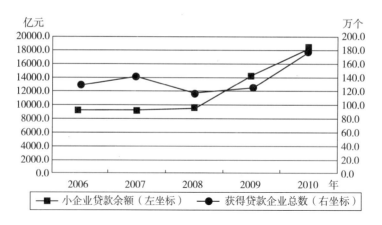

数据来源：中国银监会网站农村金融服务调查。

图 5 – 10　2006～2010 年农村合作金融机构的企业贷款变化趋势

　　造成这一现象的根本原因在于农信社的改制。自从农信社逐步改制为农村合作银行和农村商业银行以后，机构数量逐年减少，从距离上来看离农户也越来越远。从英国《银行家》杂志对全球 1000 家银行的排名可以看出，我国越来越多的农村商业银行在逐渐成长为大银行，其资本和资产规模赶上城市商业银行，甚至规模较小的全国性股份制商业银行。随着 20 世纪 90 年代中期的农村金融改革，国有银行纷纷从农村地区撤出，造成了长期的农民贷款难题。而今，虽然农信社改革取得一定成绩，但如果上述贷款上移的趋势不能得到有效遏制，或许会重蹈前次改革的覆辙。即使通过贷款上移让农信社的经营业绩和财务状况逐步改善，也应积极创造条件让农村地区真正需要贷款的农户都能够得到及时的服务。

（二）村镇银行遭遇困境

自 2007 年第一家村镇银行成立以来，如今已经历了将近 5 年的发展。前文的分析表明，村镇银行的机构数量有了突飞猛进的增长。然而，在其发展过程中的问题也不容忽视。

因为存贷款业务发展不平衡，尤其是储蓄业务增长困难，以及融资渠道受限，流动性是当前所有村镇银行面临的最大问题，成为制约其发展的"瓶颈"。对浙江长兴县某村镇银行的调研发现，该银行所有存款中，储蓄存款仅占 20%。存款来源的不畅导致该行的贷存比竟达到 115%。村镇银行存款发展困难的原因主要有：社会认知度低；村镇银行的网点较少且分布不均；村镇银行目前的产品单一、支付结算手段不完善等。此外，由于建设自己的网络需要投入大量的研发、维护成本，村镇银行根本没有能力支付如此庞大的费用，这也从一定程度上导致了村镇银行的存款业务发展缓慢。

另一个问题是，当前村镇银行由发起银行主导的发展模式非常容易导致同质弊病。中国银监会颁布的《村镇银行管理暂行规定》明确要求："村镇银行最大股东或唯一股东必须是银行业金融机构。"这一规定让作为主发起人的金融机构在村镇银行的管理中处于绝对的主导地位。虽然发起行作为最大股东，主导模式对于确保村镇银行顺利开业并安全运行具有重要意义，但其主导模式可能带给村镇银行的同质化弊病不容忽视。主发起行对村镇银行委派董事长和其他管理人员，必然会将自身现有的体制机制、管理制度和运作模式复制到所设立的村镇银行，从而造成村镇银行与主发起行经营管理的同质化。在新设立的村镇银行的运作机制和业务定位与现有银行趋同的情况下，照搬主发起行的客户定位对象、业务决策流程、贷款还款方式等，在农村市场难有生存空间。

（三）贷款公司发展缓慢

尽管贷款公司和村镇银行的发展同时起步，但是贷款公司的数量增长却极其缓慢，经过 5 年的发展，数量只有 10 家，平均每年全国只有 2 家小额贷款公司成立。前文的数据已经表明，同期村镇银行的数量几乎每年翻一番，在 2011 年底达到了 635 家。

成立贷款公司的初衷是实现从城市到农村的资金回流：让贷款公司的母公司（发起行）使用自己从城市获得的存款，到农村地区发放贷款。在全国第一家贷款公司——包商惠农贷款公司，信贷员提供的数据表明这一目标能够实现。然而，由于不能吸收存款，贷款公司的资金来源存在一定的困难，只能通过发起银行的不断注资和自身盈利缓慢发展。更重要的是，由于不能吸收存款，预期到这类金融机构未来发展中的困难，银行类金融机构没有足够的动力去发起成立贷款公司，这也许正是贷款公司数量发展缓慢的根本原因。

（四）农村资金互助社前途未卜

合作金融的形式诞生于 19 世纪 50 年代的德国，在 20 世纪之初，德国便有约 1.5 万家合作金融机构，服务该国三分之一的农村人口，占领了该国农村地区金融市场 9% 的份额。随后这种金融组织形式因其制度上的优越性，逐步传播到爱尔兰、意大利、日本、韩国和中国台湾等国家和地区。

合作金融机构的一个重要特点是，仅对自己的机构成员（股东）提供存款和贷款服务，是成员之间的金融合作。然而，由于种种原因，中国内地至今并没有出现过真正的合作金融机构。现有的农村信用（合作）社、农村合作银行机构名称中虽然有"合作"二字，然而此类机构自成立之初，就没有实现合作金融的基本要求，因而不属于合作金融的范畴。在发展过程中，因为其治理结构不合理，内部激励约束机制不健全，社员（股东）并无监督农信社经营的动机和能力。同时农信社的经营易受地方政府的干预，信贷资金被用来实现公共财政的职能。在 20 世纪 80 年代出现了农村合作基金会，也不是真正的合作金融机构，没有解决农村金融的问题，却引起了一场金融混乱，最终被取缔。2006 年底中国银监会出台文件，允许成立农村资金互助社这一新型农村金融机构，从这类机构的章程来看满足合作金融的属性。

合作金融的形式，从制度上看优于各类合会。合会要求每个成员定期存入一定的资金，汇总后由成员轮流使用，这样在轮到特定成员使用资金时可以使用金额较大的一笔资金。其缺点显而易见：合会的规模在成立之初就已经确定，不灵活；不能动员外部资金；在会员只想储蓄不想贷款时也不能满足需求等。而合作金融的组织形式正可以克服以上缺点。此外，合作金融的存款风险较小，而贷款的利率又会较低，因而也优于各类高利贷组织。因此，在各地民间金融暗流涌动的背景下，群众自发成立农村资金互助社这样的合作金融机构积极性应该特别高。然而，全国第一家开业的乡镇级农村资金互助社——兴乐农村资金互助社，在开业仅 100 天时，即遇到"无钱可贷"的困境[1]。如今，经过 5 年的发展，全国农村资金互助社的数量也仅仅 50 家，平均每个省份不到 2 家。

---

[1]　傅航：《全国第一家农村资金互助社暂停贷款背后》，载《第一财经日报》，2007 – 07 – 30。

在我国政府对金融高度管控时期，不能诞生合作金融机构也许不难理解。然而，如今国家已经明确放开并鼓励成立农村资金互助社这样的合作金融组织，为什么其发展依然缓慢？为什么还会遇到无款可贷的情况？是文化的原因还是体制的原因？这些问题值得深思。

七、农村中小金融机构发展展望

（一）农村信用社的产权改革将进一步深入

尽管经过多年的改革，我国农村信用社从整体上取得了明显的成效，但由于不同地区经济发展水平的差异，中西部地区仍有部分农村信用社历史包袱沉重、资产质量偏低、风险管理水平低下，其生存和发展受到很大的影响。鉴于农村信用社早已不是合作制的基本事实，且究竟应该如何探索中国式的合作金融制度仍缺乏共识和成功的案例，中国银监会正式确立了农村信用社的股份制改革方向，并极力支持组建农村商业银行或者股份制的农村信用社。从 2011 年开始，中国银监会计划通过五年左右时间的努力实现以下目标，即高风险机构全面处置，历史亏损挂账全面消化，股份制改革全面完成，现代农村银行制度基本建立，主要监管指标达到并持续符合审慎监管要求，农村金融服务功能与核心竞争力显著提升。

改革将更多地引入商业化竞争和市场化运营，以改制发展农村商业银行和农村合作银行为依托，不断推进产权结构的多元化改造，增加投资股的比重，改善现有的内部治理结构，建立现代企业制度。可以预见，未来将有更多的农村信用社改制为农村商业银行，现有的农村合作银行也将在政策的引导下转变为农村商业银行。

（二）金融创新将继续推进

随着我国农村经济的发展，农村经济结构加速调整、城镇化建设逐步推进、城乡差距缩小和农户收入水平逐年提高，农村金融服务需求也正在发生重大变化。发达地区的农村金融需求从原来单一的信贷正在向包括存款、贷款、结算、理财、代理等多样化的服务需求转变；从原来围绕传统农业生产为主体的资金需求正在向扩大再生产、消费、教育、旅游等结构性资金需求转变；从原来单纯寻求金融服务正在向金融知识、金融市场信息、投资咨询等综合化信息需求转变。

如同破解农村融资困境需要金融创新一样，农村中小金融机构也将主动推进金融创新，以满足这种多样化、多层次的金融服务需求。创新技术、手段和渠道可以多种多样，没有统一和固定的模式，但都将以服务"三农"为市场定位，以富民惠民为宗旨，根据本地市场需求的特点，在增加金融服务数量的同时，提高金融服务的质量和效率，并进而实现自身的可持续发展。

（三）更多民间资本将进入农村金融机构

在我国银行业金融机构中，农村中小金融机构民间资本的持股比例是最高的，在农村合作金融机构和全国 726 家村镇银行中，2011 年底该比例分别达到 92% 和 74%；在江苏的 104 家和浙江（不包括宁波）的 112 家农村中小金融机构中，该比例分别达到 96% 和 97%。[①] 除了政策方面的因素外，还因为农村中小金融机构的规模相对较小，民间资本更容易获得控股权。

2012 年 5 月，为贯彻落实《国务院关于鼓励和引导民间投资健康发展的若干意见》，中国银监会提高了民营资本参与中小金融机构并购重组的持股比例，并将村镇银行主发起行的最低持股比例由 20% 降低为 15%；与此同时，对于民间资本参与农村信用社改制也给予鼓励。目前农村信用社增资改制时都得到高倍数的超额认购，吸引了包括民间资本在内的投资者。

随着我国农业的发展、农户收入水平的提高和农村金融生态环境的改善，民间资本的进入可找到更多发展的机会。而民间资本在农村中小金融机构提高资本充足率、完善内部公司治理、促进业务转型方面也将发挥重要的作用。

---

① 《中国银行业监督管理委员会 2011 年报》。

第六章 在华外资银行发展报告

2011 年，在华外资银行所处的国际国内环境十分严峻复杂。国际金融危机引发世界经济持续放缓、步入增长疲软期，欧债危机迅速扩散蔓延，引发国际金融市场大幅动荡。国内紧缩的信贷政策使银行业面临流动性紧缩的重压，2011 年底前外资银行存贷比必须达到 75% 以下的监管要求也严重制约着外资银行的快速扩张。但正是在内忧外患的夹缝中，在华外资银行的盈利水平大幅攀升，超过了国际金融危机前的历史高点，重新步入快速增长的轨道。

展望未来，虽然在华外资银行市场份额偏低，且发展中仍面临诸多问题和挑战，但中国经济的持续快速发展和有序稳步开放为外资银行提供了广阔的舞台，随着外资银行不断加大对中国市场的投入，外资银行将在挑战中发展，在发展中壮大。

一、在华外资银行发展概况

（一）机构数量稳步增加

根据中国银监会的统计，截至 2011 年底，14 个国家和地区的银行在华共设立 37 家外商独资银行（下设 245 家分行）、2 家合资银行（下设 7 家分行、1 家附属机构）、1 家外商独资财务公司，这使得在华外资银行法人机构总数达到 40 家，法人机构分行与附属机构总数达到 253 家（见图 6－1）。外资银行法人机构总数比 2010 年多 1 家，实际上 2011 年外资银行法人机构并没有增设，而是因为 2010 年未将外商独资财务公司纳入该统计指标。此外，有 26 个国家和地区的 77 家外国银行在华设立 94 家分行，该数量是金融危机后持续下跌的第一次回升，从而使在华外资银行机构总数达到 387 家。

根据中国银监会的统计，2011 年获准经营人民币业务的外资法人银行数量与 2010 年持平，为 35 家，占 2011 年外资法人机构总数量的近 90%。而获准经营人民币业务的外国银行分行数量达到 45 家，虽然只比 2010 年增加 1 家，但却是自 2008 年持续下降以来的第一次增加（见表 6－1）。获准经营金融衍生产品交易业务的外资银行机构数量则减少 6 家，为 50 家。获准发行人

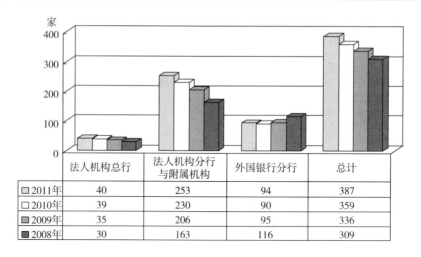

	法人机构总行	法人机构分行与附属机构	外国银行分行	总计
2011年	40	253	94	387
2010年	39	230	90	359
2009年	35	206	95	336
2008年	30	163	116	309

数据来源：2008~2011 年《中国银行业监督管理委员会年报》。

图 6-1　在华外资银行机构数量（2008~2011 年）

民币金融债的外资法人银行增加了 2 家，为 5 家。

表 6-1　经营人民币业务、金融衍生品交易业务及发行人民币金融债的
外资银行机构数量（2008~2011 年）　　　　　　单位：家

		2011 年	2010 年	2009 年	2008 年
经营人民币业务	外资法人银行数量	35	35	32	27
	外国银行分行数量	45	44	49	58
经营金融衍生产品交易业务的外资银行机构数量		50	56	54	51
获准发行人民币金融债的外资法人银行数量		5	3	—	—

数据来源：2008~2011 年《中国银行业监督管理委员会年报》。

（二）资产负债规模继续上升

截至 2011 年底，在华外资银行的总资产规模为 2.15 万亿元，较 2010 年的 1.74 万亿元增长 23.60%，增长速度仅次于农村商业银行的 53.70%（部分原因是农村商业银行数量增加）和城市商业银行的 27.20%。图 6-2 显示，从 2003 年至 2010 年，外资银行资产规模增长率出现两次 V 形变化，在经历了 2010 年的强劲反弹后，增速上升的趋势没能继续保持，2011 年回落了 5.53 个百分点，基本与第一个 V 形的谷底值，即 2005 年的 22.87% 相当。2011 年外资银行资产增速回落的部分原因在于：根据监管层的要求，2011 年底外资银行存贷比的宽限期结束，外资银行与中资银行一样要达到 75% 的监管指标，

为此外资银行通过放缓贷款规模的增长速度以应对存贷比的压力。

数据来源:《中国银行业监督管理委员会 2011 年报》。

图 6 - 2　外资银行在华总资产规模与增长率（2003~2011 年）

总负债的变化也呈现出同样的特征。2011 年，在华外资银行总负债 1.94 万亿元，增长了 24.81%，较 2010 年回落了 6.93 个百分点，略高于第一个 V 形的谷底值，即 2005 年的 22.54%（见图 6 - 3）。

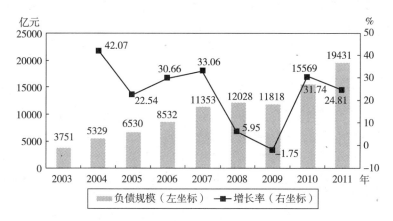

数据来源:《中国银行业监督管理委员会 2011 年报》。

图 6 - 3　外资银行在华总负债规模与增长率（2003~2011 年）

（三）盈利水平大幅攀升

2011 年，在华外资银行实现税后利润 167.3 亿元，比 2010 年增加 89.5 亿元，同比增长 115%，比 2008 年 119.2 亿元的历史最高水平高出 40.35%。外资银行业绩大幅上升主要原因是，在国际金融危机的负面影响逐步消除的背景下，其主要客户群即外资企业的信贷需求逐步回升；同时，外资银行的本土化也开拓了一些内地大型中资企业。此外，2011 年整体信贷额度紧张，银行贷款利率普遍大幅上浮，存贷差不断扩大，也是带动业绩发展的强劲动力之一。由此可见，外资银行已经从此次国际金融危机中恢复过来，再次步入了快速增长的轨道。同时还要看到，在华外资银行在资产负债规模增长率略有回落的情况下仍实现较高的利润增长，也说明外资银行的网点产能得到了进一步提高。

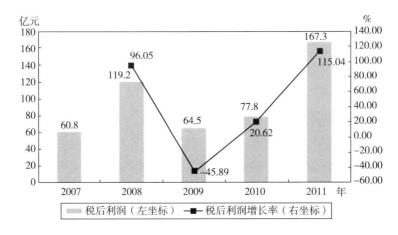

数据来源：2010～2011 年《中国银行业监督管理委员会年报》。

图 6－4　外资银行在华税后利润（2007～2011 年）

（四）资产质量保持稳定

2011 年，在华外资银行不良贷款余额为 40.1 亿元，比 2010 年的 48.6 亿元减少了 8.5 亿元；不良贷款率略有改善，从 2010 年的 0.5% 下降到了 0.41%（见图 6－5）。实际上，外资银行的不良贷款率一直低于 1%，在中国各类银行中处于最低水平，说明外资银行的资产质量非常优良。这主要因为几乎每家外资银行都有一套自己的内部评级模型，基本使用母行的一套国际化标准指标对在华企业进行评级，因此选择客户的标准比较高。同时，外资银行的客户群体比较单一，主要是跨国公司的在华企业和国内的大型外向型企业，信用风险比较低。

（五）流动性保持充裕

2011 年，在银行体系流动性整体较为紧张的情况下，在华外资银行的流动性比例（流动性资产/负债）反而比 2010 年提高了 8.04 个百分点，达到

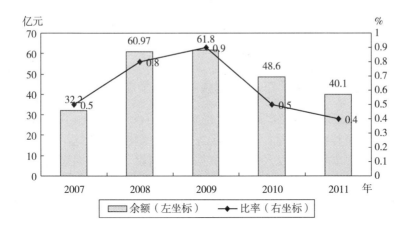

数据来源：2007～2011 年《中国银行业监督管理委员会年报》。

图 6 - 5　外资银行不良贷款余额与不良贷款率（2007～2011 年）

69.53%，接近 70.48% 的历史高位，并远高于监管机构所要求的 25% 的水平。实际上，2008 年至 2011 年的四年间，外资银行的流动性比例都高于银行业金融机构大约 10 个到 20 多个百分点，且在银行业金融机构的流动性比例不断下降的情况下，外资银行的流动性比例反而从 2009 年开始持续上升，上升幅度逐年增长。2011 年末，外资银行的流动性比例比银行业金融机构的流动性比例高出 26.33 个百分点。这一方面说明外资银行的流动性相对宽裕，但另一方面也说明其资产更多配置在流动性较强的短期资产上，这会使其盈利水平受到一定的影响。

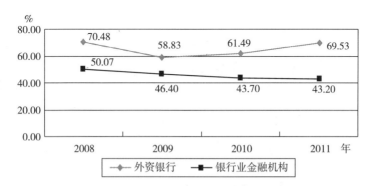

数据来源：2008～2011 年《中国银行业监督管理委员会年报》。

图 6 - 6　外资银行与银行业金融机构流动性比例（2008～2011 年）

二、在华外资银行的发展战略

（一）大幅增资中国市场，增强核心竞争能力

2008 年爆发的国际金融危机，使得外资银行的发展面临不少困难：外币理财产品巨亏使其声誉受损、信贷市场逐渐被边缘化等。但这一切并没有影响外资银行对中国市场增加投入的热情。据统计，国际金融危机爆发后，累计有 40 家外资银行追加投入了约 271 亿元等值人民币资本（或营运资金），[①] 仅 2011 年就有 17 家外资银行追加投资约 132 亿元（见表 6 - 2），占追加投资总额的 48.7%。

表 6 - 2　2011 年外资银行资本变动

银行名称	资本变动内容	时间
荷兰安智银行	增加上海分行营运资金：上海分行由其人民币未分配利润中转出 2 亿元人民币用于增加该分行人民币营运资金。增资后，该分行营运资金为 8 亿元人民币，其中外汇营运资金 2 亿元人民币等值的美元，人民币营运资金 6 亿元人民币。	2011 - 05 - 10
苏格兰皇家银行	增加注册资本：增加注册资本 5 亿元人民币或者等值的自由兑换货币，其中 2 亿元人民币等值的自由兑换货币由原英国苏格兰皇家银行公众有限公司北京分行营运资金划转，2 亿元人民币等值的自由兑换货币由原英国苏格兰皇家银行公众有限公司上海分行外汇营运资金划转，1 亿元人民币由原英国苏格兰皇家银行公众有限公司上海分行人民币营运资金划转。增资后，该行注册资本由 40 亿元人民币增加到 45 亿元人民币。	2011 - 06 - 14
住友信托银行	增加上海分行营运资金：向上海分行增拨人民币营运资金 2 亿元人民币等值的自由兑换货币。增资后，该分行营运资金为 9 亿元人民币，其中外汇营运资金 4 亿元人民币等值的自由兑换货币，人民币营运资金 5 亿元人民币。	2011 - 07 - 18
合作金库商业银行	增加苏州分行营运资金：向苏州分行增拨外汇营运资金 7 亿元人民币等值的自由兑换货币。增资后，该分行营运资金为 10 亿元人民币等值的自由兑换货币。	2011 - 07 - 18

① 《中国银行业监督管理委员会 2011 年报》。

银行名称	资本变动内容	时间
汇丰银行	增加注册资本：增加注册资本 28 亿元人民币。增资后，该行注册资本由 80 亿元人民币增加到 108 亿元人民币。	2011 - 07 - 26
法国巴黎银行	增加注册资本：增加注册资本 86.63 亿元人民币。增资后，该行注册资本由 40 亿元人民币增加到 48.66 亿元人民币。	2011 - 08 - 04
法国外贸银行	增加上海分行营运资金：向上海分行增拨人民币营运资金 1 亿元人民币等值的自由兑换货币。增资后，该分行营运资金为 5 亿元人民币，其中外汇营运资金 2 亿元人民币等值的自由兑换货币，人民币营运资金 3 亿元人民币。	2011 - 08 - 17
恒生银行	增加注册资本：增加注册资本 31750 万元人民币。增资后，该行注册资本由 45 亿元人民币增加到 48.175 亿元人民币。	2011 - 09 - 06
渣打银行	增加注册资本：增加注册资本 20 亿元人民币，该资金由该行股东英国渣打银行有限责任公司拨付。增资后，该行注册资本由 8.727 亿元人民币增加到 10.727 亿元人民币。	2011 - 09 - 28
华商银行	增加注册资本：增加注册资本 15 亿元人民币，该资金由该行股东中国工商银行（亚洲）有限公司拨付。增资后，注册资本由 16.5 亿元人民币增加到 31.5 亿元人民币。	2011 - 11 - 02
美国银行	增加上海分行营运资金：向上海分行增拨人民币营运资金 6.5 亿元人民币等值的自由兑换货币。增资后，该分行营运资金为 14.5 亿元人民币，其中外汇营运资金 3 亿元人民币等值的自由兑换货币，人民币营运资金 11.5 亿元人民币。	2011 - 11 - 16
日本山口银行	增加青岛分行营运资金：该行向青岛分行增拨人民币营运资金 2 亿元人民币等值的自由兑换货币。增资后，该分行营运资金为 6.5 亿元人民币，其中外汇营运资金 2 亿元人民币等值的美元，人民币营运资金 4.5 亿元人民币。	2011 - 11 - 28
印度国家银行	增加上海分行营运资金：该行向上海分行增拨营运资金 2 亿元人民币等值的自由兑换货币，其中人民币营运资金 1 亿元人民币等值的自由兑换货币。增资后，该分行营运资金为 5 亿元人民币，其中外汇营运资金 3 亿元人民币等值的自由兑换货币，人民币营运资金 2 亿元人民币。	2011 - 12 - 12
挪威银行	增加上海分行营运资金：该行向上海分行增拨人民币营运资金 2 亿元人民币等值的自由兑换货币。增资后，该分行营运资金为 50030 万元人民币，其中外汇营运资金 20030 万元人民币等值的自由兑换货币，人民币营运资金 3 亿元人民币。	2011 - 12 - 12

续表

银行名称	资本变动内容	时间
日本横滨银行	增加上海分行营运资金：该行向上海分行增拨外汇营运资金 2 亿元人民币等值的自由兑换货币。增资后，该分行营运资金为 4 亿元人民币等值的自由兑换货币。	2011 - 12 - 23
英国巴克莱银行	增加上海分行营运资金：该行向上海分行增拨人民币营运资金 2.1 亿元人民币等值的美元。增资后，该分行营运资金为 5.1 亿元人民币，其中外汇营运资金 2 亿元人民币等值的美元，人民币营运资金为 3.1 亿元人民币。	2011 - 12 - 26
南洋商业银行	增加注册资本：增加注册资本 24 亿元人民币。增资后，该行注册资本由 41 亿元人民币增加到 65 亿元人民币。	2011 - 12 - 28

数据来源：根据中国银行业监督管理委员会网站提供的数据整理。

2011 年追加投资的 17 家外资银行中，最值得一提的是汇丰银行。2011 年 7 月，正在全球范围内瘦身的汇丰银行对中国市场采取了不同于其他地区的策略，宣布增加注册资本 28 亿元人民币，使汇丰中国注册资本增至 108 亿元，成为在华注册外资银行中注册资本规模最大的国际性银行。正是在中国大规模的追加投资，使得汇丰中国的资产总额超过 2700 亿元人民币，资产规模和盈利能力已达到中型股份制商业银行水平。据汇丰集团 2011 年的年报显示，汇丰在中国内地的税前利润高达 36.8 亿美元[①]。

在华外资银行大幅增加资金投入的目的是要迅速增强竞争能力，满足业务快速发展的需要。根据中国银监会 2006 年颁布的《外资银行管理条例》，外资银行对同一借款人的贷款余额与商业银行资本余额的比例不得超过 10%。也就是说，如果外资法人银行的注册资本金为 40 亿元人民币，那么单一客户授信额度上限即为 4 亿元人民币。随着外资银行在华业务的开展，这一比例已经无法满足其部分在华客户的需求。此外，为了满足巴塞尔协议Ⅲ对资本充足率逐步提升的要求，以及进一步提升银行流动性，外资银行也需要补充资本。

（二）加速布局二三线市场，积极拓展在华业务

在华外资银行通过在二三线市场大量增设机构，深入布局网点，积极开展业务，做大市场份额。根据中国银监会网站公布的信息，2011 年，共有 33 家

---

① 张莉：《汇丰赚走 37 亿美元：20 家外资行火拼　东亚渣打猛追》，见 http://pe.pedaily.cn/201204/20120405505962.shtml，2012 - 04 - 05。

外资银行在昆明、重庆、长沙、哈尔滨、西安、武汉、成都、深圳、厦门、青岛、唐山、苏州、无锡、佛山、常州等24个城市开设分行31家，获准筹建分行23家，使在华外资银行设立分支机构的城市数量扩展到50个。

外资银行积极拓宽分支机构网络，加速战略部署。2011年9月，华侨银行在青岛开设分行，进一步推进其环渤海战略布局，恒生银行获批筹建厦门分行，实现其布局海西经济区的战略。花旗银行在长沙开设分行，成为首家在长沙提供零售银行服务的外资银行，至此，花旗在中国内地的分行总数达到12家。

表6-3　部分外资银行分支机构地区分布

序号	外资银行名称	分支机构数目	分支机构分布城市
1	汇丰银行（中国）有限公司	116	北京、长沙、成都、重庆、大连、东莞、广州、杭州、合肥、济南、昆明、南京、宁波、青岛、上海、沈阳、深圳、苏州、太原、天津、武汉、无锡、厦门、西安、郑州、佛山、惠州、昆山、珠海
2	东亚银行（中国）有限公司	105	北京、上海、广州、深圳、珠海、大连、厦门、西安、重庆、青岛、杭州、武汉、南京、成都、沈阳、天津、乌鲁木齐、合肥、石家庄、苏州、郑州、哈尔滨、福州、长沙
3	花旗银行（中国）有限公司	95	北京、上海、广州、深圳、天津、成都、杭州、大连、重庆、贵阳、南京、长沙、无锡
4	渣打银行（中国）有限公司	85	北京、上海、佛山、南京、南昌、厦门、呼和浩特、大连、天津、宁波、广州、成都、杭州、武汉、深圳、珠海、苏州、西安、重庆、青岛
5	恒生银行（中国）有限公司	41	北京、天津、南京、上海、杭州、宁波、福州、厦门、昆明、佛山、中山、广州、东莞、深圳、惠州
6	瑞穗实业银行（中国）有限公司	10	北京、大连、无锡、深圳、天津、青岛、广州、武汉、苏州
7	星展银行（中国）有限公司	26	北京、广州、上海、天津、深圳、苏州、东莞、南宁、杭州、福州
8	永亨银行（中国）有限公司	12	深圳、广州、上海、珠海、北京、佛山

序号	外资银行名称	分支机构数目	分支机构分布城市
9	华侨银行（中国）有限公司	16	北京、厦门、天津、成都、广州、重庆、青岛
10	摩根士丹利国际银行（中国）有限公司	3	北京、上海、珠海
11	摩根大通银行（中国）有限公司	17	北京、上海、天津、广州、成都、哈尔滨、中山
12	友利银行（中国）有限公司	14	北京、上海、深圳、苏州、天津、大连、成都
13	大华银行（中国）有限公司	10	北京、上海、广州、深圳、厦门、成都、沈阳、天津、杭州
14	南洋商业银行（中国）有限公司	25	北京、上海、广州、深圳、海口、大连、杭州、南宁、成都、青岛、汕头、无锡、佛山
15	韩亚银行（中国）有限公司	14	北京、上海、青岛、烟台、沈阳、长春、哈尔滨
16	企业银行（中国）有限公司	9	天津、沈阳、青岛、烟台、苏州、深圳
17	德意志银行（中国）有限公司	12	北京、上海、广州、天津、重庆
18	宁波国际银行	3	北京、上海、宁波
19	华美银行（中国）有限公司	3	汕头、广州、上海
20	华商银行	2	蛇口、广州
21	华一银行	13	深圳、天津、苏州、上海
22	法国巴黎银行（中国）有限公司	11	上海、北京、广州、天津、成都
23	法国兴业银行（中国）有限公司	10	北京、上海、广州、武汉、天津、杭州
24	厦门国际银行	17	北京、上海、福州、珠海、厦门、泉州
25	中信嘉华银行（中国）有限公司	2	北京、上海

续表

序号	外资银行名称	分支机构数目	分支机构分布城市
26	新韩银行（中国）有限公司	13	北京、天津、青岛、上海、无锡、长沙
27	外换银行（中国）有限公司	7	北京、天津、上海、大连
28	盘谷银行（中国）有限公司	4	上海、北京、厦门、深圳
29	首都银行（中国）有限公司	4	南京、上海、常州
30	苏格兰皇家银行（中国）有限公司	11	上海、北京、深圳、成都、天津、重庆、武汉、广州
31	澳新中国	5	北京、上海、广州

数据来源：根据各外资银行年报和网站资料整理。

（三）业务特色突出，市场定位明确

随着监管障碍或者阻力逐渐下降或者消除，以及近年来在华业务发展的探索，在华外资银行越来越清醒地意识到自身在华的优势业务，市场分化的趋势越加明显。根据不同外资银行业务特色和市场定位，我们可以粗略地对外资银行进行市场分类：

第一类是少数全能型银行处于市场主导地位。从客户基础和分支机构网络来看，花旗银行、汇丰银行、渣打银行、东亚银行、星展银行和恒生银行这六家银行均领先于竞争对手，处于在华外资银行市场的主导地位。截至 2011 年底，这六家外资银行在华设立分行和支行共 468 家。根据普华永道 2011 年度的预测，2014 年这六家银行的分行和支行将会超过 500 家[①]。这类银行的发展战略主要是先考虑资产规模，通过扩大网点，争取地区客户，通过全方位的银行服务实现其收益增长。

第二类是关注企业和投资类业务的银行，主要包括欧美大银行。这类银行零售业务份额较小，或已经逐步退出零售业务，将主要业务集中在投资和企业

---

① 普华永道：《外资银行在中国调查报告》，2011 年 6 月。

银行业市场。特别是近年受国际经济形势和理财产品自身结构的影响，外资银行的理财产品遭遇尴尬境地：人民币理财无法与中资银行竞争；外币理财由于其高风险及近来表现不佳不被社会认可，部分外资银行压缩了个人业务。如德意志银行北京分行已经卖掉了其个人银行业务，只保留了个人出国留学（尤其去德国留学）业务（保证金存款），将业务的重点放在批发业务上面，主要服务于与母行有合作关系的外资企业和向海外扩张的中资企业。苏格兰皇家银行（中国）也于 2011 年关闭了 7 家零售类支行，退出在中国的零售银行与中小企业金融服务业务，从而实现在亚太地区集中全力发展其核心业务——批发银行业务的目标。

第三类是以日韩银行为代表的、与中国保持紧密的贸易和商业联系的亚洲银行。这类银行最主要的优势是遍布亚洲的广泛银行网络以及优质的贸易融资服务，它们主要以和母行建立了长期合作关系的客户作为目标客户，发展稳健。也有一些银行重点开展零售业务，在保持原有客户的同时，积极拓展本地客户。

第四类是致力于专业化发展的外资银行，这些银行主要专注于某一专门领域，具有一定的特色。它们也许是某些特殊细分市场的全球竞争者，比如理财管理，贸易融资或外汇兑换。

第五类是发展不确定的小规模外资银行。这些银行可能跟随它们的客户来到中国，并继续在中国服务其客户，满足他们的金融需求。这类银行都特别容易受到日趋严格的监管环境的影响。由于其经营规模小，很难在中国扎根，并摸索出一条在华发展的清晰路径。

当然，并非所有的外资银行都能很清晰地归属某一类。事实上，不少银行都兼有不同类型的特征，并不能将其简单定性为某一类。同时我们也注意到，一旦中国在某些监管方面有所放松，一些特色明显的外资银行就会迅速涌现，而这些银行将会从其具有优势的市场定位中获利更多。比如，2011 年 12 月，渣打银行和东亚银行成为首批在华开设小微企业专营支行的外资银行。外资银行进军小微企业金融服务的主要原因在于，一方面小微企业贷款利率上浮较大，有利于提高利差收入；另一方面政府对商业银行发展小微企业金融服务有种种鼓励措施，这对内地网络数量较少的外资银行而言无疑具有很大诱惑力。而外资银行进入所产生的"鲶鱼效应"必将促进我国小微企业金融市场的发展，提升我国银行业服务小微企业的能力。

（四）加速业务创新，提供细致的服务

在华外资银行善于及时根据市场形势和消费需求变化，迅速创新理财产

品，满足客户多样化的理财需求，拓展客户群体。2011 年，汇丰银行针对内地新兴富裕群体推出"运筹理财"，满足客户在成家立业这一人生阶段所独具的财务需求；同时推出海外债券型 QDII，在内地外资银行中首次引入海外债券实时报价，以稳健的产品风格挽回外资银行理财产品在国际金融危机中受损的声誉。针对内地房地产市场萎缩的情况，东亚银行推出"新时贷"个人无抵押消费贷款，面向收入稳定的年轻人群，满足其购车、婚庆、旅游等方面的个人消费信贷需求，改变依赖房贷的单一产品结构。针对小微企业，东亚银行专门推出一系列融资产品，如个人经营性贷款"金赢贷"和外资银行首款设备贷款专属产品"设备通"。此外，华侨银行也研发多种结构性投资项目、银行保险服务，着力拓展客户的投资渠道。

与此同时，在华外资银行还注重通过专业优质的服务吸引客户，通过提升服务水平赢得客户。其中，以跨境贸易人民币结算业务最为突出。2011 年 8 月，中国政府宣布将跨境人民币结算的境内地域拓展至全国，汇丰银行立即在太原、郑州、西安和合肥等新扩展地区中积极拓展此项业务，在短短两个月的时间里汇丰银行就将跨境贸易人民币结算推广至所有分行。渣打银行也开设了 130 个人民币代理行账户，在超过 55 个海外市场提供人民币清算服务，为企业办理跨境人民币结算业务提供强大支持。此外，外资银行注重提供便利的支付和服务手段，以赢得声誉。2011 年 3 月，花旗银行与中国银联加强合作，在亚洲七国的花旗银行指定商户实现银联卡受理，为银联卡持卡人提供更多领域、更广范围的优质支付服务。而汇丰银行为便利客户，推出 24 小时外币兑换服务，更好地满足客户外汇资产配置的需求。

（五）既注重自身拓展业务，又积极寻求合作伙伴

一方面，外资银行注重依靠自身大力拓展在中国的业务，加深在中国市场的影响并扩大其经营范围，通过审慎、稳健经营和差异化经营获得发展。比如，汇丰银行主打有政府参与的大项目，渣打主打中小企业贸易融资，东亚银行主打房地产市场的按揭贷款，德意志银行主打大企业贸易融资，其极其严格的授信标准保证了良好的资产质量。

另一方面，外资银行也在积极寻求建立战略合作伙伴关系，构建战略发展平台。2011 年，花旗银行与东方证券合作成立合资证券公司，苏格兰皇家银行也申请入资国联证券。德意志银行也通过与国内金融机构合作，形成了以德银中国自身发展为主，同时与中德证券、华夏银行、嘉实基金三大集团相互支持、互为补充的战略投资平台。其中，德银中国是德意志银行总行 100% 控股的在华注册的全资子公司，主要从事企业、批发和零售银行业务；中德证券是

由德意志银行和山西证券共同出资设立的一家中外合资证券公司，德意志银行持股33.3%，该公司为客户提供广泛的投资银行服务，也是德意志银行一项主要的收入来源；德意志银行持有华夏银行19.99%的股权，作为进行零售业务的一种尝试；德意志银行自2005年参与持股嘉实基金，目前持股30%。

三、在华外资银行发展面临的问题

（一）市场占有率偏低

尽管外资银行已经再次步入快速增长的轨道，但在关乎市场话语权的资产规模上，与强大的中资本土银行相比，过去的5年，外资银行存在边缘化的隐忧。从表6-4中可以看出，2007年以前，外资银行在银行业市场上的份额还处于上升态势，但受国际金融危机的影响，情况急转直下：外资银行资产和负债总额在银行业金融机构资产和负债总额中的比重从2007年的2.38%和2.27%迅速滑落至2009年的1.71%和1.59%。虽然这两个比重在2010年略有回升，且2011年继续保持上升趋势，分别达到1.93%和1.83%，但仍然低于2007年的水平，由此可见国际金融危机对外资银行造成的影响并未完全消除。

表6-4　外资银行在中国银行业市场上的份额（2007~2011年）单位:%

市场份额	2006年	2007年	2008年	2009年	2010年	2011年
资产	2.11	2.38	2.16	1.71	1.85	1.93
负债	2.05	2.27	2.03	1.59	1.74	1.83

数据来源：根据《中国银行业监督管理委员会2011年报》数据计算。

造成这种状况主要有四个方面的原因：第一，2008年国际金融危机，母行经营惨淡波及在华外资银行，导致"惜贷"意愿强烈。第二，中资银行2008年至2010年在国内4万亿元投资政策的拉动下，信贷超高速增长。而外资银行极其严格的信用评分标准导致其贷款增长缓慢，外资银行的资产占比下降。第三，2011年上半年中国人民银行连续六次上调法定准备金率，整体紧缩的信贷政策使外资银行面临着资金流动性紧缩的压力。在这种背景下，外资银行被迫调整在内地的经营策略，通过放缓网点增长提升网点产能等手段来求得发展。第四，相比中资银行，特别是国有银行和全国性股份制商业银行，大部分在华外资银行营业网点仍然不足，缺乏显性的存款保险制度和政府的隐性担保，加之中资银行有大量低息存款（比如单位工资），外资银行的吸储能力非常弱。同时，外资银行由于在金融危机后衍生品业绩不佳导致社会信誉度下降等原因，使其吸储更加困难。对于遵循"合规至上"规则的外资银行，在2011年12月31日存贷比不得低于75%的监管要求面前，外资银行宁可不贷款也要守住75%的红线。这势必会压缩外资银行的发展空间，影响其市场份额。

（二）人力成本较高

2011年，在华外资银行的税后利润在银行业金融机构中的占比为2.06%，超过了2008年2.04%的占比，达到了历史高位（见图6-7）。这是金融危机以来该比重持续下降后的第一次上升，并首次超过了外资银行资产和负债的市场占比，这说明外资银行的盈利能力得到较大的提升。

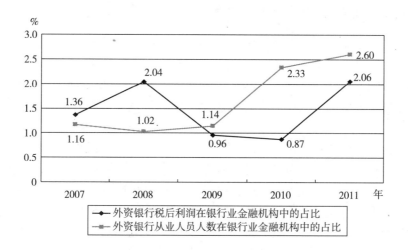

数据来源：根据各期《中国银行业监督管理委员会年报》数据计算。

图6-7 外资银行税后利润和从业人员人数在银行业
金融机构中的占比（2007～2011年）

但是，自2009年以来，外资银行从业人员人数在银行业金融机构中的占比呈持续上升趋势，在2011年达到2.6%，超过了外资银行资产、负债和税后利润的市场占比（见图6-7和表6-5）。2011年，外资银行的人均利润产出40万元。与中资银行相比，低于大型商业银行和城市商业银行的41万元和48万元，差不多为股份制商业银行人均利润产出的一半。这说明外资银行的人力成本相对较高，竞争力略显不足。

表 6 - 5　　2011 年银行类金融机构人均利润　　　　单位：万元

	政策性银行及国家开发银行	股份制商业银行	城市商业银行	大型商业银行	外资银行	农村商业银行	农村合作银行	新型农村金融机构和邮政储蓄银行	农村信用社
人均利润	88	72	48	41	40	33	26	15	10

数据来源：根据《中国银行业监督管理委员会 2011 年报》数据计算。

造成这种状况的原因除了文化、理念、授信标准、业务流程等方面的差异以外，主要还是因为外资银行进入中国市场的时间不长，尚处在铺设网点、发展新客户、拓展新业务的前期资金投入时期，资金高回报率尚未显现；同时，由于国内本土银行存在隐性的各种福利待遇，外资银行为了吸引优秀人才需要支付更高的显性薪酬。

（三）监管环境限制业务扩展

首先，相比国际上成熟的银行市场，中国银行业监管中行政审批事项很多，而这些事项的审批涉及多个部门，审批的链条长、期限长，严重制约了在华外资银行的发展。目前，外资银行开展的每项业务都要单独申请牌照，自申请到批准一般要用 1 个至 2 个月。这对于外资银行业务的开展带来了不利的影响。

其次，中国监管部门"重审批、轻监管"的惯性思维普遍存在，过于严格的事前审批极大地限制了市场主体的自主创新，使外资银行难以在优势业务方面发挥专长。以私人银行为例，在我国目前的监管法规体系中，尚未出台单独针对私人银行业务的专门规定，国内私人银行的监管环境存在"监管真空"和"限制过严"并存的问题。而真正意义的私人银行业务，要为客户在全球范围内、所有产品中选择配置资产，但目前中国外汇管制尚未完全放开、缺少与国外金融工具对接的渠道，金融业实行分业监管、难以实现对产品的跨市场组合，这些都使得外资银行这项业务的优势难以有效发挥，严重阻碍了业务的拓展。

最后，随着外资法人银行存贷比监管期限到期，在华外资银行各项监管宽限安排已经全部结束，中外资银行监管标准实现统一。但是，外资银行进入中国市场时间不长，网点的扩张还不足以支撑其存款规模的累加效应，受存贷比指标的约束，外资银行"开源节流"的策略势必影响其业务拓展和利润增长。

四、在华外资银行发展展望

虽然外资银行在华经营仍然面临着不少困难和挑战，但根据普华永道的调查，在华外资银行的母行坚决致力于开拓中国市场，而这主要源于中国经济的稳定成长能够提供良好的发展平台。展望未来，随着中国经济的持续增长和有序开放，在华外资银行将迎来千载难逢的飞速发展时期。

第一，金融危机后，美国经济还未完全复苏、欧债危机尚未明朗，欧美各大银行在欧美市场的整体利润增长不足，而亚洲市场表现良好，特别是中国经济的出色表现吸引了外资银行母行的关注，使得发展中国地区的业务被提升到一个战略层面。

第二，中国经济的发展伴随着进出口贸易的不断增长，将为结构性贸易融资带来广阔的发展空间。2011 年我国进出口贸易总额达到 3.6 万亿美元，同比增长 22.5%。[1] 近年来，企业对贸易融资服务的需求已经从最初的交易支付和现金流量控制，发展到提高资金利用率及财务管理增值等诸多方面。因此，在国际贸易中，银行需要以传统的贸易融资为基础，同时渗入环球市场产品、全球交易银行业务，从仅仅提供商品交易中传统的资金运作服务，发展到介入商品交易的全部环节，将国际贸易周期各个环节上的服务综合形成供应链融资的新理念。而外资银行具有专业的融资团队、丰富的融资工具、完善的风险缓释工具和在全球信息管理方面的优势，这无疑为其开发结构性贸易融资提供了极好的机遇。

第三，中国经济的增长与新富裕家庭数量的增加，预示着非常广阔的市场前景。有研究机构数据统计显示，中国财富市场总值 16.5 万亿美元，已位居全球第三，并以 25% 的年均复合增长率快速增长，预计到 2015 年，中国高净值人群数量将达到 219.3 万人[2]。此外，一个被命名为"进富一族"的新兴社会群体悄然产生，而针对这一群体的金融理财服务尚有较大空白。在中国，"进富一族"是指一个教育和知识程度比较高、月收入在 1 万 ~4 万元、衣食无忧且富裕进取的群体。他们之中的许多人已经拥有了房子、车子、电子产品、奢侈品，并且热衷于外出旅行，享受生活，最重要的是他们对专业金融服

---

[1]　新华 08 网：《去年中国进出口超 3.6 万亿美元》，见 http：//news. xinhua08. com/a/20120110/886222. shtml，2012 - 01 - 10。

[2]　新华网：　《私人银行中国纠结：3.5 万亿管理规模盈利怎么这么难》，见 http：//news. xinhuanet. com/fortune/2012 - 05/16/c_ 123138142. htm，2012 - 05 - 16。

务有需求。有资料显示，在亚洲估计有 4200 万"进富一族"，且"进富一族"正以每年 20% 的速度快速增长，预计到 2013 年"进富一族"在亚洲的规模将达到 8600 万人，并且在未来 4 年内，"进富一族"中每 4 人将会有一人跨入富裕人群。[①] 重要的是"进富一族"普遍有着强烈的理财需求。而中国本身就是一个人口大国，高基数加上高增长，未来针对中国中产阶级金融理财产品的市场潜力是巨大的，这也为拥有丰富经验和先进技术的外资银行开发中高端市场提供了极好的机遇。

第四，随着监管环境的进一步开放，外资银行会有更多的发展空间。尽管我国对外资银行的业务放开并非一步到位、一蹴而就，但总的发展方向仍是稳步深入开放、逐渐放松监管。比如，2005 年在外资银行业务范围中增加了代理保险业务，2010 年允许境外机构进入境内银行间债券市场进行债券买卖，2011 年在外资银行业务范围中增加了代销基金业务等。可以预期的是，随着中国经济日益国际化和监管环境的进一步改善，熟悉国际标准与掌握现代金融服务技术的外资银行将会加大在中国内地市场的投入，以便扩大市场份额，获取高额利润。

第五，随着中国经济的崛起，人民币国际地位日益提升，跨境人民币金额结算规模也将稳步提高，外资银行的竞争优势将更加明显。2011 年，跨境贸易人民币结算范围扩大到全国，业务量达到 2.08 万亿元，同比增长 3.1 倍。[②] 预计到 2015 年，这个比例将提高到 15% ~ 20%，跨境贸易人民币结算量将达等值 1 万亿美元。[③] 外资银行可以利用人民币跨境贸易结算的难得机遇，充分利用在全球的营业网点，为办理人民币跨境贸易结算提供全方位的服务，以跨境人民币结算业务为突破，实现市场份额的提升。

[①] 付碧莲：《银行理财悄悄锁定"准富人"外资行追逐"进富一族"》，载《国际金融报》，2010 - 12 - 21。

[②] 中国人民银行：《2011 年第四季度中国货币政策执行报告》。

[③] 徐瑾：《外资银行"下乡"谋牌照》，载《中国经营报》，2011 - 04 - 14。

报告部分主要参考文献

［1］Aghion B. A. , J. Morduch. The Economics of Microfinance. The MIT Press，2005.

［2］白永平等：《中国外资银行的发展动态及空间分布研究》，载《西北师范大学学报（自然科学版）》，2010（1）。

［3］曹蓓：《外资行发力小微企业专营支行，中资行或难大规模仿效》，载《证券日报》，2011－12－13。

［4］成都盛世普益科技有限公司：《银行理财能力排名报告（2011年度）》。

［5］大连银行博士后工作站课题组：《2011年中国城商行发展评述》，载《银行家》，2012（3）。

［6］董玉玲：《城市商业银行：区域性之强有力竞争者》，载《深圳金融》，2011（9）。

［7］付碧莲：《银行理财悄悄锁定"准富人"外资行追逐"进富一族"》，载《国际金融报》，2010－12－21。

［8］古洁：《关于外资银行在华业务发展的研究》，载《国际经济观察》，2010（3）。

［9］郭兴平：《村镇银行经营管理的现状、问题及对策——基于两家村镇银行的调研报告》，载《银行家》，2012（3）。

［10］何自云：《中小银行高速扩张的动因》，载《中国金融》，2011（8）。

［11］何自云：《工行和美国富国银行谁更暴利》，载《当代金融家》，2012（4）。

［12］胡蓉萍等：《外资银行增资的背后》，载《经济观察报》，2012－06－08。

［13］黄建军：《我国城市商业银行与地方政府关系》，载《财经科学》，2010（5）。

［14］纪崴：《关注存款理财化趋势》，载《中国金融》，2011（22）。

［15］金鹏辉：《中国农村金融三十年改革发展的内在逻辑——以农村信

用社改革为例》，载《金融研究》，2008（10）。

［16］李海平：《地方中小商业银行跨区域经营风险再思考》，载《金融发展评论》，2012（3）。

［17］李萌、杨龙、周立：《金融排异视角下的村镇银行流动性困境——以浙江省长兴县联合村镇银行为例》，载《银行家》，2011（10）。

［18］联合国：《2012 年世界经济形势与展望》报告。

［19］刘静：《外资银行在中国：经营发展及其监管现状》，载《当代经济》，2011（2）。

［20］刘明彦：《国内主要股份制银行战略转型比较》，载《银行家》，2011（6）。

［21］刘熠辉、毛明辉：《2008～2009 年中国城市商业银行竞争力评价报告》，载《银行家》，2009（8）。

［22］刘煜辉、张榉成：《2010 中国城市商业银行竞争力评价（摘要）》，载《银行家》，2010（9）。

［23］彭建刚、王惠、何婧：《引导民间资本进入新型农村金融机构》，载《湖南大学学报》，2008（3）。

［24］彭建刚等：《中国地方中小金融机构发展研究 》，北京：中国金融出版社，2010。

［25］彭源波：《外资银行在华区位选择的影响因素研究——基于我国省级数据的灰关联分析》，载《广西大学学报（哲学社会科学版）》，2011（10）。

［26］普华永道：《外资银行在中国调查报告》，2011 - 06。

［27］普华永道：《外资银行在中国》，载《国际银行业》，2011（9）。

［28］邵徽：《加强银行信用风险管理的建议》，载《现代金融》，2009（6）。

［29］宋怡青等：《私人银行中国纠结：监管真空与限制过严并存》，载《财经国家周刊》，2012（10）。

［30］粟勤：《温州金融改革关键是什么?》，载《金融时报（理论版）》，2012 - 05 - 07。

［31］王芳艳：《中外资银行竞合十年：外资参股获取巨额利润》，载《21世纪经济报道》，2011 - 11 - 21。

［32］王佳佳：《发展中国家的外资银行：竞争、效率与稳定 》，北京：人民出版社，2007。

［33］王松奇、刘煜辉、欧明刚：《城市商业银行以多种方式谋求重组变

革》，载《上海证券报》，2006 - 03 - 17。

[34] 王婷：《村镇银行受困流动性——从一家经营较好的村镇银行的困境看村镇银行的破茧之策》，载《当代金融家》，2012（1）。

[35] 王瀛：《恒生中国调方向》，载《英才》，2011（12）。

[36] 吴婷婷：《外资银行存贷比达标大限将至27% 超标严重13% 属停贷"高危行"》，载《证券日报》，2011 - 01 - 18。

[37] 解洪文、杨晋生：《村镇银行经营情况的案例调查》，载《华北金融》，2011（5）。

[38] 谢平：《中国农村信用合作社体制改革的争论》，载《金融研究》，2001（1）。

[39] 谢平、徐忠：《公共财政、金融支农与农村金融改革——基于贵州省及其样本县的调查分析》，载《经济研究》，2006（4）。

[40] 俞勇、张扬、郑雯：《城市商业银行跨地区经营：模式、动因与风险》，载《银行家》，2011（11）。

[41] 曾刚、马建新：《城商行快速扩张的潜在风险》，载《中国金融》，2011（24）。

[42] 中诚信国际信用评级有限公司：《2011 ~ 2012 年中国银行业展望》[R]，2011 - 10 - 31。

[43] 中国银行业监督管理委员会：步入良性轨道 整体状况稳健 支农主力军作用凸显——银监会有关部门负责人就农村信用社改革发展情况答记者问 [J/OL]：[2011 - 08 - 02]。http：//www. cbrc. gov. cn/chinese/home/docView/20110802755850841C4A0023FF19FC7F41F 99700. html。

[44] 中国银行业监督管理委员会：启动实施"三大工程"、让农村百姓享受阳光周到便捷的金融服务 [J/OL]： [2012 - 06 - 12]。http：//www. cbrc. gov. cn/chinese/home/docView/ C39AA80C4516460CB2630707D491D2FB. html。

[45] 中国人民银行：《2011 年第四季度中国货币政策执行报告》。

[46] 中国人民银行：《2011 年中国人民银行年报》。

[47] 中国人民银行：《2011 年中国区域金融运行报告》。

[48] 中国人民银行沈阳分行课题组：《城商行跨区经营的再思考》，载《中国金融》，2012（7）。

[49] 中国银行业监督管理委员会：《中国银行业监督管理委员会年报》2006 ~ 2011 年。

[50] 中国银行业监督管理委员会： 《中国银行业运行报告（2011 年

度）》。

　　［51］张吉光：《城商行发展：2011 年总结与 2012 年展望》，载《当代金融家》，2012（5）。

　　［52］朱建武：《中小银行规模扩张的动因与行为逻辑分析》，载《财经理论与实践》，2007（4）。

　　［53］朱金福：《外资银行参股中资银行，外资行银监会各怀心思》，载《中国经营报》，2011 - 12 - 08。

　　另参考了相关银行年度报告、银行官方网站以及网络报道等。

第二部分

案例分析

第七章 龙江银行：特色经营的
积极探索者

龙江银行股份有限公司（以下简称龙江银行）于 2009 年 12 月 22 日注册成立，是在原大庆市商业银行、齐齐哈尔市商业银行、牡丹江市商业银行和七台河市城市信用社的基础上合并而成立的黑龙江省地方法人金融机构。基于原来"三行一社"的历史传承，龙江银行成立之初，明确了"面向农业产业，面向中小企业，面向地方经济"的市场定位，走差异化、特色化、社区化、专业化、精细化的发展道路，形成以"农业供应链"、"小企业信贷工厂"和"社区银行"为特色的商业模式。

作为致力于打造国际一流的现代农业产业银行，龙江银行结合地方丰富的农业资源和股东优势，创造性地开发了农业供应链金融服务模式，被银监会誉为"全国第一家按照农业供应链来整体统筹谋划机构发展和农村金融服务的银行"；作为全国第一批引进德国小额信贷技术的小企业专业银行[1]，龙江银行的小微信贷产品获得了"2011 年度全国银行业金融机构小微企业金融服务特色产品"、"2011 中国小额信贷机构最佳社会责任奖"等荣誉；作为百姓的银行，龙江银行打造了全国第一家社区银行，并在原大庆市商业银行 2004 年开展试点、2005 年开始将美国社区银行模式本土化培育推广的基础上，打造"小龙人"社区银行服务模式。龙江银行凭借着清晰的市场定位和商业模式，在坚持自身战略重点的同时，不断发展壮大，在 2012 年英国《银行家》杂志全球 1000 家大银行的排名中已经上升到第 559 位。[2]

一、2011 年龙江银行发展概况

龙江银行于 2011 年进行了增资扩股，注册资本达到 37.2 亿元，员工人数4137 人，总行设在哈尔滨市，在黑龙江省设有 13 家分行，辖内共有营业网点156 个，并且发起设立了 11 家村镇银行，分布在黑龙江、湖北、宁夏、安徽

---

[1] 即合并前的大庆市商业银行。
[2] 根据 2011 年的数据进行的排名。资料来源：英国《银行家》，2012（7）。

和福建等地。①

（一）资产负债规模持续增长

截至 2011 年底，龙江银行的总资产和总负债规模分别为 1521.55 亿元和 1458.95 亿元，比 2010 年分别增长 83.62% 和 85.04%。同期，整个银行业金融机构的总资产和总负债规模分别增长 18.89% 和 18.56%，城市商业银行的总资产和总负债增长速度分别为 27.15% 和 26.45%。可见，2011 年龙江银行的增长速度远高于同业水平，资产规模在全国城商行中已位列第 14。②

2011 年龙江银行各项存款余额和贷款（包括应收款）余额分别为 925.08 亿元和 255.77 亿元，比 2010 年分别增长了 39.55% 和 30.31%。同期整个银行业金融机构的存款余额和贷款余额仅分别增长了 12.72% 和 14.27%。③

（二）盈利水平不断提高

2011 年，龙江银行实现营业收入 32.38 亿元，同比增长 94.73%；税后利润 11.01 亿元，同比增长 193.42%。资产收益率和资本收益率分别为 0.95% 和 21.39%，比上年增长 0.34 个和 10.18 个百分点，前者比城市商业银行 1.21% 的平均水平低 0.26 个百分点，而后者则比城市商业银行 18.86% 的平均水平高 2.53 个百分点（见表 7-1）。这说明尽管资产规模的快速扩张在一定程度上影响了利润率的增长，但龙江银行仍然为股东赚取了高于平均的回报。④ 可见，龙江银行的盈利水平得到了大幅提高并且保持强劲的增长势头。

表 7-1　龙江银行资产收益率和资本收益率（2010~2011 年）

指标	资产收益率		资本收益率	
	龙江银行	城商行	龙江银行	城商行
2010 年	0.61%	1.14%	11.11%	18.31%
2011 年	0.95%	1.21%	21.39%	18.86%

数据来源：《龙江银行 2011 年度报告》、《中国银行业监督管理委员会 2011 年报》。

---

① 数据来源：《龙江银行 2011 年度报告》。

② 数据来源：《龙江银行 2011 年度报告》、《中国银行业监督管理委员会 2011 年报》和网易财经"2011 中国城商行排名榜"，http：//money.163.com/special/boao2012_csh/。

③ 数据来源：《龙江银行 2011 年度报告》和《中国银行业监督管理委员会 2011 年报》。

④ 数据来源：《龙江银行 2011 年度报告》。

（三）资产质量明显优化、风险抵御能力增强

2011 年，龙江银行的资产质量持续优化，实现了不良贷款余额和不良贷款率的"双降"：不良贷款余额为 2.12 亿元，同比下降 33.68%，不良贷款比率为 0.85%，比 2010 年的 1.61% 下降了 0.76 个百分点，且低于 2011 年商业银行平均 1% 的不良贷款率水平。①

截至 2011 年末，龙江银行资本净额达到 60.31 亿元，同比增长 71.53%。资本充足率和核心资本充足率分别为 12.05% 和 11.89%，虽然比上年分别下降了 0.42 个百分点和 0.71 个百分点，但仍高于银监会对于这两项比率的监管要求（见表 7-2）。另外，拨备覆盖率为 253.97%，比 2010 年 132.27% 的增长幅度高达 92.01%。② 可见，龙江银行风险抵御能力得到进一步提升。

表 7-2　龙江银行资本构成、资本充足率与拨备覆盖率（2009~2011 年）

指标	2011 年	2010 年	2009 年
资本净额（亿元）	60.31	35.16	30.75
核心资本净额（亿元）	59.47	35.54	30.87
资本充足率（%）	12.05	12.47	17.72
核心资本充足率（%）	11.89	12.60	17.80
拨备覆盖率（%）	253.97	132.27	229.40

数据来源：2009~2011 年《龙江银行年度报告》。

（四）流动性保持充裕

2011 年，龙江银行的流动性比例（流动性资产总额与流动性负债总额之比）为 36.84%，比 2010 年的 57.69% 有所下降，且低于 2011 年银行业金融机构整体的流动性比例 44.7% 的水平，但高于银监会 25% 的监管要求。另外，龙江银行存贷比由 2010 年的 29.9% 继续下降到 2011 年的 27.07%，大大低于银行业金融机构 70.39% 的水平（见表 7-3）。在流动性保持充裕的情况下，龙江银行具有扩大放贷规模以提高盈利性的能力。

---

① 数据来源：《龙江银行 2011 年度报告》。
② 数据来源：《龙江银行 2011 年度报告》。

表 7-3　龙江银行流动性比例和存贷比（2009~2011 年）

指标	流动性比例		存贷比	
	龙江银行	银行业金融机构	龙江银行	银行业金融机构
2009 年	59.96%	45.7%	43.47%	69.54%
2010 年	57.69%	43.7%	29.90%	69.44%
2011 年	36.84%	44.7%	27.07%	70.39%

数据来源：2009~2011 年《龙江银行年度报告》、《中国银行业监督管理委员会 2011 年报》。

二、龙江银行的特色经营

（一）率先探索特色化、差异化经营模式

在我国以寡头垄断为主要特征的银行业市场上，特色化、差异化的经营模式是所有中小银行健康发展的必然选择。尽管自 1996 年城市商业银行组建之初就确立了"服务地方经济、服务中小企业、服务城市居民"的市场定位，但在最初的几年中，由于公司治理不完善等诸多原因，城市商业银行并没有真正落实上述市场定位，更没有形成真正具有特色的经营模式。进入 21 世纪，城市商业银行又开始面临利率市场化改革、国有银行股改上市、外资银行进入、资本市场发展等外部环境的变化所带来了的严峻挑战。

2004 年，刚刚摆脱亏损的原大庆市商业银行就开始探索了社区银行的探索。鉴于社区因具有根植当地、风险分散、信息充分、方式灵活等特点及长久的生命力，且城市商业银行自身服务于社区居民的比较优势，原大庆市商业银行确定了以社区银行作为特色化、差异化经营的突破口。为了借鉴美国社区银行的成功经验，2004 年原大庆市商业银行管理人员到富国银行、康美银行学习考察后开始正式引入美国社区银行模式，培育本土化社区银行。2006 年底"入世"5 年过渡期结束，社区银行在原大庆市商业银行全面启动；2007 年成立的大庆丽水支行被银监会认定为第一家社区银行；2011 年，龙江银行在与美国富国银行合作的基础上，与富士康集团联合打造并全面推广"小龙人"社区服务模式。目前，龙江银行已经形成独具特色的中国式社区银行的经营模式。

为了掌握风险控制技术，更好地服务小企业，2005 年原大庆市商业银行参加了国家开发银行组织的小企业贷款技术培训，成为全国首批、东北三省首家引进德国小额信贷技术的银行。目前，龙江银行在借鉴国际先进经验的基础

上，结合本地特点，形成了包括小微企业核心技术、产品、机构组织、机制等在内的全套商业模式。

受到中粮集团"全产业链"理念的启发，2006年原大庆市商业银行开始研究农业供应链金融，并尝试围绕农业生产与加工这两个环节的核心企业开展农村金融服务。2007年，中粮集团参股原大庆市商业银行以后，龙江银行便以中粮肇东生化能源为试点企业，开始在黑龙江省肇东市五里明镇大面积推广农业供应链金融服务，并由此形成了著名的"五里明模式"。

特色化、差异化经营模式的早期探索为龙江银行特色化、差异化经营模式的最终形成与进一步发展奠定了坚实的基础。

（二）推广农业供应链金融服务模式

龙江银行的农业产业链金融服务是对传统农村金融服务模式进行创新的基础上形成的。由于传统农村金融服务的贷款对象为分散的农户，因此，极大地增加了信贷调查、评估和监督的成本，加之大部分农户缺乏有效的抵押担保，贷款风险较大，这成为金融机构发放农户贷款的一大障碍。为了降低风险，部分金融机构借鉴了国外的农户联保贷款模式，但效果却取决于社会信用环境。对于客户分散化的赊销，农户间不熟悉，联保反而使得风险更大、手续更烦琐。

龙江银行通过农业生产的产业链条，将分散的农户和农村小企业与核心企业结合起来，或者通过农业合作社、专业协会将分散的农户组织起来，在农业生产的供应链中提供金融服务，有效地解决了农村金融服务中抵质押条件缺乏、信息不对称、成本高、风险大等瓶颈问题，为有效提升农村金融的服务能力和水平，探索出了一条可持续的发展之路。目前，龙江银行在"五里明模式"的基础上形成了五大模式①、六大产品，涵盖农业、林业、牧业、副业和渔业等细分行业，以及以农户为基座、以核心企业为塔尖的金字塔客户体系（见表7-4）。

---

① 指"（农资）公司+农户"、"公司+合作社"、"合作社+农户"、"（收储加工）公司+农户"、"核心企业+中小供应商"。

表7-4　龙江银行的农业供应链金融服务模式

贷款产品	农业产业链	除银行外主要参与者		说明	其他参与者
		借款人	主要参与人		
农资贷	生产要素购买/销售农业生产资料	农户	农资公司	农户赊购农资后贷款打入农资公司账户，贷款到期时农户还款农机抵押贷款	
农机贷	大型农机	农户			
种植贷农信贷养殖贷	农业生产种植业种植业养殖业	农户合作社农户	公司（协会）公司、农户公司（协会）	农户根据与公司、协会（合作社根据与公司）签署的协议出售产品；银行发放贷款，并由公司、协会协助收回贷款。农信贷运用了信托方式，将合作社的土地流转权质押给银行	保险公司科研院所中粮信托当地政府
粮贸贷	农产品贸易	粮食中间商		粮食质押，或与下游企业签订三方协议	下游企业

资料来源：根据龙江银行网站提供的信息整理。

与传统农村金融相比，龙江银行的农业供应链金融模式具有以下几个特点：

（1）摆脱了单纯依靠农户和农业小企业的信用状况作出授信决策的模式，而是更多凭借供应链成员间的合作关系，考察核心企业与产业链成员间联系的紧密程度，并利用订单、存货的质押权以及连带责任条款等实现抵押担保，有效地降低了各类风险。首先，借款人见物不见钱，资金封闭运行，降低了贷款被挪用的风险。其次，引入核心企业与农户及上下游中小企签订生产订单的方式，降低因农产品价格波动而导致的市场风险。再次，通过引入保险公司和科技指导机制锁定农业生产风险，提高农户收入。最后，通过核心企业提供担保、上下游企业和农户履行订单约定的连带保证责任，控制了客户违约风险。

（2）变传统金融中的零售贷款为批发贷款。与传统农村授信业务单户考察、单笔监测、自上而下的点对点模式不同，农业供应链金融服务从整个农业产业全局的角度，根据当地优势农业和特色农产品，以供应链的核心企业为中心，捆绑上下游中小企业和农户，提供支持农业供应链的系统性金融解决方案。如此一来，针对农户的零售贷款转变为针对供应链系统的批发贷款，提高了贷款效率，降低了贷款成本。

（3）可复制性较强。传统的农村金融服务大都采用关系型贷款技术，贷款的评估需要信贷员深入村镇和农户家庭收集各种信息，或者当地有威望的人进行推荐，几家农户组成的联保也可以成为贷款的依据等。但贷款决策基本都建立在对借款人的道德等软信息的评估上，效果取决于当地的社会信用环境。而龙江银行的农业供应链金融服务基本上属于交易型贷款，它不依赖于对农户和农业小企业软信息的收集与评估，而是依靠农业产业链中核心企业的信誉与管理功能。因此，可以在更广泛的地区推广。

（4）经济效益和社会效益双丰收。农业产业链金融服务模式为各个参与主体带来了不可忽视的经济效益：银行开拓了新的市场、增加了客户群体，提高了利润水平；借款农户和合作社开辟了融资渠道，降低了融资成本，增加了收入；产业链中的核心企业稳定了原料基础、降低了财务成本；科研院所加速了科研成果的转化；保险公司和信托公司增加了业务量。更重要的是，农业供应链金融服务还促进了农业产业化、现代化的发展，并形成了"城市吸储，反哺'三农'"、"城乡联动、以城带乡、以工促农、合作共赢"的局面。此外，农业供应链金融服务对于改善当地的社会信用环境也具有一定的作用，因此，也产生了积极的社会效益。

截至 2011 年末，龙江银行累计发放农业供应链贷款 256 亿元，惠及农户和就业人群 550 多万人。[①] 龙江银行在福建、安徽、湖北、宁夏四省市建立的 11 家村镇银行均依中粮产业布局而建立，并将农业供应链金融模式复制到了各家村镇银行。

（三）打造独具特色的社区银行

1. 便利的金融服务

社区银行的客户定位于最普通的社区居民，银行的营业网点设置在普通居民方便达到的社区，或者居民集聚区。为了使社区居民享受到便捷的金融服务，龙江银行提出了"'小龙人'社区银行——您身边最便利的银行"的口号，并实行独有的 36588 延时服务，即一年 365 天从早 8 点至晚 8 点为营业时间，这为白天上班的普通市民在下班后办理业务提供了便利。此外，龙江银行还推出了 24 小时"人工＋自助"服务，由此缓解部分客户对晚间办理业务安

---

① 关喜华：《以金融创新推动农业现代化——龙江银行发展农业供应链金融的实践探索》，载《人民日报（理论版）》，2012－01－31。

全性的担忧。以龙江银行佳木斯分行为例。开业一年间，该分行累计接待延时服务客户 13000 余人次，金额 2000 余万元；提供 24 小时人工服务 1200 余笔，其中最大一笔达 100 万元。[①]

龙江银行通过"百行、千站、万点"的建设来拓展服务内涵。"百行"即龙江银行依托其上百家机构网点，提供多功能、多方位、多角度、多产品的全天候社区服务；"千站"是在社区设立"小龙人"服务站，为社区居民提供政策咨询、代缴费、助取款、ATM 自助、信用卡还款、管家服务和金融信息的服务；"万点"是龙江银行在社区设立"小龙人"服务点，为社区居民提供代缴费、助取款、信用卡还款、金融信息的社区服务。形成"百行、千站、万点"相互支持、相互补充的社区金融服务网络。2011 年，已建设"小龙人"社区服务站近千家。

2. 主动、积极的营销方式

与我国大部分银行坐等客户上门不同，龙江银行常常主动走进社区发起营销。除了依托街道社区居委会、业主委员会，深入走访，了解社区情况，建立社区档案，开展客户分层工作外，龙江银行还经常组织有针对性的社区营销活动，如为社区居民举办金融理财知识讲座，宣传银行的服务和产品等。

龙江银行在走进社区的同时，把自己当做社区中的一员，完全融入社区生活中。春节、元宵节等节假日，银行员工都会与社区居民一起举办各种联欢活动。融入社区、扎根于社区，并将社区活动与市场营销有机地结合起来，这种主动和关系型营销不仅宣传了银行的品牌，扩大了银行业务量，而且树立了银行"亲民、利民、便民"的良好形象，为扩大和维持长期和稳定的客户关系奠定了基础。

3. 最具特色的增值服务

随着我国个人银行业务市场竞争的日益加剧，仅靠提供一般的银行服务已经难以争取和留住个人客户。为此，各银行均开发了一系列增值服务。龙江银行的"小龙人"社区银行也有自己的一系列增值服务，其增值服务的具体内容根据各营业网点服务对象的需求而确定。最具特色的增值服务是与社区的许多单位或商家建立合作关系，为客户与商家之间搭建起桥梁，让客户更方便、优惠地获得相关的产品和服务，并通过客户资源共享建立并维护客户关系。例如，代送干洗活动在龙江银行辖内已广泛开展。银行与社区洗衣店合作，取得价格优惠，客户到银行办理业务时可以直接把要洗的衣服寄存在银行，由银行

---

① 资料来源：中国黑龙江信息网：《龙江银行佳木斯分行推出九项特色服务打造社区银行品牌》，见 http://www.hljic.gov.cn/qydt/dqkx/t 20111213_ 585102. html，2011 - 12 - 13。

送到洗衣店清洗，客户再到银行取走洗好的衣服，也可由银行员工送到客户家里。这不仅为客户争取到了洗衣的价格优惠，节省了客户的时间，而且也为银行员工提供了宣传银行产品、与客户建立长期、稳定关系的极好机会。与此同时，洗衣店与银行合作扩大了规模，而银行则为洗衣店提供贷款进一步支持其发展，并在此过程中实现银行、洗衣店与客户多方受益。

龙江银行以社区银行建设为突破口，向社区居民提供差异化、特色化金融服务，取得了良好的成效。以龙江银行齐齐哈尔分行为例，几年来，该分行的业绩不断攀升，所销售的"小龙人"等系列理财产品达20.7亿元，累计发放龙江卡近28.7万张。存款从2002年的20亿元上升到2011年9月末的115.4亿元，在9年多的时间里翻了近5番。① 目前，"小龙人"社区银行已经成为龙江银行核心竞争力不可缺少的重要组成部分。

（四）建设高效率的小企业融资平台

1. 独立牌照、特色经营

为了更好地提供小企业金融服务，龙江银行于2011年12月26日正式成立小企业信贷中心，成为目前全省唯一一家获得小企业信贷中心牌照的银行。该中心向小企业发放金额2000万元以下的贷款，其中小型企业贷款大多在50万~500万元，微型企业贷款金额一般在50万元以内。目前，小企业信贷中心在分行设12家分中心，在特色支行设立27家支中心，共有员工286人。

龙江银行的小企业信贷中心是完全事业部制的小企业专营机构，实行独立牌照、独立构架、独立的人力资源管理、独立的收益与成本核算和自负盈亏。该中心实行垂直化管理的事业部制管理构架，从产品研发到营销管理，从授权管理到授信审批，以及贷后管理、绩效管理，全流程地实现了独立管控、独立审批和独立绩效。同时，总、分、支行三级中心权责统一，形成连环责任制，合力确保年度经营目标的达成。

2. 齐备的小微信贷产品系列

为解决小微企业融资难问题，龙江银行为企业量身定做了适合不同类型小微企业融资特点的"龙易贷"信贷系列产品："容易系列"，"便宜系列"，"快e系列"。产品结构齐全，可支持涵盖农村和城市大部分行业的小企业和小企业的整个成长周期。

"容易系列"服务于创业期小微企业。其特点是无须财务报表、无须抵押

---

① 人民网：《龙江银行倾力打造"社区银行"》，见 http：//unn. people. com. cn/GB/22220/142927/16578729. html，2011 - 12 - 12。

担保，银行信贷员帮助企业编制财务报表，并设计合适的还款方式和期限，大大降低贷款门槛。"便宜系列"服务于成长期，渴望发展、急需大额资金投入，但存在自身资产不足、财务不健全、无法通过传统贷款授信评级等问题的小企业。其特点是保证方式灵活，根据行业特点设计产品，不唯抵押论。"快e系列"服务于成熟期的中小企业，尤其是高科技小企业。其特点是为企业量身定做融资解决方案，不仅提供贷款支持，而且为小企业提供发行集合融资券、财务顾问、税务咨询、IPO前期咨询等综合服务。

对于那些具备上市条件的中小企业，龙江银行还继续为它们提供金融服务，其特色业务为"资智通"类投行业务，即通过上市前的投资银行业务帮助企业上市。此外，龙江银行还引荐私募基金，帮助小企业获得贷款规模限制下无法得到的融资、与券商合作，发放小企业融资券、与信托公司合作推出小企业银信理财产品、帮助小企业做战略规划，协助进行战略实施、产品营销策划、提供财务顾问、税收筹划、人力资源管理等方面服务。

为小企业提供持续金融服务的结果是实现双赢：小企业在龙江银行的帮助下不断成长，而龙江银行则在为小企业提供金融服务的过程中扩大了业务量，赚取了利润。更重要的是，小企业上市后仍然是龙江银行的客户，银企之间由此形成了互惠互利的伙伴关系。

3. 风险控制与贷款效率相结合

鉴于小微企业户多、规模小、覆盖面大、行业复杂等特征，如何在尽可能短的时间内挖掘借款企业的真实信息，在有效地控制风险的前提下提高贷款效率，是所有商业银行开发小微企业贷款业务需要认真解决的一个难题。为此，龙江银行做了两个方面的工作：

从风险控制来看，龙江银行将德国 IPC 小额贷款技术与本土实际结合，建立了一套独具特色的小微信贷营销和审批双把控、现场检查和非现场监测相结合的风险管控体系；从效率方面来看，龙江银行的网点建设走进社区，贴近市场和小微客户，90%以上的小企业信贷业务都能够在当地的分支中心实现高效审批。小企业的市场营销与社区银行的市场营销相结合，效益双算，可以大大减少人力成本的支出。而通过专业化的工位制和流水线作业，则可以提高贷款效率。目前，龙江银行的小企业贷款手续齐全可实现当日申请，当日审批；从客户申请到贷款发放3~5天；上级行对超权限贷款实行限时审批，一般贷款审批时间不超过48小时。同时，在小企业信贷中心成立授信部门，专司小微贷款独立审批，保证审贷"风控"与"效率"的制衡。

三、龙江银行的经验总结与启示

（一）清晰、明确和恰当的市场定位是前提

特色化、差异化经营模式的确立首先需要城市商业银行真正落实"服务地方经济、服务中小企业、服务城市居民"的市场定位。正因为龙江银行将"面向农业产业，面向中小企业，面向地方经济"的市场定位落到实处，才能够坚持走出一条差异化、特色化、社区化、专业化、精细化的发展道路。

不同中小银行所处的市场环境不同，自身的特点也有差异，因而，具体市场定位的选择也应有所不同。但总的来看，需要考虑的因素包括：（1）所在地区的经济条件；（2）自身的特点和参与竞争的优劣势；（3）市场竞争状况与未来发展潜力。

龙江银行将"面向农业产业"作为一个重要的市场定位是基于以下考虑：首先，黑龙江是农业大省，是国家重要的商品粮基地。近年来粮食产量逐年提高，已经成为全国第一大粮食生产省，产量、增量、商品量均居全国第一。其次，龙江银行引进的两个大股东——"中粮集团"和"北大荒集团"都是农业产业链中的龙头企业。最后，我国农村金融发展相对落后，市场竞争相对不足。而与此同时，国家对"三农"问题非常重视，自 2004 年以来，每年的"1 号文件"都与农业扶持政策和制度安排有关。以农业产业为服务对象，体现了龙江银行的战略眼光。

（二）金融创新是根本途径

在市场定位和发展战略确立了以后，解决金融服务过程中的风险、效率等问题就需要靠金融创新。尊重市场规律，通过创新寻找盈利模式，中小银行完全可以破解小企业和农村融资难题，在促进本地经济发展的同时实现自身的发展。

金融创新包括理念创新、技术创新、产品创新、服务渠道创新、组织机制创新等诸多方面，其中理念创新是纲，纲举才能目张。只有坚持"专业化的经营、特色化的产品、差异化的服务、精细化的管理"的理念创新原则，才能全面推进金融创新，提高金融服务的质量和效率，并有效控制金融风险。无论是小企业金融服务、农业金融服务或是社区银行模式，龙江银行都是在借鉴国际先进经验的基础上，结合本地的实际情况进行创新，从而开发了一套"国际经验＋地方特色"的商业模式。可见，金融创新也需要因地制宜。

（三）商业利益与社会责任有机结合是长远发展的驱动力

随着经济和社会的发展，商业银行在追求利润最大化的同时主动承担社会责任已不仅仅是社会对银行的期望和要求，也日益成为银行树立良好形象、实现可持续发展的重要手段。中小银行也不例外。

对于中小银行来说，除了按照市场规则合法经营获取利润以外，更要在经济发展的困难时期"雪中送炭"，实现与实体经济的良性互动。这就需要中小银行坚持服务实体经济、坚持填补金融空白。作为黑龙江本地银行，龙江银行全力助推地区经济发展，积极支持地区经济建设，并坚定不移地走"支农、助农、强农"之路，坚定不移地支持小微企业的发展，在积极履行社会责任的同时，也实现了自身业绩的提升。没有足够的利润自然难以实现商业可持续发展，但只追求利润而忽略社会责任，也将无法获得自身长期的生存和发展。因此，商业利益与社会责任的有机结合就是要处理好短期利益和长远利益之间的关系、经济效益与社会效益之间的关系。而这二者的有机结合才是商业银行长远发展的驱动力。

四、龙江银行发展展望

（一）地方政府与股东的大力支持为未来的发展创造了有利条件

作为一家地方性商业银行，龙江银行的发展首先离不开地方政府全力支持。从2009年初决定重组到最后挂牌成立，龙江银行用了不到一年完成了定名、筹建、重组、银监会审批等工作，筹备时间短、审批速度快、资产质量高。没有政府的支持，这是完全不可想象的。在农业大省——黑龙江，龙江银行农业供应链金融服务的开展得到了各级政府的大力支持，乡一级政府甚至直接参与到了供应链金融服务之中，为保证合同的履行发挥了重要作用。

中粮集团、北大荒集团等战略投资者的引入不仅为龙江银行农业贷款的评估提供了技术支持，更是以核心企业的身份成为农业供应链金融服务模式中的一员。此外，中粮集团还帮助龙江银行完善了股权设计和公司治理，并向龙江银行输出了先进的管理经验，有效地提高了精细化管理水平。

可以预见，地方政府与股东的大力支持将为龙江银行未来的发展创造极其有利的条件。龙江银行将继续依托中粮集团的农业产业链，通过特色分支行和村镇银行来寻求进一步的发展。

（二）特色化、差异化的经营模式将继续成为市场竞争的有力武器

龙江银行特色经营，差异化明显，在农业供应链金融服务、社区银行和小企业金融服务等领域具有"先动优势"，已经形成了自己的核心竞争力。这不仅包括相关的金融服务技术和机制，更包括与此相适应的、难以模仿的银行文化，这将成为龙江银行未来参与市场竞争的有力武器。

从外部环境来看，鼓励金融机构创新农村金融服务，改变我国农村金融发展相对落后的局面，已经成为我国政府的一项重要政策。而在小企业的作用与日俱增的今天，大力发展小企业金融服务、缓解小微企业的融资困境，也是中国政府所倡导的"金融支持实体经济发展"的一项重要举措，这些正好是龙江银行的优势领域。以农业产业金融为龙头的发展战略，以"打造国际一流的现代农业产业银行"为发展愿景，龙江银行设想在未来搭建一个将农业金融、小微贷款和社区银行三大战略和客户群体有机结合的一个综合平台。这与银监会实施的"金融服务进村入社区工程"相吻合。农村金融和小企业金融较大的发展空间为龙江银行未来的发展提供了良好的机遇。

（三）新的形势下仍面临一定的挑战

首先，经济增速下滑，银行业务的增速也将随之下降。龙江银行在未来可能难以保持这种增长速度。在不确定性增强的经济环境中，小企业因自身抗风险能力较弱，在经营中将面临更大的困难。以服务小企业为主的龙江银行更需要加强信用风险管理，科学把握风险管理的客观规律，将风险防范从被动防御转向主动进攻。

其次，尽管从整体上看，我国小企业金融市场远未饱和，但局部市场的竞争已经开始。在龙江银行总部——哈尔滨，另一家同质性很强的地方性银行的客户群体与龙江银行相似，甚至相同。除了国有银行和全国性股份制银行外，外地城市商业银行（如营口银行）也进入了哈尔滨市场。而以服务社区居民为特点的社区银行在哈尔滨等新设立的网点刚刚开张不到三年时间，目前还处于客户培育阶段，更大的效果则还需要持续的投入。如何提高客户满意度、贡献度和忠诚度，进一步扩大客户基础，是龙江银行面临的一大挑战。

再次，随着我国农业经济从传统农业向现代农业转变，农户的收入逐年上升，农户对现代金融服务的需求正逐渐从单一信贷向多样化、综合化金融服务转变。他们开始不再满足于小额贷款和存款，而开始产生了结算、理财、代理等诸多金融产品的需求，原来围绕传统农业生产为主体的资金需求正在转变为

扩大再生产、消费、教育等结构性资金需求。在这样的背景下，单纯的农业产业链金融服务模式将无法满足市场需求。龙江银行需要加快商业模式创新，将农业供应链金融服务与其社区银行模式相结合，提升农村金融服务质量和效率，持续满足多元化、多层次的农村金融服务需求，加快占领和保留农村金融市场。

最后，在城市商业银行跨区经营受到一定限制的情况下，龙江银行可以通过电子银行来服务更多的客户，这就需要加快信息化建设，进一步发展网上银行、电话银行、手机银行业务。在这方面，龙江银行还有待加强。

第八章　浙江民泰商业银行：
专注于服务小企业的特色银行

浙江民泰商业银行（以下简称民泰银行）创立于 2006 年 8 月，其前身是成立于 1988 年的温岭城市信用社。2006 年，经中国银行业监督管理委员会批准，正式改建更名为浙江民泰商业银行，总部位于浙江省温岭市，是一家具有独立法人资格的股份制商业银行。

民泰银行自成立以来，始终坚持"服务地方经济、服务中小企业、服务城乡居民"的市场定位，经过不断摸索，建立起一套独具特色的小企业信贷服务模式。截至 2011 年末，该行小企业贷款余额为 196.30 亿元，占全行贷款余额的 89.21%。民泰银行秉承"与中小企业同发展、与地方经济共繁荣"的使命，自身也同样实现了高速发展。该行连续四年监管评级为二级，2011 年已跻身英国《银行家》杂志评选的"全球最大 1000 家银行"之列，2012 年在该排名中的位次上升到了第 831 位。①

一、民泰银行发展概况

2006 年，民泰银行从温岭城市信用社改制成为商业银行，经历了股份制改革、改建城市商业银行等阶段，正式进入商业银行经营。之后，该行依托地方经济获得快速发展，以小企业为主要服务对象，在长期实践中逐步建立了一套服务高效、特色鲜明、风险可控、适合自身发展的小企业信贷服务模式，形成了自身的特色与核心竞争力。民泰银行现有注册资本 15.55 亿元，员工3200 多人，内设 16 个职能部门，下设一个营业部，设有杭州、舟山、成都、宁波、上海、义乌 6 家分行和 40 家支行（含筹），并在浙江、江苏、福建、重庆、广州等地主发起设立了 9 家民泰村镇银行。②

---

① 资料来源：英国《银行家》2011 年至 2012 年 7 月。
② 民泰银行网站，http://www.mintaibank.com/mintaibank/zh_ CN/aboutus/845.html。

（一）资本实力不断增强

民泰银行在近三年来，资本实力不断增强。截至2011年末，该行资本净额达到345675.45万元，同比增长44.43%。2009年至2011年期间，该行资本增长速度较快，其中资本净额的增加主要得益于核心资本的增加，资本净额中核心资本占据主要地位。附属资本在总量上远小于核心资本，正因为其小基数优势，附属资本增长速度相对突出，2011年附属资本的增长率达到82.32%。[①]

随着业务的发展，民泰银行资本持续增加，资本实力不断增强，近三年其资本充足率均处于现行监管要求的8%的红线之上。2011年，该行资本充足率11.35%，核心资本充足率10.03%（表8-1）。2010~2011年，总体来看，该行资本充足率与核心资本充足率完全满足监管要求，但是这两项指标均处于下降趋势。与商业银行同业的数据进行比较可以看到，2011年，该行的这两项指标未达到商业银行平均水平。这说明，随着经营范围的不断扩大、银行业务的不断发展，民泰银行需要继续补充资本，以进一步满足资本充足率要求。

表8-1　2009~2011年民泰银行资本充足率情况

指标	民泰银行		商业银行	
	2011年	2010年	2011年	2010年
资本充足率	11.35%	11.97%	12.70%	12.20%
核心资本充足率	10.03%	10.93%	10.20%	10.10%

数据来源：《浙江民泰商业银行2009~2011年年度报告（摘要）》、《中国银行业监督管理委员会2011年报》。

（二）总资产与总负债规模快速增长

截至2011年末，民泰银行的总资产达417.48亿元，较上年增长25.91%；总负债386.64亿元，较上年增长24.97%。其中，存款余额311.9亿元，贷款余额225.86亿元。贷款余额的增长速度远大于存款余额增长速度，前者为43.57%，后者为23.95%。

从表8-2可以看到，该行在2009~2011年，资产负债额、存贷款余额一直保持较快速度增长。虽然由于宏观经济、银行业同业竞争激烈等因素，该行这四项指标2010年以及2011年的增长速度远小于2009年的增长速度，但是

① 《浙江民泰商业银行2009~2011年年度报告（摘要）》。

近三年该行这四项指标的增长率一直大于银行业金融机构的平均增长率。从表
8-3可以看到，银行业金融机构2010年以及2011年的这四项指标增长率低
于20%，并且2010年以及2011年的增长速度同样小于2009年的增长速度。
以上分析说明，从2009~2011年，民泰银行的资产负债额、存贷款余额以高
于银行业金融机构平均增长率的速度快速增长。

表8-2　民泰银行资产负债情况（2009~2011年）

单位：亿元人民币、%

指标	2011年	2011年增长率	2010年	2010年增长率	2009年	2009年增长率
总资产	417.48	25.91	331.56	36.09	243.63	55.09
总负债	386.64	24.97	309.40	35.66	228.07	53.46
存款余额	311.90	23.95	251.64	22.39	205.60	64.23
贷款余额①	225.86	43.57	157.32	41.71	111.02	69.57

数据来源：《浙江民泰商业银行2009~2011年年度报告（摘要）》。

表8-3　银行业金融机构资产负债情况增长率（2009~2011年）　单位:%

指标	2011年	2010年	2009年
总资产增长率	18.90	19.90	26.30
总负债增长率	18.60	19.20	26.80
存款余额增长率	13.50	19.80	27.70
贷款余额增长率	15.70	19.70	33.00

数据来源：2009~2011年《中国银行业监督管理委员会年报》。

（三）盈利能力显著提高

2011年，民泰银行实现营业收入15.76亿元，同比增长50%；净利润
4.23亿元，同比增长31.14%。2011年，该行实现资产收益率1.11%、资本
收益率15.67%。在该行的营业收入中，利息净收入所占比例较大。2011年，
该行利息净收入14.08亿元，占营业收入额的89.34%；手续费净收入约0.42
亿元，占营业收入额的2.68%。与2010年相比，手续费净收入额有所下降，
当年约为0.53亿元。②目前，手续费净收入对民泰银行净利润的贡献较小，
该行的中间业务发展空间较大，手续费及佣金净收入对净利润的贡献应有较大

① 贷款余额包括各项贷款和垫款。
② 《浙江民泰商业银行2009~2011年年度报告（摘要）》。

的提升余地。

在贷款利息收入占据营业收入主导地位的同时，该行的贷款质量控制良好。小企业贷款在该行贷款余额中占主要地位，截至 2011 年末，全行小企业贷款余额 196.30 亿元，占各项贷款余额的 89.21%。2011 年，全行不良贷款率 0.75%，其中小企业贷款不良率 0.89%，[①] 均处于较低水平。

二、民泰银行——具有关系型信贷特色的小企业贷款模式

浙江民泰商业银行根植于民营经济成分较高、小企业较多的台州地区。该行定位于服务小企业，是从城市信用社转变为城市商业银行的过程中，基于当时的银行资本、营销能力、客户结构等方面考虑，所做出的明智而客观的选择。

民泰银行基于当地经济的特点，通过长期实践，摸索出这样一套"关系型贷款"特点的贷款模式：通过关系型营销，运用客户经理的关系信息网、经验和判断收集与贷款相关的企业软信息和硬信息，在保证审批高效率的基础上不断完善风险控制模式，并积极规划和拓展市场。这套模式具有"地区特色"和"关系特色"。

（一）关系型信贷技术特色鲜明

1. 具有关系网络特征的客户群体

该行的客户呈现关系网络特征，这主要是由该行的营销方式所决定的。该行目前的营销方式中，主动找客户营销所占比例较大，主要通过人际关系网络寻找客户。现有客户企业经营的上下游关系、亲戚、朋友都可视为银行的潜在客户，因此整个客户群体呈现网络关系。超过 5 万元存款以上的客户有专门的客户经理去管理，证明有一定资金流量的客户同样有专门人员进行跟踪。客户经理负责对客户的调查，通常在客户有贷款需求之前就已经开始关注，与之相关的信息收集工作已提前进行。因此，客户经理在发起正式营销之前，就已经掌握了较为丰富的材料，对贷款可行性有了初步的判断。

本土化的客户经理及其行业经验、人脉资源也有助于了解客户和市场，建立客户关系网络。这种关系型营销，使得与贷款相关的软信息提前被收集，这是民泰银行能够保障贷款审批高效率的一个重要原因。在新客户主动提供贷款

---

① 《浙江民泰商业银行 2009～2011 年年度报告（摘要）》。

申请的情况下，由于该客户处于老客户关系网络之外，银行对其了解程度较低，在程序上会更加谨慎，因而这一类客户较少。

客户群体所呈现的这种关系网络特征，带来的好处贯穿于贷前、贷中、贷后。在贷款之前，客户经理能够提前收集信息，及时发起营销；在贷中，这种关系网络所带来的信息便利能够降低贷款调查难度和成本；在贷款发放之后，有助于客户经理及时获知客户信息，进行贷后管理。

2. 九字诀调查技术——"看品行，算实账，同商量"

"看品行，算实账，同商量"是民泰银行总结出来的九字诀信贷技术。看品行，即在贷款服务中更注重分析判断借款人的个人品行，通过各种信息渠道做到对借款人品行"知根知底"，及时充分掌握非财务信息。该行在客户比较集中的区域会聘请联络员，建立联络人制度，通过这一方式考察客户提供相关信息的真实性、品行情况等，这再次体现了关系型贷款特征。这些联络人一般是当地有一定名望、对客户情况较了解的人。

算实账，即"一查三看"。一查，即查征信；"三看"，即一看"三费"，水费、电费、税费；二看台账，存货进出、应收账款等台账；三看流量、资金结算情况。贷款调查时，不唯报表但是也离不开报表，对于能提供财务报表的企业，一般在财务数据的基础上通过自己的调查做出适当判断；对于贷款额度较小，无法提供财务报表的企业，信贷员通过调查对企业财务状况做出判断，或许会形成一张财务简表。但是这种财务简表的制作更多依靠信贷员的经验判断，没有形成规范化的流程与模式。

同商量，即民泰银行认为不同客户身处不同行业、不同地区，自身规模、经营状况、市场环境等因素也大不相同，其融资需求必然具有特殊性和差异性，因此银行需要针对每一位客户设计个性化的融资产品，提供个性化的金融服务。同商量，具体体现在与客户进行良好沟通后，银行针对客户经营实际情况，在贷款期限、利率等具体融资方案的条件有进一步商量余地。同商量的做法，在一定程度上也加强了银行与客户的关系，能够提高客户的忠诚度。

"看品行，算实账"，体现了在小企业贷款决策中民泰银行所依据的信息种类。品行，即借款人人品方面的相关软信息；算实账，是指财务数据等相关硬信息，或是将相关软信息硬化的过程。民泰银行在贷款决策时，结合软信息和硬信息对企业进行评估。小企业通常没有正规的财务报表，银行客户经理需要综合搜集而来的各方面信息，对小企业财务状况进行评估。编制财务报表的过程就是软信息硬化的过程。

民泰银行所采用的这种小企业信贷技术，充分体现了小企业的特色。小企业具有浓厚的"小企业主"特点，因此，在贷款决策时不得不把小企业主的人品等相关信息纳入考虑范围。此外，小企业财务透明度不高，所以需要银行"算实账"来了解财务状况。"同商量"则体现了银行对小企业既有针对性又有差异化的服务，最大限度地满足经营情况各异的小企业的要求。

3. 多元化担保

民泰银行推行以保证担保为主、其他担保为辅的灵活多样贷款担保方式，全行保证贷款占到了贷款总额的98%左右。保证担保采取离散式和捆绑式的"多重担保、多人担保、多户联保"等方式，凡是具备主体资格和经济实力的企业和个人，均可以作为担保人。小企业贷款同时捆绑法定代表人、经营管理者或主要股东为借款人的保证人，以降低经营者道德风险。

民泰银行对于保证人的选择，会侧重考察其资产实力，当客户无法归还贷款时，由保证人承担担保责任。这种保证方式的形成与当地良好的担保与信用环境有关。在当地，借款人无法偿还借款时，保证人通常愿意承担保证责任。因此，即使缺少抵押物，保证人也能部分替代抵押物所能给银行带来的"安全感"。

此外，企业主的私人财富能够影响到银行的贷款决策。许多小企业不能视为一个财务实体，因为它们的账务和企业主家庭的账务不能完全分开。民泰银行的做法是小企业贷款同时捆绑法定代表人、经营管理者或主要股东为借款人的保证人，并承担保证担保责任。联保方式通过把企业与企业主捆绑在一起，能够促进企业之间与银企之间的信息沟通，形成良好的信用网络，也能达到有效担保的目的，因此也是民泰银行所采取的一种方式。

小企业没有能力提供抵押物进行抵押担保，并不代表小企业没有能力找到担保人进行保证担保。民泰银行的小企业贷款以保证担保为主，其他担保为辅，并采取多种多样的保证方式，在最大限度地贴合客户能力的同时，满足了银行自身控制风险的需求。

4. 高效率审批

小企业贷款需求呈现"短、小、频、急"的特点，因此要做好小企业贷款业务，就必须做到快速审批。民泰银行简化审批环节，下放贷款审批权，70%~80%的贷款都在相应分支机构审结，不需要上报总行。在分支机构，由支行行长、风险经理再加上其他有审批权限的人员形成审贷小组，审批小额贷款。由于银行的调查、审查交叉机制使得流程前移，加之贷后检查与贷前调查"有机结合"，即当期的贷后检查是下一期的贷前调查，因此民泰银行对于500万元以下的贷款能够保证3天出具审批结果，周转贷款一般在一天内资金到账。2000万元以上的贷款需要上报总行审批，但是这一类贷款比较少。

民泰银行认为，贷款决策人应当了解客户、了解相关信息。因此，该行的审批人可以参与调查。客户经理可以根据贷款额度和调查的深入程度，邀请审查人员、风险经理或者审批人员参与调查，这使得贷款环节前移。一般来说，30万元以下的贷款由客户经理进行双人调查，如果客户经理认为自己无法把握贷款风险，则邀请审查人员或风险经理跟进调查，大金额的贷款可以邀请审批人员跟进。在这一点上，民泰银行和其他银行不同。在其他一些银行，调查、审查以及审批条线划分得很清楚，互不干涉。目前，台州辖内的另一家城市商业银行——浙江泰隆商业银行，也采取这种调查、审查交叉机制。

　　流程前移、贷后检查与贷前调查的有机结合以及贷款审批权的下放，使得民泰银行的贷款审批保持高效率运转，以满足小企业客户的融资需求。虽然其他一些银行在某些方面或许调查、审查交叉机制带来的流程前移有利有弊，关键是要在建立相关配套的风险管理机制的前提下实现高效率。

（二）人员与机构围绕市场营销而设置

　　民泰银行的贷款业务在总行层面都处于市场管理部的管辖之下，没有个人金融部、公司业务部之分，也没有中小企业贷款和个人贷款之分。这主要是因为民泰银行的贷款营销基本上是依靠关系网络，并且贷款只要营销成功就记入个人业绩，不分个人贷款和公司贷款，公司贷款也没有按额度划分类别。这样的机构设置有利于向客户进行交叉营销。

　　目前，民泰银行拥有客户经理1300多名，大约占全行员工的41.3%。该行实行客户经理本土化，这与银行的地缘特色分不开。该行对客户经理的招聘除了考察能力和态度之外，还侧重于考察客户经理所拥有的客户资源。异地分支行的成立初期，则需要引进一些有从业经验的客户经理，建立业务基础。新引进的客户经理集中培训期为一个月，岗位实习一个月，再通过"师带徒"机制由业务骨干再手把手教导培训。总的来说，民泰银行的培训机制还不够完善。目前该行已在临安市青山湖建立了自己的培训中心，并投入使用，大幅提升了培训支撑能力，正逐步开始建立起分层次、多渠道、多业务条线的矩阵式培训体系。

（三）风险控制重在对客户与客户经理等业务人员的管理

　　知根知底，降低风险。民泰银行通过本地化的客户经理和联络人制度，做到对客户知根知底，减少软信息收集不全面与不准确的风险。通常客户处于一个关系网络之中，客户经营一旦出现异常情况，银行能够及时获知信息，及时采取相应措施。民泰银行采取存贷积数挂钩机制，根据存款积数给予一定的贷款利率优惠，一方面能够鼓励贷款客户存款，另一方面银行通过监测存款账户资金变化情况也能及时防范风险。

风险经理制度。风险经理制度是指，根据人力资源情况和分支行风险承受能力派出风险经理，风险经理可以参与调查，有否决权，无审批权。风险经理主要针对贷款的主要风险点进行判断，对风险承受范围之外的贷款进行否决。

风险容忍制度，这是对逾期贷款的一种管理制度，也是民泰银行控制风险的一种方式。风险容忍度指的是对贷款不良率的容忍程度。在风险容忍度以内，只要相关人员尽职就可以免责；超过风险容忍度，则采取相应扣罚措施。董事会会给全行设定容忍度，具体到各分支行、各产品的容忍度会有相应差异。贷款逾期以后，客户经理负责相关逾期管理工作，超过容忍度的逾期对奖金扣罚比较重。民泰银行认为权力越大，责任就应该越大。

多方位内控体系。民泰银行的内控检查制度分为三个层面：一是部门机构内部的自身检查；二是业务条线上的检查监督；三是审计部门的全方位检查。目前民泰银行对分行实行"三委派"机制，即总行向分行委派运营管理人员，派驻风险管理团队和审计办公室，搭建起覆盖分行前中后台的全面风险防控垂直管理体系。内审部门和风险管理部，是该行进行风险控制的两个重要部门。风险管理部会组织检查辅导小组，以电话、实地抽查等方式对发放的贷款进行抽查，主要通过询问客户、比对调查结果判断客户经理的调查是否尽职，以防范道德风险。审计部门和风险管理部还负责组织专项检查。目前，民泰银行在制度建设上发展较快，规章制度每年都进行修订，内部风险控制也处在一个逐步完善的过程。

简单来说，贷款风险控制的重点在于对客户和客户经理等业务人员的管理。民泰银行通过风险容忍度和内部审计制度完成对客户经理等业务人员的管理；通过对客户信息的全面获取、风险经理等制度把握与客户相关的风险点。

（四）以分支行＋村镇银行方式进行扩张

目前，民泰银行的扩张战略可以用"两条腿走路"来形容，一是新设分支行；二是发起成立村镇银行。分支机构的开设由于受银监会的政策限制，目前选择范围较小，未来发展区域主要集中在长三角地区。发起设立的村镇银行已开业4家，包括2009年正式开业的江苏邗江民泰村镇银行、2010年开业的福建漳平民泰村镇银行、2011年开业的浙江龙泉民泰村镇银行、2012年2月开业的江苏惠山民泰村镇银行，另有重庆、江苏、浙江、广州等地区5家村镇银行将在2012年内陆续开业。由于对城市商业银行设立异地分支行政策上的限制，村镇银行将是该行未来的发展重点。民泰银行对村镇银行的指导力度较大，主要体现在人才和技术支持上。一方面，人员招聘与培训，人员都是总行统一招聘统一培训，因此村镇银行所使用的风险控制技术、贷款流程和系统都与民泰银行一致。另一方面，总行会委派高管参与村镇银行经营。村镇银行的资金清算可以在民泰银行的间接参与下接入人民银行的支付系统。目前，江苏邗江民泰村镇银行已发行借记卡。

在实践中，民泰银行总结出了一套"3 + 2"根据地异地经营模式，"3"是指三大特色：坚持服务中小企业的市场定位，坚持灵活多样的担保方式，坚持快捷高效的服务。"2"是指两个制度保证：客户经理属地化 + 联络人制度；这种模式以营销团队为基础，选择合适的发展区域，深入服务，可形象地称为"建立根据地"，因此命名为"根据地"模式。根据地模式成功复制了总行台州模式，通过客户经理属地化和联络人制度克服获取客户相关信息的难题，通过点对面和点对点不断将金融服务渗透到机构网点所在地的合适区域，扩大服务范围。这种扩张方式决定了民泰银行异地分支行开业初期的展业困难，但是一旦业务深入拓展，这些困难有望得到克服。

三、民泰银行的优势和劣势、机遇和挑战

（一）关系型信贷技术适合本地信用环境、但异地复制面临一定的挑战

与其他中小银行一样，机制灵活是民泰银行的一大优势。中小银行分支机构数量相对较少、组织结构扁平化，决策链条短、机制灵活，具有市场反应迅速、经营灵活、快速决策的特点。这些特点使得民泰银行能够灵活应对外部环境变化，并及时调整经营方针。

同时，该行市场定位清晰，服务理念明确。该行自成立以来，就致力于服务中小企业，为中小企业的发展提供便捷、可靠、贴心的金融服务，推动地方经济持续发展。在该行的客户中，中小企业占据主要地位。清晰的市场定位和具有针对性的服务，不仅使其积攒起相当数量的客户资源，而且建立起一定的社会声誉。这为民泰银行未来的发展带来助力。

民泰银行具有关系型信贷特色的贷款模式，通过"熟人网络"降低了贷款相关信息获取的成本和难度。客户在未接受银行信贷服务之前，就可能是客户经理的相识；客户与客户之间也存在各种关联，这种关系网络使得客户经理在正式发起贷款营销之前，就对潜在客户的信息有了相当程度的了解；在接受贷款申请后，能够迅速掌握客户相关信息，减少了调查障碍，降低了信息获取难度和成本。这种模式同样有利于贷后监测，使得银行能够有效防范贷款贷后

风险。在贷后监测中，信息获取的及时性影响着监测的有效性，民泰银行这种人缘、地缘特色在一定程度上减小了贷后管理的难度，有利于有效地控制贷款风险。

但是，民泰银行信贷技术的特点也制约着其异地复制扩张的速度。民泰银行贷款技术要求担保人具有担保实力，在贷款人未能按约定还款时承担起担保责任。民泰银行的总部所在地——浙江台州地区信用环境较好，担保意识强，这种方式在台州地区可行性较强。但是在其他一些地方，担保人未必具有这种担保意识。各地信用环境不同，影响着担保的效果，也影响着这种担保方式的地区适用性。同样，关系型营销在该行总部本土发展较好，但是跨区域之后的发展存在难题，关系网络的建立并非易事。民泰银行提出"根据地"模式克服跨区域之后异地经营的问题，但是即使通过这种方式能够复制台州模式，复制所需要的时间并不短。这将影响到民泰银行的异地扩张发展速度。

同时，对于客户经理的招聘，民泰银行尽量实行客户经理本土化，对客户经理的招聘除了考察能力和态度之外，还侧重于考察客户资源。由于培训体制还不够完善，因此，不利于建立起新进员工的归属感和忠诚感，会加大其跳槽的风险。未来的发展还需要优化人力资源管理，在引进人才的同时加强内部员工的培训。

（二）区域经营有望吸引和留住人才

目前，民泰银行已经在上海、宁波、成都等地成立分行。随着从本地化经营走向区域化经营发展，民泰银行在长三角地区深耕细作，树立起了一定的品牌形象，这为其引进人才带来了较大的便利。这几年，该行陆续引进大量人才，并且管理培训生体系的建立增加了其对优秀应届大学毕业生的吸引力。此外，中小银行的机制灵活，民泰银行在选拔和晋升人才方面更具灵活性，这将进一步增加了该行对优秀人才的吸引力。

另外，在民泰银行进入银行业同业竞争更为激烈的市场，尤其是上海市场后，可以学习和借鉴同行先进经验，不断提升自身水平。在异地建立起品牌形象也为小企业贷款业务带来机遇。

（三）激烈的市场竞争中面临诸多挑战

近几年，银行中小企业贷款业务的市场竞争趋于激烈。首先，城市商业银行纷纷扩大经营区域，实现跨区域经营；大银行则纷纷建立中小企业贷款专营机构。长三角地区经济发达，信用环境好，银行业同业竞争更为激烈。民泰银行所处的浙江省台州温岭地区，仅台州市区域内就有三家城市商业银行，外加五大国有银行以及各全国性股份制商业银行。在监管部门的推动引领下，民泰银行坚持专营化路线，打造小企业专营银行。民泰银行异地经营的其他地区，如宁波、上海等地同业竞争更加激烈。在本地凭借人缘地缘关系继续保持一定的竞争优势，是民泰银行的发展基石；在异地，精准地找到目标客户群，并根据不同地区微调自身贷款技术，树立口碑，是民泰银行发展的助力。在激烈的竞争环境下，这两者都是对民泰银行的挑战。

其次，与大多数中小商业银行相似，流动性管理是民泰银行面临的一个难题。中小城市商业银行由于受到网点数量、品牌以及大众认知度等因素的限制，在吸收存款上与大型银行相比处于劣势。从上文对民泰银行的资产负债状况的分析可以看到，存款的增长速度不及贷款增长速度。一方面，民泰银行的主要客户——中小企业对贷款的需求旺盛；另一方面，吸收存款，尤其异地分支机构吸收存款越发困难。2011 年，该行流动性比例 50.45%、存贷比70.34%。虽然这两项指标均满足监管层流动性比率不低于 25%、存贷比不高于 75% 的要求，但是自 2008 年以来，该行流动性比例一直处于下降趋势，存贷比一直处于上升趋势。因此，如何满足流动性要求，控制流动性风险是民泰银行在未来不断扩张业务、实现自身发展时所面临的一大挑战。

最后，为了尽可能地留住老客户并吸引新客户，民泰银行发行的银行卡免去了不少费用。这与大银行在这一点上的做法不同，这可以从 2011 年以来社会公众对银行收费的不满中窥见一二。民泰银行的收费低，所带来的好处是可以拓展客户、扩大市场份额，但不足的是手续费与佣金收入占比低，中间业务发展面临障碍等。从上文对民泰银行的盈利状况分析可以看出，该行手续费及佣金净收入占营业收入比重仅为 2.68%，并且 2011 年手续费及佣金净收入较之 2010 年有所下降，而贷款的利息收入在民泰银行的营业收入中占据主要地位。但是贷款规模会受到存款规模的限制，进而影响银行净利润的增长。发展中间业务，提高手续费与佣金收入的比重是拉动银行利润持续增长的一大动力。在这一方面，民泰银行面临不小的挑战。

第九章　天津滨海农村商业银行：
农村金融创新的引领者

天津滨海农村商业银行是根据国务院关于加快滨海新区开发、在金融方面"先行先试"的政策，于 2007 年 12 月在原塘沽农合行、大港农合行和汉沽农信联社基础上改制组建的。作为滨海地区唯一一家法人银行机构，天津滨海农村商业银行从成立之初就引起了业界的广泛关注。有特色的股权结构设计、用创新方式解决不良资产问题……这些都成为业界关注的焦点。在天津滨海农村商业银行的发展历程中，始终坚持服务"三农"的宗旨与定位，坚持理念创新、体制创新、机制创新、产品创新、发展模式创新"五创新"，积极探索银行管理模式的创新、中小企业与农村金融产品和服务的创新，以创新求发展，以改革求突破，逐渐走出了一条具有本行特色的创新发展之路，驶上了科学健康发展的快车道。天津滨海农村商业银行的成功经验值得借鉴。

一、天津滨海农村商业银行发展概况

截至 2011 年末，天津滨海农村商业银行共有员工 1377 人，较成立之初的 620 人增长 2.22 倍；营业网点达到 81 家，除在天津滨海新区和市区开设网点外，2008 年 9 月，在新疆喀什市设立全国农信系统第一家跨省区设立的分支机构，2009 年 11 月，在新疆库尔勒设立第二家异地支行，2010 年 6 月，在新疆阿克苏设立第三家异地支行。

（一）资本实力逐步增强

截至 2011 年末，天津滨海农村商业银行注册资本 40.46 亿元，同比增长 34.41%，较成立之初的 20 亿元增长 2.02 倍。资本充足率 13.98%，核心资本充足率 13.31%，[1] 在同业中处于较高水平。虽然与 2010 年相比有所下降，但仍高于商业银行资本充足率 10.2% 和核心资本充足率 12.7% 的平均值。[2]

---

[1]　数据来源：天津滨海农村商业银行。
[2]　《中国银行业监督管理委员会 2011 年报》。

（二）资产负债规模不断扩大

截至 2011 年末，天津滨海农村商业银行资产总额 454. 98 亿元，同比增长 11. 16%，较成立之初的 134. 6 亿元增长 3. 38 倍；各项存款余额 369. 5 亿元，比 2010 年增加 28. 9 亿元，同比增长 8. 48%，较成立之初的 110 亿元增长 3. 6 倍；各项贷款余额 273. 63 亿元，比 2010 年增加 45. 93 亿元，同比增长 20. 17%，较成立之初的 61 亿元增长 4. 5 倍（见图 9 - 1）。

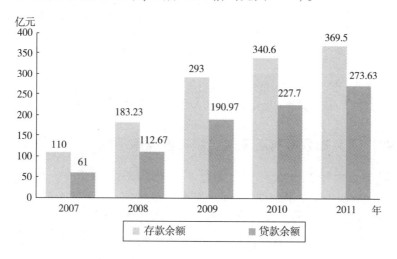

数据来源：天津滨海农村商业银行。

图 9 - 1　天津滨海农村商业银行存贷款余额（2007～2011 年）

（三）投资银行业务跨越式发展，盈利水平稳步提高

天津滨海农村商业银行 2011 年实现营业收入 25. 94 亿元，同比增长 34. 27%；净利润 7. 25 亿元，同比增长 11. 71%（见图 9 - 2）。其中投资银行业务全年收入 2. 82 亿元，比 2010 年增长 1. 32 亿元，增幅 88%，占营业收入比重的 10. 87%。投行业务的跨越式发展成为天津滨海农村商业银行发展方式转型的亮点，也成为重要的利润来源，在天津同业中处于前列。目前，以投行业务为代表的发展模式的转型加大了该行与信托、租赁、资产管理公司等金融平台业务合作，从而降低了利润增长对信贷规模增长的依赖，同时也促进了从原来的单纯金融经营型向经营服务型转变，为全行战略转型奠定了坚实的基础。

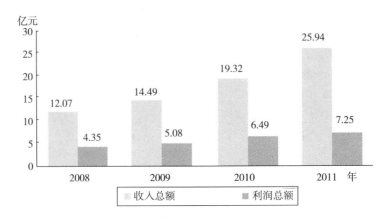

数据来源：天津滨海农村商业银行。

图 9 - 2　天津滨海农村商业银行收入总额和利润总额（2008～2011 年）

（四）不良贷款率有所反弹、拨备覆盖率下降

2011 年，天津滨海农村商业银行不良贷款率为 1.47%，与 2010 年的 0.97% 相比有所上升，低于农村商业银行的 1.6%、高于整个商业银行业的 1%。2011 年天津滨海农村商业银行的拨备覆盖率为 181.01%，比上年降低了 94.04 个百分点，且低于商业银行 278.1% 的水平。（见表 9 - 1）。

表 9 - 1　天津滨海农村商业银行与商业银行不良贷款情况

项目	天津滨海农村商业银行		商业银行	
	2010 年	2011 年	2010 年	2011 年
不良贷款余额（亿元）	2.21	4.03	4336	4278.7
不良贷款率（%）	0.97	1.47	1.1	1.0
拨备覆盖率（%）	275.10	181.01	217.7	278.1

数据来源：天津滨海农村商业银行、《中国银行业监督管理委员会 2011 年报》。

二、天津滨海农村商业银行的创新与发展

（一）建立现代公司治理结构，形成有效的"三会一层"制度

天津滨海农村商业银行自成立之初，就建立了明晰的产权制度，并致力于现代公司法人治理结构的完善和决策体制的创新。

　　利用天津滨海新区金融"先行先试"、鼓励多种所有制金融机构的政策机遇，天津滨海农村商业银行在成立之初，采取了一系列创新举措建立与完善现代公司法人治理机构。银行在成立之初就引入外部机构投资者，利用民间资本一次性解决资本不足、不良资产及拨备不足的问题，发起人每出 1 元入股，同时拿出 0.25 元购买不良贷款，成功化解了滨海农村商业银行前身存在的大量历史包袱，成为以市场机制解决不良贷款问题的一个创举；1000 多位自然人老股东的股权全部通过北方国际信托公司委托持股，既保护了老股东的利益，又有效地解决了股权过度分散的问题。为更好地明确出资者的权利义务，防止关联交易，银行成立之初就明确规定：成立三年内，发起人不得从银行借款。以上一系列的创新举措，优化了该行的股权结构，为建立现代银行法人治理结构奠定了基础。

　　2007 年 12 月 5 日，天津市委组织部批准同意天津滨海农村商业银行实行干部无行政级别管理，该行董事长、监事长、经营班子完全依据《公司法》等法规设置，党的组织比照民营企业党组织的模式发挥作用。这为天津滨海农村商业银行成为真正的商业银行和实行真正的现代公司法人治理结构奠定了坚实的基础，其公司法人治理结构真正做到了神形兼备。

　　天津滨海农村商业银行董事会、监事会和内部机构独立运作，从根本上确立了现代公司法人治理结构，形成所有权、经营权与监督权分离的"三会一层"组织架构，逐步完善股东会、董事会、行务会、行长办公会等决策制度和各专业委员会工作制度、独立董事制度，使决策更科学、更有效。该行按季度召开董事会会议。经营报告出来后，第一时间送达给审计专业委员会主任，然后由他送审计师事务所，进行内部审计。董事长报告季度工作后，审计委员会主任对报告审计情况进行说明。监事会按月、按季度出监审报告。董事会有关议案是由独立董事担任主任的专业委员会提交的，属于哪个专业委员会的事，就由哪个专业委员会研究提交议案。董事长不提任何议案，只是会议主持人。以上程序使公司治理结构在银行能够真正发挥作用，在重大事项的决议过程中，公司充分尊重每位董事的意见。

　　作为经营信用的特殊企业，天津滨海农村商业银行的公司治理让利益相关各方都能站在公正的立场发表观点建议，实现股东、客户、员工、公司法人和社会利益的和谐统一。法人治理结构的建立与完善为提高风险管理能力和经营管理水平，实行经济资本约束下的稳健、可持续发展奠定了坚实的基础。

（二）推行事业部制，打造流程银行

　　流程再造是商业银行可持续发展的必由之路。在新的公司治理结构下，脱胎于传统农村信用联社基础上的天津滨海农村商业银行，在成立之初就重新构建业务流程与管理流程，按照"决策科学化、管理扁平化、业务流程化、经营精细化"原则，引入"大总行—小支行"、"小管理—大经营"的管理理念，按照流程银行的标准打造专业化管理模式，对组织架构进行重新规划，对产品和业务进行重新划分，以全新的理念推行流程化、扁平化、矩阵式的事业部制改革。

从2008年开始，天津滨海农村商业银行按照前中后台分离、各业务线平行监督、存贷两条线管理的原则，逐步建立了支持保障、信审风控、管理会计、资产营销（事业部）和负债营销（分支机构）五个系统分工明确的矩阵式管理架构。在这一管理架构下，天津滨海农村商业银行实行财务集中、资金集中的法人管理体制，实行信贷营销、审批、审计三条线相互监督的信贷管理机制，并建立了完整的风险控制机制和全新的激励约束机制。

成立之初，天津滨海农村商业银行按客户类型和产品划分设置了公司银行部、零售银行部和信用工程三个事业部，负责全行信贷管理。2008年下半年，为扩大业务范围，按区域（市场）划分增设了城区业务本部（公司二部）、西部开发事业部，按照业务类型划分增设了投资银行事业部。由于业务既有存量又有增量，早期成立的这些事业部职能定位以管理为主，除投资银行事业部外，各事业部有一定的授信权限，但总行向各事业部派驻专门的风险官、信审人员。自2009年下半年起，天津滨海农村商业银行按银监会六项职能要求增设小企业服务中心专营机构，按行业划分增设区县经济发展事业部、港口经济发展事业部。随着存量不良贷款的持续下降、新增业务的快速增长，事业部职能定位由管理为主逐渐转变为以经营为主。同时，总行逐步上收了信审权力，从而确立了新的信审管理模式。2010年下半年起，随着业务的进一步发展，事业部职能定位由管理与经营并重进一步转变为以营销为主。对事业部的划分逐步从最初的按地域划分逐渐转向按行业、按产品划分，按照专业化经营原则，新组建了国际业务部、低碳与绿色环保事业部、冶金工贸事业部；取消零售银行部，将其业务并入小企业服务中心；信用工程事业部负责的个人金融业务拆分出来，另组建了个人金融事业部。事业部职责定位与分工逐渐向专业化方向靠近。在信审管理上，进一步规范信用业务转授权管理，除小企业服务中心和西部开发事业部之外，其他事业部信用业务审批授权统一集中到总行，确保事业部经营活动在总部控制监督下进行。支行从原来五脏俱全的基层行转变为负债业务营销和产品服务平台，负责为全行提供存款和支付结算服务，为所有事业部提供业务支持。支行与事业部的关系就如同飞机场与航空公司，相互依存、相互配合。2010年天津滨海农村商业银行成立了营销办公室，专门负责事业部及支行的协调工作（见图9－3）。

目前滨海农村商业银行事业部管理体制已基本成型，总行管理部门、事业部、支行三者的职责分工逐步明确，已初具现代化流程银行的雏形。通过三年的事业部制改革，天津滨海农村商业银行业务量大幅增长，效益明显提高，不良贷款持续下降，资产质量不断改善，抗风险能力显著增强，对同业人才吸引力逐步增强。与原来的总分行模式比较，事业部制的优越性已逐步体现出来。这主要表现在：在风险管理方面，摆脱了传统的单纯的授信评审的概念，垂直的风险管理体系与专业化的审批流程有效控制和化解了信贷风险和道德风险；在服务客户方面，事业部制以客户为中心设计开发产品，并实行专业化和流程化服务，更好地提供产品多样化、产品设计等方面的解决方案，可以最大限度地满足客户需求和增强客户体验，提高了经营效率与服务水平；在成本节约方面，与总分行体制相比，事业部制改变传统的人盯人的管理模式，使得目标管理和成本控制有机结合，提高了成本的核算精确度，降低经营成本；在人才培养方面，该行事业部相对独立，人员相对稳定，专业化的经营管理大大提高了从业人员的专业能力，为未来发展储备人力资源。

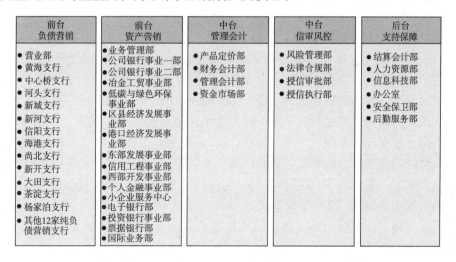

前台 负债营销	前台 资产营销	中台 管理会计	中台 信审风控	后台 支持保障
● 营业部 ● 黄海支行 ● 中心桥支行 ● 河头支行 ● 新城支行 ● 新河支行 ● 信阳支行 ● 海港支行 ● 尚北支行 ● 新开支行 ● 大田支行 ● 茶淀支行 ● 杨家泊支行 ● 其他12家纯负债营销支行	● 业务管理部 ● 公司银行事业一部 ● 公司银行事业二部 ● 冶金工贸事业部 ● 低碳与绿色环保事业部 ● 区县经济发展事业部 ● 港口经济发展事业部 ● 东部发展事业部 ● 信用工程事业部 ● 西部开发事业部 ● 个人金融事业部 ● 小企业服务中心 ● 电子银行部 ● 投资银行事业部 ● 票据银行部 ● 国际业务部	● 产品定价部 ● 财务会计部 ● 管理会计部 ● 资金市场部	● 风险管理部 ● 法律合规部 ● 授信审批部 ● 授信执行部	● 结算会计部 ● 人力资源部 ● 信息科技部 ● 办公室 ● 安全保卫部 ● 后勤服务部

资料来源：天津滨海农村商业银行。

图9－3　天津滨海农村商业银行矩阵式管理架构

（三）打造信用共同体，营造良好的信用小环境

信用共同体是齐逢昌（天津滨海农村商业银行原董事长）在2003年创新开发的特色金融产品。作为特有的商业模式，它已成为天津滨海农村商业银行

的特色和精品业务。信用共同体是由银行、商户（农民、个体工商户、城镇居民以及民营私营中小企业）和掌控人（专业市场、物流中心、产业园区、市场管委会、商会、市场管理公司和行业协会等）三方以整合利益相关者的信用、规范参与各方信用行为为目的而组建的一种按照责权利的约定，共同建立的联合体。

信用共同体作为信用的载体，有良好的运作机制。奖励诚信、惩罚失信，促进局部信用环境改善成为信用共同体的游戏规则，其创建源于多方以合作促共赢的共识。具体地说，信用共同体是以诚实守信为前提，以责权利等法律约束为保证、以合作共赢为目的，通过制定共同遵守的制度，来激励和约束各参与方对其他参与方的信用行为，以此促进各方利益的增长。对银行的约束表现在，必须按照约定的承诺，随时向信用商户提供信贷资金支持，并根据全部商户是否履约而相应调整利率，同时向管委会等掌控机构部分让利；对商户的约束表现在，必须如约向银行按时还本付息，否则将受到法律制裁和商会同业的惩罚；对商会、管委会等掌控机构的约束表现在，必须按照约定承诺，帮助银行解决与商户间的信息不对称问题，监督所管辖商户的还款情况，并对欠款商户采取必要的公开惩戒措施。

信用共同体的种类现在已经发展到 7 种，其中箱式、伞式最为普遍，还有"公司＋农户"、联保、仓单质押式、树式等信用共同体。箱式是指在一个相对封闭的环境下，像在一个箱子中建立的共同体，如专业市场、物流中心、产业园区等，像天津港散货交易市场、华北陶瓷市场、环渤海钢材市场等就是箱式信用共同体。伞式是指一个以支柱龙头单位为掌控机构、就像"伞柄"，掌控协调分管商户、就像"伞骨"的形式，如商会、市场管理公司和行业协会等，像隆泰达工程机械伞式信用共同体、华明工贸工程机械伞式信用共同体就是这种形式。下面以华北陶瓷箱式信用共同体、隆泰达工程机械伞式信用共同体为例说明信用共同体的运作状况。

华北陶瓷箱式信用共同体是以商位经营权质押为主要形式的共同体。自 2006 年创建以来，已经平稳运行 5 年多，贷款规模逐年增加，未出现一笔不良贷款。目前授信总额度为 2.5 亿元，是天津滨海农村商业银行规模最大的城区信用共同体。掌控人是华北陶瓷市场的管理者华翔商贸有限公司。该公司用 9 年期的土地租赁使用权以及自开业至今投资建设的地上建筑物作为保证，为商户的库房租金分期偿还贷款提供保证担保，出具以其全部资产提供保证担保的承诺书。由其位于福建晋江市的生产企业豪山建材公司作为第二保证人，以该公司全部资产为华北陶瓷市场全体商户的库房租金分期偿还贷款提供保证担保。由华翔商贸有限公司在河头支行开立保证金账户，按库房租金分期偿还贷款总额度的 10% 作为商户贷款的风险保证金。截至 2011 年 12 月，该市场授信商户数量 405 户，贷款余额 1.09 亿元，无一笔不良贷款，至今运行良好。

隆泰达工程机械伞式信用共同体以天津隆泰达工程机械有限公司为掌控人，以天津地区主要是面向滨海新区失地农民的购买工程机械的商户为主要客户群。该共同体成立于 2008 年 6 月，总体授信额度 1.6 亿元。由掌控人对客户进行资产、负债、销售收入、自有资金等情况的调查并提出意见，银行对客户进行信用评级。贷款以按揭形式发放，购机的信用商户要首付 30% 购机款，银行发放数额不超过抵押物价值 70%、最长不超过 3 年期限的贷款。担保方式采取由掌控人全额担保。银行采取按月集中划款的方式收取本息，掌控人对贷款购机的信用商户采取 GPS 卫星定位系统控制，熟悉商户在哪里作业、生产还是停工等情况，如果逾期不还贷款，可由 GPS 卫星定位系统断油断电，从而有效地控制了风险。截至 2011 年 12 月，共评定商户数量 260 户，贷款余额 1.03 亿元。

天津滨海农村商业银行改制成立后，通过打造服务中小企业和农户、形式多样的信用共同体，加强与农民、个体工商户、城镇居民以及民营私营中小企业的业务合作，推动共同体业务向集中化、专业化和精细化方向发展。截至 2011 年 12 月，天津滨海农村商业银行已建立多种形式的信用共同体 16 个，已建立信用共同体中城区信用共同体 11 个，农村信用共同体 5 个，待成立信用共同体项目 2 个。总体授信额度近 12.15 亿元，授信商户达 1253 户，贷款余额 4.35 亿元，已到期本息收回率 100%，无一笔不良贷款。

（四）市场定位：服务"三农"和中小企业

天津滨海农村商业银行始终坚持服务"三农"与中小企业的宗旨与定位，在成立之初就确定了面向天津、辐射全国县域经济的"两翼发展战略"，在满足滨海新区传统"三农"资金需求的基础上，加大对天津市设施农业、现代农业、都市型农业及涉农龙头企业的支持力度，同时探索"以东部资金支持西部发展，以城市资金反哺农村发展"路径，以实现支持"三农"与可持续发展的和谐统一。

服务农民、建设农村，以"三农"建设为依托，在研发特色产品上增活力。在"先予后取"理念的指导下，滨海农村商业银行将信用共同体产品进行了延伸，开发了"农家乐—乐融融"产品。"农家乐—乐融融"是一种"集中授信、存贷合一、随用随贷、随贷随还，按组确定利率"的金融产品，农户只要遵守信誉，在自愿的基础上结合成 3 ~ 5 户的互助组，按照评定小组的授信，由相关部门确认后，一经授信可在约定期限内循环使用，打消了农户还款后再贷款难的顾虑从而解决了农民贷款难的问题。此外，该产品也大大减轻了农民付息成本的压力，农户只要把闲散资金存入该账户，银行就会按照协议约定的方法按照当日活期利率计息，达到一定金额后按照一年定期利率计息，以达到减轻农民负担的目的；并且，此账户内的资金仍可随进随出，自由存取，使农民省时。管理上，村有掌控、组有监督、守信降息、违约组内成员承担连带责任。

2009 年 10 月 21 日在杨家泊镇付庄村，天津滨海农村商业银行建立了第一个新产品推广"示范村"，得到了农户的广泛好评。该产品以"两级组织、三方互保"为风险控制架构，突破按季度付息的惯例，符合农业季节性的资金需求特点，操作流程更加简单，还本付息更加便捷，有效地满足了农户新增贷款需求，此种模式极具复制性，对整个天津滨海地区乃至全国农户贷款都有推广价值。截至 2011 年末，天津滨海农村商业银行涉农贷款余额 62.87 亿元。

天津滨海农村商业银行在立足滨海、面向天津的同时，将"支农"视野面向全国，率先提出"东部反哺西部、城市反哺农村"的理念。2008 年 9 月，天津滨海农村商业银行新疆喀什市支行挂牌开业，成为全国农信系统第一家跨省区设立的分支机构。运营三年来，发展态势良好。2009 年 11 月，第二家异地支行库尔勒支行开业。2010 年 6 月，第三家异地支行阿克苏支行开业。截至 2011 年末，该行在新疆地区的各项存款余额 10.47 亿元，各项贷款余额 9.98 亿元，真正实现了以东部资金支持西部发展的承诺，支持当地"三农"和中小企业发展，为当地经济繁荣与社会稳定发挥了积极作用，获得银监会等监管机构和当地政府的充分肯定。

天津滨海农村商业银行成立以来，一直将中小企业作为主要的客户群体。2009 年 4 月，天津滨海农村商业银行按照银监会的六项机制要求，设立了小企业服务中心，专营城区中小企业信贷业务，并组建专营中小企业的服务队伍，全力促进滨海农商银行中小企业金融业务跨越式发展。截至 2011 年末，该行小企业贷款 65.23 亿元，比 2010 年增加了 5.13 亿元，增速为 8.5%，有力地支持了天津中小企业的发展。

三、天津滨海农村商业银行发展展望

（一）明确的市场定位和清晰的发展战略为未来发展奠定了基础

首先，天津滨海农村商业银行坚持"中小企业伙伴银行"市场定位，不与国有商业银行、全国性股份制商业银行争业务、抢客户，而是充分发挥其地方性银行的地域优势、网点优势和决策优势，在细分市场的基础上为支持当地的经济发展提供全方位的金融服务。作为土生土长的农村金融机构，对天津滨海的经济文化以及商业经营方式非常了解，对当地经济和当地客户十分熟悉，这是天津滨海农村商业银行立足天津滨海并进一步发展的优势所在。依托滨海新区快速发展环境，天津滨海农村商业银行有望将业务做好、做精、做强。

其次，坚持立足农村市场，业务经营领域将极为广阔。随着农村经济的发展和客户群体的成长，原有的金融产品和服务范围越来越难以满足客户的需求，结算业务更是制约其发展的瓶颈。天津滨海银行以市场需求为导向创新金融产品和服务，不断增强自身实力，优化服务方式和创新服务工具，凭借网络链接将经营的触角向区域外延伸。在现有政策限制下，尽可能多地挽留住优质客户和开发潜在客户，切实加大了对"三农"的支持力度，推动了地方经济发展。这将使天津滨海农村商业银行实现持续、快速、健康的发展。

最后，天津滨海农村商业银行有清晰的发展战略，短期、中期和长期相结合，构筑了可持续发展的格局，这为每一阶段的改革确立了目标、指明了方向。滨海农村商业银行的短期发展战略：夯实基础，建设队伍，努力成为系统内最优；中期发展战略：优化机制，强化管理，向国内先进金融企业看齐；长期发展战略：引进战略投资者，实现数字化整合，全面打造精品银行。这种与市场定位相匹配的发展战略，创新了农村金融发展的思路，为打造稳健经营的特色银行、精品银行和现代化流程银行奠定了基础。

（二）农村金融业务创新有望成为新的盈利增长点

天津滨海农村商业银行一直致力于探索农村金融创新。如信用共同体是其特色信贷融资模式，在支持"三农"和中小企业的金融服务上发挥了突出的作用；投资银行部不断研发金融创新产品，为客户提供"一站式"的金融服务，充分发挥了资本供给者与需求者之间的中介平台作用。此外，与国内知名券商、信托公司等开展业务合作，形成密切的战略合作伙伴关系，可以实现技术优势和平台、共享客户资源和创新交叉金融产品的三重目标。这种以市场需求为导向，创新金融产品和服务，必将成为天津滨海农村商业银行未来盈利增长的重要驱动力。

（三）未来更加需要精细化经营、控制流动性风险和加强人才引进与培养

一是需要改变粗放式经营方式，进行精细化经营管理。天津滨海农村商业银行股份制的治理架构已经形成，但与之相对应的决策链、管理链和业务操作

链还需进一步理顺，以便实现资源配置的优化配置。与此同时，快速的扩张很容易导致资本的消耗。2011 年天津滨海农村商业银行资本充足率有所下降，面临较大的增资扩股的压力。银行股东自身资金不足，靠原有的股东增资扩股继续投入有一定困难，而中小银行上市融资难度更大。因此，在面临资本约束时，银行需要更加注重资本节约型业务的开展，以实现自身的可持续发展。

二是在面临存款市场更激烈的竞争时需要提高存款利率定价的能力和流动性风险管理的水平。天津滨海农村商业银行原有体制背景和目前的竞争地位决定了其先天的弱势，其突出的表现之一是没有存款保险制度，公众信心不足，很难吸引到公众的存款。目前，利率市场化改革已经再次启动，与所有的中小银行一样，天津滨海农村商业银行在存款市场上将面临更大的压力。因而，银行需要提高存款利率定价能力，同时合理利用同业拆借等多种渠道解决资金来源，并加强流动性风险的管理。

三是需要建立激励机制，加强人才的引进与培养。现代金融业的竞争，归根到底是人才的竞争，作为农村商业银行，需要拥有一批业务熟练、责任心强、敬业爱岗的员工，为不同层次、不同行业、不同金融需求的客户提供人性化的服务。由于天津滨海农村商业银行的员工大多是原信用社的职工，整体素质与国内其他银行还存在着一定差距，不足以应对日新月异的市场变化。加强人才的引进与培养将促进天津滨海农村商业银行的市场竞争力的提高，为未来可持续发展创造条件。

案例研究部分主要参考文献

[1] 财经界:《打造国际一流的现代农业产业银行——专访龙江银行党委书记、董事长杨进先〔N〕》,转引自松际农网站:http://www.99sj.com/News/242766.html,2012-08-03。

[2] 高继泰、肖光等:《农村商业银行的现况和发展——首届中小农村商业银行联谊会嘉宾发言摘登》,载《银行家》,2010 (7)。

[3] 关喜华:《农业供应链金融模式探索与实践——基于龙江银行农业产业金融创新的调研分析》,载《银行家》,2011 (11)。

[4] 关喜华:《以金融创新推动农业现代化——龙江银行发展农业供应链金融的实践探索》,载《人民日报(理论版)》,2012-01-31。

[5] 黑龙江银监局、黑龙江绥化银监分局联合调研组:《供应链金融契合农业集约化经营的实践与启示——基于黑龙江省肇东市五里明镇的个案研判》,载《中国农村金融》,2011 (4)。

[6] 齐逢昌:《当前金融改革中的农村金融机构发展问题》,载《银行家》,2009 (1)。

[7] 齐逢昌、李建忠:《"信用共同体"商业模式剖析》,载《银行家》,2009 (10)。

[8] 齐逢昌:《滨海农商银行实行事业部制的探索和实践》,载《银行家》,2011 (6)。

[9] 齐逢昌:《创新是农村商业银行持续发展的不竭动力》,载《中国农村金融》,2011 (7)。

[10] 史克剑:《龙江处处有新意——龙江银行行长关喜华畅谈创新之路》,载《中国金融家》,2011 (12)。

[11] 王松奇、高广春等:《天津农村信用合作社考察》,北京:经济管理出版社,2009。

[12] 王松奇、杨再平等:《2009中国金融服务创新高层论坛》,载《银行家》,2010 (3)。

[13] 杨宝仁、苏丽艳:《强化社区银行建设 打造龙江银行核心竞争力》,载《黑龙江金融》,2010 (11)。

［14］杨进先：《关于龙江银行发展战略的思考》，载《活力》，2010（16）。

［15］张红宇：《破解农村金融供需矛盾的有益尝试》，载《人民论坛》，2011（27）。

［16］中国银行业监督管理委员会办公厅：《关于印发〈城市商业银行监管与发展纲要〉的通知》（银监办发［2004］291号），2004－11－05。

［17］中国银行业监督管理委员会：《启动实施"三大工程"、让农村百姓享受阳光周到便捷的金融服务》，http：//www. cbrc. gov. cn/chinese/home/doc-View/C39AA80C4516460CB2630707D491D2FB. html。

［18］中国银行业监督管理委员会：《全面践行社会责任，实现银行业与经济社会和谐发展——阎庆民主席助理在〈2011年度中国银行业社会责任报告〉发布暨社会责任工作表彰会上的讲话》，http：//www. cbrc. gov. cn/chinese/home/docView/CB1D1A21A86D47D7A4DA1CCB7949DB7A. html。

［19］中国银行业监督管理委员会：《银监会有关部门负责人就实施农村金融服务"三大工程"答记者问》，http：//www. cbrc. gov. cn/chinese/home/docView/6347768BE5084F2A96B0387FB5C4DA6B. html。

第三部分

专题研究

第十章　开放条件下中国中小银行的成长

——基于英国《银行家》全球 1000 家大银行排名的分析

[摘要] 随着中国银行业的逐渐开放，中国中小银行的实力得到提升。这突出地反映在入榜《银行家》全球 1000 家大银行中的中小银行数量迅猛增加。尽管与国有银行相比，我国中小银行的规模仍然偏小，但按照国际标准，它们中的一部分已经成长为大银行。与其他"金砖国家"银行业的对比可以看出，中国中小银行的安全性与流动性指标较优，但稳健性和盈利能力较差。应对未来更激烈的市场竞争，中国中小银行需要进一步增强稳健性水平、提高盈利能力。

[关键词] 中小银行　银行业对外开放　全球 1000 家大银行排名

一、引言

中国银行业对外开放已经十余年。一方面，中资银行"走出去"在世界其他国家开展业务；另一方面，外资银行以法人银行或者以战略投资者身份入股中资银行"走进来"，银行业市场竞争日趋激烈。值得庆幸的不仅仅是中资商业银行整体实力的提高，还有中小银行惊人的发展速度和快速增强的竞争力。这主要体现在资产规模和机构网点数量上升的同时，市场份额也大幅度提升。目前，中小银行已经成为我国银行业的一支重要力量。

近几年来，世界其他国家银行在全球金融危机重创下实力削弱。而与此形成鲜明对比的是，受益于快速和稳定的宏观经济环境，中国银行业快速崛起。最突出的表现是近几年入榜最权威的英国《银行家》杂志全球 1000 家大银行排名的中国银行数量大幅度增加。2007 年只有 31 家中国银行入榜，2008 年发展到 45 家，2009 年和 2010 年分别为 52 家和 84 家，到 2011 猛增到 111 家。除了 5 家大型商业银行外，其余均为中小银行。这充分证明：尽管与庞大的国有银行相比，我国中小银行的规模仍然偏小，但按照国际标准，它们中的一部分已经成长为大银行。它们的快速发展对于提高我国银行业在世界银行业市场上的地位和影响力产生了非常重要的影响。

中小银行的健康成长具有十分重要的意义，它们的存在不仅仅在于保持银行业合理的市场结构和适当的市场竞争，更因其服务中小企业的市场定位，而在缓解中小企业融资困境、促进就业和经济增长中发挥着不可或缺的作用。因此，了解开放条件下中国中小银行的成长状况，分析其成长的原因及所面临的挑战，对于促进其健康发展具有重要意义。

本文首次从银行业开放的视角分析中国中小银行的成长。首先，论文简要回顾中国银行业对外开放的基本情况；然后，利用近几年《银行家》全球1000家大银行的排名与相关数据，对比分析中国中小银行和其他金砖国家银行业的稳健性、盈利性和流动性等指标，以便客观评价中国中小银行的成长。长期以来，对中国中小银行的研究不足，一个重要的原因在于中小银行数据的缺失。而本文的贡献就在于利用《银行家》全球1000家大银行排名的数据进行对比分析，并首次从国际视角研究中小银行的成长。每年《银行家》杂志在提供全球1000家大银行排名的同时，也提供了资产规模、不良贷款率、资本充足率等重要数据。而入榜银行数量的增加为中小银行的研究提供了可能与便利。

二、中国银行业对外开放回顾

中国银行业对外开放开始于2001年中国加入世界贸易组织。在此之前，中国银行业是相对封闭的。尽管早在1987年改革开放以后，外资银行就开始进入我国银行业市场，但它们只能在部分沿海开放城市从事外汇批发银行业务，而无法涉足市场潜力更为广阔的人民币业务，特别是零售业务。2001年底中国加入世界贸易组织以后，中国银行业按先外币后本币、先沿海后内地、先批发后零售的顺序开始稳步推进开放进程，对外开放速度加快，开放程度也有所提高。2006年11月，中国加入世界贸易组织五年过渡期结束时，中国银行业市场的对外开放程度进一步提高，外资银行逐步开始获得国民待遇。

（一）外资银行的进入

监管性进入壁垒的降低吸引了大量的外资银行进入中国市场。外资银行机构总数从2006年底的321家增加到了2011年底的387家，其中分行数量从200家下降到94家，法人机构数量从14家增加到40家（见图10-1）。外资银行设立营业网点的城市从2003年的30个扩展到50个，经营人民币业务的外资金融机构数量已达到80家。外资法人银行机构增加的原因在于中国银监会的"法人银行导向"政策，即鼓励在中国市场有长期承诺的外资银行在本地注册，以便设立本地分行和开展全面的人民币业务。而外资银行分行只能办理中国境内公民每笔不少于 100 万元人民币的存款业务。目前，外资法人银行机构已成为在华外资银行的主要存在形式。

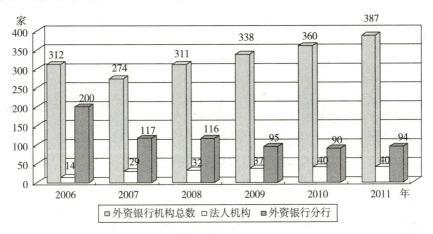

注：外资银行机构总数中包括法人机构的分行和附属机构，以及两家金融公司。

数据来源：2006~2011 年《中国银行业监督管理委员会年报》。

图 10-1　在华外资银行机构数量（2006~2011 年）

鉴于当时中资银行绝大部分资本金不足、公司治理不完善、风险管理机制落后的状况，其已经不能适应形势发展的需要，因此，通过引入外资战略投资者不仅可以补充资本，而且随之引进先进的技术和公司治理机制，可以有效地推动我国银行业的改革。2001 年底，外资银行入股中资银行的限制被放开，但单家机构投资比例不得超过 15%，所有外资机构投资比例不得超过 20%。2003 年 12 月，投资者范围扩大至外资金融机构及外资企业法人，允许有实力的外资非金融机构入股中资金融机构，同时将境外金融机构向中资银行入股的比例从 15% 提高到 20%，总体入股比例从 20% 提高至 25%。

在此背景下，以战略投资者身份入股中资银行的外资银行数量也显著增多。据不完全统计，在 2002~2011 年，12 家股份制银行中已有 8 家引入外资战略投资者，还有 19 家城市商业银行、1 家农村商业银行和 1 家农村合作银行引进了外资战略投资者。

（二）中资银行在海外发展

在外资银行进入中国的同时，越来越多的中资银行也开始"走出去"，积极参与国际市场竞争。2008 年招商银行开设美国纽约分行，2009 年和 2010 年分别开设英国伦敦和中国台北办事处；2011 年中信银行和上海浦东发展银行分别开设新加坡和香港分行；2012 年民生银行也开设了香港分行。此外，少数城市商业银行也开始了国际化经营，例如：2010 年富滇银行开设老挝代表处；同年北京银行设立阿姆斯特丹代表处；2011 年北京银行香港代表处升格为分行等。此外，通过设立或者并购国外银行和其他金融机构，招商银行、中信银行等中型银行也成功地实现了国际化经营。

总之，加入世贸组织 5 年过渡期结束后，中国银行业对外开放程度明显提高。尽管外资银行在中国银行业市场份额不高，但考虑到外资银行入股的中资银行已经拥有了相当大的市场份额，外资银行在中国银行业市场的渗透程度比数据显示的要高。更重要的是，正当一些国际上非常著名的外资战略投资者在金融危机重压下抛售其所持有的国有商业银行股票时，另外一些外资银行和金融机构却在以外资战略投资者的身份进入中资中小银行。例如：2009 年营口银行引进马来西亚联昌银行作为战略投资者、2010 年吉林银行引进韩亚银行作为战略投资者等。外资战略投资者的引进对于中资中小银行公司治理的改善、风险管理水平的提高以及公众形象的提升都产生了积极的影响。可见，虽然绝大部分中资中小银行未在国际市场与外资银行短兵相接，但在有外资入股的中资银行之间，以及中资和在华外资银行之间，竞争早已开始，并日趋激烈。

三、中国中小银行的成长及途径

正是在日益开放的银行业市场上，中国中小银行在日益成长。一个最突出的表现就是入榜《银行家》全球 1000 家最大银行排名①中的中国中小银行数量不断增加。

（一）入榜《银行家》全球 1000 家大银行的中国中小银行数量

图 10 - 2 显示了 2007 ~ 2011 年入榜《银行家》全球最大 1000 家银行的中国中小银行数量。可以看出，上榜数量快速增长时期有两个：一是 2007 ~ 2008 年，其间上榜的中小银行数量从 26 家增加到 40 家，增幅达到 54%，其

---

① 作为国际上最权威的银行评选，英国的《银行家》杂志每年以一级资本为标准评出"全球 1000 家大银行"排行榜。根据国际清算银行最新的定义，一级资本是比股东权益严格得多的指标，它仅包括普通股、公开储备、留存收益（不包括当年的留存收益）和所持有子公司中的少数股权，不包括积累的优先股、隐蔽储备、重估储备、次级债和其他长期债，后者是二级资本的组成部分。一级资本是衡量银行资本充足状况和银行资本实力的一个重要指标，相对于市值、利润额等指标来讲，可以更清晰地反映单个银行的实力和全球银行业的竞争格局。

中股份制银行增加3家（从9家增加到12家）、城市商业银行增加10家（从14家增加到24家）、农村中小银行增加1家（从3家增加到4家）。二是2009～2010年，其间上榜的中小银行数量从47家增加到79家，猛增了32家，幅度超过60%，其中城市商业银行增加22家（从28家增加到50家）、农村中小银行增加10家（从7家增加到17家）。可见，在开放的银行业市场上，越来越多的中小银行快速成长，按照国际标准来衡量，它们已经成为大银行。

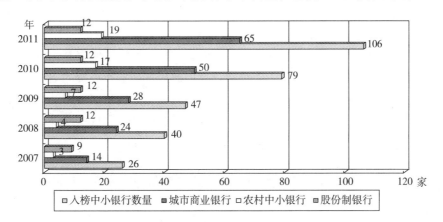

数据来源：《银行家》2006年至2011年7月。

图10－2 2007～2011年入榜的中国中小银行数量

（二）中国中小银行的成长途径

如果说在全球金融危机的冲击下国际银行业实力的下降是中国中小银行迅速成长的外部原因的话，那么，中小银行抓住机遇增强自己的实力则是其快速成长的内部原因。这主要是通过两个途径实现的：一是在合并重组的基础上成立新的银行，这是中国城市和农村中小银行迅速成长的主要途径。自20世纪90年代起，城市和农村中小银行就在合并当地多家信用社的基础上诞生。而这种外延式的扩张途径一直持续至今。例如：2007年天津滨海农村商业银行在2家农村合作银行和1家农村信用联社基础上改制组建；2009年长安银行以新设合并方式在重组5家地方银行的基础上设立股份制商业银行；同年11月27日设立的龙江银行在3家城市商业银行和1家城市信用社的基础上重组。通过合并重组后，新成立的银行大都成功地入围《银行家》杂志全球1000大家银行的排名之中。

二是在资产规模扩张的同时，通过多种渠道补充资本、提升自己的实力。具体渠道分为上市融资和增资扩股两个。2007年宁波银行、南京银行和北京银行三家城市商业银行在境内股票市场上市，成为迄今为止仅有的三家在境内

A 股市场上市的城市商业银行。2010 年 12 月 9 日，重庆农村商业银行成功地在香港股票市场首次公开募股筹资 14.8 亿美元，成为在香港上市的内地唯一一家农村中小银行。更多已经上市的银行则通过发行股票进行再融资来补充资本金。上市融资显然对中小银行的成长起到了积极的作用，2007 年南京银行、2010 年重庆农村商业银行首次入榜《银行家》全球 1000 家大银行排行，北京银行和宁波银行在首次公开发行股票后的 2008 年，排名分别上升了 211 位和 295 位。而其他中小银行都无一例外地在上市融资的当年提升了在《银行家》全球 1000 家最大银行中的排名。

　　而对于绝大部分没有上市的中小银行而言，通过增资扩股来补充资本成为其提高实力的重要途径。更多的中小银行在原股东增加股权投资的同时，还引进了中外战略投资者，以进一步提高资本实力。根据中国银监会网站提供的信息，仅 2010 年一年，中国银监会就批准了 23 家城市商业银行增资扩股、变更股东或者注册资本的申请。

四、中国中小银行与其他"金砖国家"银行业指标的对比

　　为了更好地了解开放条件下中国中小银行的成长，有必要对中国中小银行与其他"金砖国家"（BRICS）银行业进行对比。因此，本文的数据除了特别说明外，均来源于每年《银行家》杂志全球 1000 家大银行排名。之所以选择"金砖国家"而非美、英等发达国家，是这些国家都属于新兴市场经济体中的大国，银行业的发展阶段、发展中所面临的问题和挑战相近或相同。

（一）入榜银行数量与实力对比

　　图 10～3 显示了 2007～2011 年"金砖五国"进入《银行家》全球 1000 家大银行排行的银行数量。可以看出，俄罗斯和巴西入榜银行数量呈现先上升后下降的趋势，南非在前 4 年入榜银行数量一直稳定在 6 家，2011 年上升到 7 家。印度和中国入榜银行数量稳步上升，前者 5 年间增加了 8 家，而后者则增加了 80 家。即使不考虑 5 家国有银行，中国中小银行数量在"金砖国家"中的占比就从 2007 年的不到四分之一上升到了 2011 年的 54%。①

　　从银行实力来看，无论以一级资本还是以资产来衡量，中国中小银行在金砖五国中的市场份额也稳步提升，前者从 16.76% 提高到 37.13%，而后者则

---

　　① 若考虑中国的 5 家国有银行，则按照入榜银行数量来计算，中国的占比达到 56%。

从 28.87% 提高到了 43.87% 。相反，另外四个"金砖国家"入榜银行的市场份额则都有不同程度的下降。这一方面说明全球金融危机没有对中国的银行业造成实质性的冲击，另一方面也证明中国中小银行通过改革，实力得以明显增强。从图 10 - 4 和图 10 - 5 中可以看出，我国银行业一级资本的市场份额从倒数第二（仅高于南非）提升到第一，增速远快于资产份额的增速。可见，增资扩股是中国中小银行增强实力的重要途径。

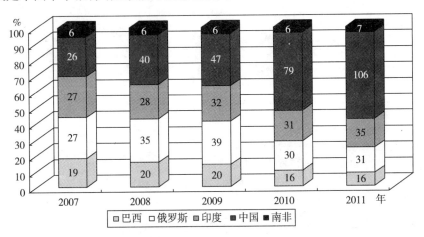

数据来源：《银行家》杂志 2007 至 2011 年 7 月。

图 10 - 3　近 5 年入榜的"金砖国家"银行数量

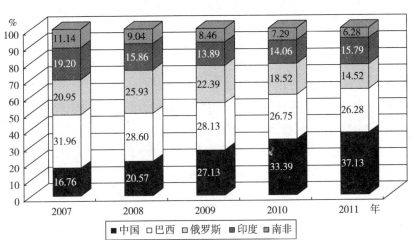

注：不包括中国的 5 家国有银行。

数据来源：《银行家》杂志 2007 至 2011 年 7 月。

图 10 - 4　近 5 年入榜的"金砖国家"银行一级资本份额

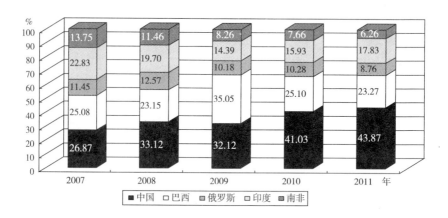

注：不包括中国的5家国有银行。

数据来源：《银行家》杂志2007至2011年7月。

图10-5　近5年入榜的"金砖国家"银行资产份额

（二）入榜银行稳健性与安全性对比

银行的健康成长离不开稳健的经营。作为风险管理行业，银行必须保持相对风险资产而言足够的资本，以提高抵御风险能力。正因为如此，各国银行监管机构历来非常重视资本充足率的监管，2010年11月，巴塞尔委员会起草的《第三版巴塞尔协议》（巴塞尔协议Ⅲ）强化了银行资本的监管标准，在提高银行资本充足率要求的同时，针对此次全球金融危机中暴露出来的问题，出台了杠杆率监管指标，以防止部分商业银行利用复杂的经济资本模型套利，变相降低资本充足水平。在此基础上，中国银监会于2011年6月发布《商业银行杠杆率管理办法》，规定我国商业银行并表和未并表的杠杆率均不得低于4%。2012年6月发布《商业银行资本管理办法（试行)》，提出了对于系统重要性银行和非系统重要性银行的资本充足率要求分别为11.5%和10.5%。在此之前，我国银行资本充足率要求与国际标准一致，即一级资本充足率4%，总资本充足率8%。

表 10 – 1 入榜的"金砖国家"银行稳健性指标对比 单位:%

	2007 年		2008 年		2009 年		2010 年		2011 年	
	资本－资产比例	资本充足率	资本－资产比例	资本充足率	资本－资产比例	资本充足率	资本－资产比例	资本充足率	资本－资产比例	资本充足率
金砖五国均值	9.53	16.49	9.28	16.54	8.70	16.68	9.25	16.28	9.71	16.96
巴西	9.21	19.95	8.47	17.45	8.63	19.7	10.38	15.81	8.27	15.06
俄罗斯	16.08	21.45	15.78	19.95	14.22	21.07	15.02	20.86	15.15	20.84
印度	5.74	12.29	5.47	11.49	5.79	12.62	5.82	13.37	6.76	14.09
南非	10.89	17.24	10.33	17.25	8.84	16.94	8.36	18.18	10.91	20.57
中国*	5.71	11.5	6.36	13.10	6.01	13.09	6.69	13.19	7.46	14.24
股份制银行	6.63	14.1	4.48	10.71	4.39	10.67	4.54	10.48	5.22	11.8
地方商业银行	6.5	11.06	6.98	12.12	6.65	13.48	7.08	14.1	7.42	14.12
外资银行									10.55	18.7
5 大国有银行#	5.28	6.6	5.07	13.36	5.23	12.31	4.94	11.31	5.65	12.30

注:资本－资产比例＝一级资本/总资产,也叫杠杆率。

*不包括 5 家国有银行。

#中国农业银行未提供 2008 年的资本充足率数据。

资料来源:《银行家》2007 至 2011 年 7 月。

表 10 – 1 比较了近 5 年入榜的中国中小银行与其他金砖国家银行的一级资本－资产比例(一级资本/总资产)和国际清算银行所规定的资本充足率(资本总额/风险加权资产)。以资本－资产比例来衡量,中国中小银行均低于五国均值,2007 年和 2011 年排名时为五国最低,2008 ~ 2010 年排名时仅高于印度。同样,中国中小银行的资本充足率在排名的各个年份也都低于均值,其中 2007 年、2009 年和 2011 年排名时为五国最低,2008 年和 2010 年排名时仅高于印度。可见,中国中小银行的稳健性指标虽然每年都满足了监管要求,但与其他"金砖国家"相比,并不令人满意。

仔细考察不同银行的情况可以看出,除了 2007 年的排名外,入榜的城市与农村中小银行的稳健性指标高于股份制银行,2007 ~ 2010 年间前者呈上升、后者呈下降趋势。而 2010 年以后国有银行的稳健性水平也有所提升,2011 年首次入榜的在华外资银行的这两个指标远远高于均值。这再次反映了在华外资银行稳健的经营理念。

与银行稳健性相关的指标是安全性。我们在表10－2中对入榜银行安全性的重要指标——不良贷款率进行了对比。可以看到，5年间，中国中小银行的不良贷款率逐年下降，到2011年排名时已经不到2%，处于五国中最低水平。而其他"金砖国家"银行的不良贷款率都受到金融危机的影响，出现不同程度的上升，其中南非入榜银行的不良贷款率波动比较大，且到2011年排名时已经冲到了10%以上。如果以不良贷款率来衡量银行的安全性，则中国的中小银行安全性明显高于其他"金砖国家"的银行。这不仅得益于近5年来中国宏观经济的稳定增长，同时也与银行监管有效性的提高密切相关。近年来，中国银监会的监管理念从合规性监管转向风险为本的监管，并通过现场和非现场监管对银行实施严格、明确的问责制；一旦银行出现不良贷款，责任将追究到个人。在这种严格的问责制下，中国整个银行业的不良贷款余额和不良贷款率分别从2003年的21044.6亿元和17.9%下降到了2011年底的10533.4亿元和1.8%。[①]

表10－2　入榜的"金砖国家"银行不良贷款率　　　　单位：%

	2007年	2008年	2009年	2010年	2011年
巴西#				6.15	2.31
俄罗斯	2.36	2.04	2.24	7.74	6.14
印度※	3.28	2.73			
南非	1.44	7.16	1.87	5.79	10.2
中国*	3.5	2.6	2.3	1.51	1.07

注：＊不包括5家国有银行。

#2007～2009年入榜的巴西银行提供该数据的数量不足一半。

※2009～2011年入榜的印度银行提供该数据的数量不足一半。

数据来源：2007至2011年7月《银行家》。

（三）入榜银行盈利能力对比

盈利能力是衡量中小银行成长的又一个重要指标，没有盈利能力的银行是不可能持续经营的。盈利能力的差异一般体现在资本利润率（ROE）和资产利润率（ROA）两个指标上。

[①]　2006～2011年《中国银行业监督管理委员会年报》。

表 10 - 3　入榜的"金砖国家"银行利润指标对比　　　单位:%

	2007 年		2008 年		2009 年		2010 年		2011 年	
	ROE*	ROA#	ROE	ROA	ROE	ROA	ROE	ROA	ROE	ROA
"金砖五国"均值	29.41	2.86	32.77	2.87	25.24	1.86	21.90	1.82	22.84	1.97
巴西	34.02	2.88	32.38	2.54	30.84	2.31	35.19	3.24	30.05	2.25
俄罗斯	29.08	4.41	27.11	3.88	16.69	1.98	5.98	0.89	12.59	2.12
印度	20.64	1.06	22.46	1.13	20.91	0.94	23.66	1.42	25.37	1.43
南非	41.74	5.22	45.42	5.48	32.97	2.83	23.4	2.24	23.97	2.74
中国※	20.78	0.73	26.8	1.30	24.80	1.22	21.27	1.13	22.22	1.32
股份制银行	29.3	0.6	32.7	1.78	26.31	0.9	22.72	0.88	26.52	1.09
地方商业银行	18.16	0.8	22.8	1.08	24.13	1.33	21.35	1.71	23.44	1.43
外资银行									7.18	0.6
5 大国有银行	19.76	0.94	28.4	1.28	28.01	1.28	25.67	1.21	28.73	1.4

注:　* ROE = 税前利润/最近两个会计年度的平均 1 级资本。

ROA = 税前利润/总资产。不包括正负 100% 以上的数据,这些被认为是极端情况而不可持续。

※不包括 5 大国有银行。

数据来源:2007 年至 2011 年 7 月《银行家》。

表 10 - 3 列出了入榜的"金砖国家"银行资本利润率(ROE)和资产利润率(ROA)的平均值。整体来看,各国银行的利润率都在金融危机前后出现较大波动,其中在 2010 年排名中,俄罗斯有 6 家银行亏损,占入榜的 30 家银行数量的 20%,这直接拉低了该年排名中俄罗斯银行的利润率,特别是资本收益率。到 2011 年排名时,除印度和中国外,其他国家银行的利润率均没有恢复到危机前的最高水平。

与其他"金砖国家"的银行业相比,中国中小银行的盈利能力显然较低。尽管到 2011 年排名时,中国中小银行的资本利润率和资产利润率都超过了危机前的高点,但仍然低于"金砖国家"的平均水平,只是资本利润率和资产利润率的差距分别从 8.63 个百分点和 2.13 个百分点缩小到 0.62 个百分点和 0.65 个百分点而已。但这主要不是得益于中国中小银行盈利能力的快速提高,而是由于其他"金砖国家"银行业尚未从危机中完全恢复过来。与中国的邻国印度相比,2007 ~ 2009 年的排名中,中国中小银行的资本利润率都高于印度,但到 2010 ~ 2011 年排名时,中国中小银行的资本利润率已经落后于印度银行。

比较中国不同规模银行的利润水平可以看出,2007 ~ 2008 年排名中,股份制银行的资本利润率明显高于其他银行,但从 2008 年以后,国有银行股改上市的效果开始显现，资本利润率开始大幅度上升，并超过"金砖国家"的平均水平。而在资产利润率方面，入榜的城市和农村中小银行在2009～2011年的排名中后来居上，逐渐赶上了股份制银行，超过国有银行的水平；但仍然落后于"金砖国家"的平均水平。在中国所有类型的银行中，利润率最低的是在华外资银行。2011年排名中，它们的资本利润率和资产利润率分别只有7.18%和0.6%。

（四）入榜银行流动性对比

银行的流动性一直是评估商业银行是否健康可持续的关键指标之一，而近年来存贷比作为衡量流动性的一个重要指标开始受到重视。从抵抗风险的角度讲，如果存贷比例过高，银行可能缺乏足够的库存现金来满足储户提取现金的需要，这将导致银行的支付危机。在此次金融危机中，依赖货币市场或资本市场筹资的银行常常面临更大的流动性风险，因为当金融危机到来时，资产价格急剧下降、市场流动性枯竭。相反，银行存款因政府的存款保险制度而处于相对稳定状态。可见，尽管银行可以通过多种途径获得资金，但存款却是最稳定、最重要的来源。

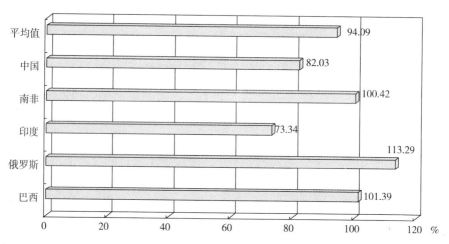

数据来源：《银行家》2011年7月。中国中小银行存贷比数据来源于中国人民银行网站。

图10－6　2011年入榜的"金砖国家"银行存贷比例对比

存贷比也是中国银监会的一个重要监管指标。银监会制定了商业银行不低于75%的存贷比的标准。鉴于各银行会在月末冲刺存贷比，而在其他时间则放松管理，从2011年6月起，中国银监会对商业银行存贷比的监管从月末改为日均要求。在中国银监会的严格要求下，我国商业银行的存贷比都远远低于国际水平。从图 10 - 6 中可以看出，2011 年排名时（即 2010 年底）中国中小银行的存贷比只有 82.03%，仅高于印度入榜银行（73.3%），低于 5 国平均水平（94.09%），更低于俄罗斯（113.29%）、巴西（101.39%）和南非（100.42%）。可见，从存贷比这一指标来看，中国中小银行的流动性状况优于国际水平。

五、结论

在中国银行业市场对外开放的过程中，越来越多的外资银行进入中国开展业务或者入股中资银行，部分中资银行也走向海外。中国中小银行抓住此次全球金融危机的机遇和中国经济稳定增长的良好局面而获得了快速的发展，这主要体现入榜《银行家》全球 1000 家最大银行排名中的中国中小银行数量稳步上升。按照国际标准，越来越多的中小银行已经成长为大银行。

在与其他"金砖国家"银行业指标的对比中可以看到，中国中小银行的安全性和流动性处于更优良的水平，但稳健性水平不足，盈利能力也有待提高。因此，应对未来更激烈的市场竞争，中国中小银行需要进一步增强稳健性水平、提高盈利能力。

在可预见的将来，中小银行将出现分化。那些能够在激烈的市场竞争中找准市场定位、开展差异化服务，并提高抗风险能力、形成自身核心竞争力的中小银行将进一步成长壮大，成为可以与大型银行抗衡的一支新生力量；而部分盈利能力和风险管理水平低下的中小银行将被收购或被重组。因此，中国政府在保持宏观经济稳定运行的同时，需要为中小银行创造公平竞争的市场环境，例如在利率市场化改革的同时，尽快出台存款保险制度。这对于中小银行的健康成长具有重要的现实意义。

参考文献

[1] Top 1000 World Banks. China stays in pole position with strong Tier 1 capital and profits [J]，*The Banker*，2008，July：152.

[2] Top 1000 World Banks. China's banks consolidate dominance of Asia，*The Banker*，2009，July：143.

[3] Top 1000 World Banks. China takes a big lead in inaugural BRIC ranking，*The Banker*，2010，July：158.

[4] Top 1000 World Banks. The rise of China's banks goes on and on，*The Banker*，2011，July：159.

［5］粟勤：《中国银行业中小金融机构发展报告（2010）》，北京，对外经济贸易大学出版社，2011。

［6］王家强、彭继伟：《全球银行业版图的历史变迁、决定因素及启示——兼评 2010 年全球 1000 家大银行排行榜》，载《国际金融研究》，2010（10）。

［7］中国工商银行城市金融研究所课题组：《从全球银行排名看银行业的发展趋势》，载《金融论坛》，2010（179）。

［8］宗良、王家强：《中国银行业与国际同业的优势、差距与对策——兼评 2011 年全球 1000 家大银行排行榜》，载《银行家》，2011（11）。

第十一章 关系型借贷悖论：
银行竞争会影响在位借贷关系吗*

[**摘要**] 关系型借贷悖论（Relationship Banking Paradox）是指信贷市场上银行间竞争程度的提高一方面可能会威胁到在位的借贷关系，但另一方面也可能会因提高了在位关系银行与竞争银行的差异化程度而提高其竞争优势，从而有利于维持在位的借贷关系。本文利用一个同时包含道德风险问题和逆向选择问题的混合模型分析发现：在某些参数条件下，关系型借贷仍然可能在进行价格竞争的银行业中得以维持。原因在于信息不对称的双重效果：信息不对称使得不了解借款人自有信息的外部银行的努力程度达不到最优水平，从而不仅在甄别借款人的第一阶段博弈中存在逆向选择问题，在提高项目收益的第二阶段博弈中还存在道德风险问题。

[**关键词**] 关系型借贷 逆向选择 道德风险

一、引言

2008 年爆发的全球金融危机导致了自 20 世纪 30 年代以来最严重的全球经济萧条。此次金融危机对于银行业的影响极为深远。其中，与关系型借贷相对应的交易型银行业务（transaction banking）尤其是商业银行的资产证券化，被认为是此次金融危机的主要原因之一。这次危机发生之前，很多投资者认为经过资产证券化的次级抵押贷款是低风险、高收益的投资选择，而经过这次危机，我们已经看到结构化证券所隐含的真正风险。另一方面，与传统的银行贷款相比，关系型借贷有助于银行获得借款人的无法可置信地传递给第三方的自有信息①（proprietary information）（Bhattacharya 和 Chiesa，1995）。因此，关系银行就可以找到并留住高质量的借款人并（有成本地）监督借款人的项目收

---

　* 本文的英文版发表在 2011 年第 28 期的 Economic Modelling 杂志上，原文题为 "The relationship banking paradox：No pain no gain versus raison d'être"，本文在原文的基础上略有改动。

　① 自有信息与私有信息有细微差异。私有信息指一方拥有的别人所不拥有的信息，而自有信息更加强调该信息的软信息特性，即很难向第三方传递的信息。

益状况①。正如《经济学家》（*The Economist*）杂志所总结的那样："对于很多人来说，这场危机是由于借贷方式由原来的银行非常熟悉借款人的'关系型借贷'转向投资者购买捆绑在一个证券上的一堆不知名的贷款的结果。国际货币基金组织最新发布的《世界经济展望》（*World Economic Outlook*）的一项研究发现，使用距离型借贷（arm's length finance）的国家经济下滑得更加明显，因为这种资金在危机时期枯竭得更加迅速。"②

在文献中，银行是提供甄别、监督或者流动性转换服务的金融中介。然而，最近几十年间，银行正面临着来自于其他金融机构以及金融市场的激烈竞争。在贷款业务中，交易型借贷工具，如商业票据、中期票据及其他金融市场创新，都在挑战着传统的银行贷款产品。次贷危机爆发之前，尽管银行的竞争优势值得质疑，它们仍能获得较高的利润。雷曼兄弟和美林证券的倒闭引发了业界对于银行从关系型借贷转向距离型融资的做法的质疑③。对此，《金融时报》（*The Financial Times*）总结道："随着全球银行体系陷入 20 世纪 30 年代以来最严重的危机，看起来'关系型借贷'比其他大多数融资方式更能帮助银行走出低谷。"④

对于关系型借贷的这种关注，使得人们开始重新讨论一个并不新颖但并未得到充分解释的悖论——"关系型借贷悖论"（Relationship Banking Paradox）。根据 Boot 和 Schmeits（1998）的定义，"关系型借贷悖论"是指，"信贷市场上银行间竞争程度的提高一方面可能会威胁到在位的借贷关系，但另一方面也可能会因提高了在位关系银行与竞争银行的差异化程度而提高其竞争优势，从而有利于维持在位的借贷关系。"这个悖论源于银行竞争的性质。一般来说，银行竞争的文献中使用的是 Bertrend 竞争即价格竞争模型（Dell'Ariccia et al.，1999；Jun 和 Vives，2004），这样关系型借贷就会随着竞争程度的提高而消失，原因在于当面临其他银行的竞争时，付出成本来获取的借款人自有信息就没什么价值了。经济学中还有很多跟关系型借贷相似的情形。以劳动力市场为例，雇主为工人提供培训机会，但这会提高工人的谈判能力，因为其他没有付出培训成本的雇主就可以比现有雇主提供更高的薪酬以吸引工人。

从"关系型借贷悖论"的另一方面来看，在位借贷关系可以降低市场竞

---

① Berger（1999）总结了关系型借贷可以存在的三个条件：第一，金融中介可以获取无法公开获得的信息；第二，信息是金融中介从与借款人之间的多次互动中获得的，例如为借款人多次提供金融服务；第三，所获得的信息必须能够保密不能被第三方无成本地获得。

② The faith that moves Mammon［J］，*The Economist*，2008 - 10 - 16.

③ Head to Head：Jon Moulton - Time for a move back to relationship banking［M］，*Euroweek*，2008.

④ Small is beautiful for Latin America's pioneers［N］，*Financial Times*，2009 - 02 - 27.

争压力，因为在位借贷关系可以使得在位银行有别于竞争银行，从而提高差异化程度并避免纯价格竞争（Boot 和 Thakor，2000）。这种认为银行面临市场竞争时应该投入更多资源到关系型借贷上的观点，称做"存在理由假说"（rai-son d'être Hypothesis）[①]。Chen，Lai 和 Hsu（2004）的研究表明，随着信贷市场竞争程度的提高，银行进行关系型借贷的利润会增加，而与银行关系更加紧密的企业会得到更加优惠的借款条件。Degryse 和 Ongena（2007）发现，随着竞争程度的增加，银企关系更加密切，而且银行分支机构的规模也在下降。然而，"存在理由假说"的难题在于，如果差异化总是对关系银行有利，那么为什么只有竞争程度提高时银行才愿意进行关系型借贷？而在本文中，我们为此提供了一种理论解释。

现有文献中已经有很多研究注意到了关系型借贷在长期内有利于提高银行的收益。例如，Boot（2000）总结的关系型借贷的四项好处中，有两项与关系型借贷的长期性特征有关[②]。关系型借贷的长期性也有助于降低借款成本，长期借贷关系对于高风险的企业尤为有利（Peltoniemi，2007）。因此，关系型借贷的长期性是本文模型的重要特征。本文的分析表明，均衡中在位银行为借款人提供第二阶段的融资并攫取借款人的部分剩余。原因在于，在位银行拥有关于借款人的自有信息，而这种信息既不能被第三方观察到，也无法向第三方证实。因此，只有在第一阶段获得了这种自有信息的在位银行可以为借款人提供第二阶段的融资并获得利润。这样，均衡中就可能存在关系型借贷。

该均衡的其中一个特点是，必须降低利率以维持混同均衡契约从而保证在位银行已经获得的关于借款人的自有信息不被披露出来。这与 Boot（2000）的发现不同。在 Boot（2000）中，由于企业部分地让渡了自己的控制权给银行，所以关系银行总是以较低的利率贷款给企业。这与关系型借贷的特点相符，也与 Petersen 和 Rajan（1995）的发现一致：贷款利率随着借贷关系的密切程度降低[③]。

本文建立了一个同时包含道德风险问题和逆向选择问题的混合模型，来解

---

① Petersen 和 Rajan（1995）以及 Aoki 和 Dinc（1997）的研究表明，当银行借款给新成立的企业时，给其信贷优惠可能降低道德风险问题和解决信息不对称问题。Diamond（1991）认为，企业往往通过关系型借贷来建立"信誉"，然后到资本市场上去融资以便节约监督成本。

② 即关系型借贷通过使得银行得以利用无法写在契约中的信息而有利于银行与借款人之间建立长期的借贷契约关系；而且关系型借贷可以使得那些短期内亏损但长期内会盈利的投资机会得到贷款融资。

③ 不过，需要指出的是，导致这次金融危机的是证券化，而不是低利率。证券化使得金融机构可以释放更多的资本用来放贷，把高风险的抵押贷款转移给投资者，并从中获得销售收入。这种过度转移风险的做法使得金融体系内的风险不断累积，并最终爆发金融危机。

释面临银行竞争时关系型借贷的可维持性问题。当道德风险问题和逆向选择问题同时存在时，就会有多重信息不对称：拥有某个方面信息不一定能够完全披露出借款人的真实类型。这并非因为借款人不愿意向第三方披露自己的信息，而是由于这种信息的自有特性。例如，Sharpe（1990）发现，高质量的企业很难向其他银行传递自己的类型信息。

与 Sharpe（1990）类似，本模型中关系银行的竞争优势在于其在长期的银企关系中获得的"内部信息"。但本文与 Sharpe（1990）存在关键的区别。Sharpe（1990）关心的是在信息不对称的情况下，关系银行为了留住高类型[①]的借款人而可能也向低类型借款人贷款。因此，竞争银行为了吸引走在位银行的高类型客户，就不得不同时吸引到它的低类型客户。而在本文的模型中，关系银行不可能亏损，因此不会为了留住高类型借款人而给低类型借款人提供贷款。此外，Rajan（1992）及 Petersen 和 Rajan（1995）假设在位银行可以攫取企业的部分未来剩余。然而，如果企业有谈判力量，这一假设就不再成立。如果不存在双边道德风险问题，即使借款人无法向第三方披露自己的类型信息，外部银行通过提供分离均衡契约，仍可以吸引走在位银行的高类型借款人。因此，本文的分析表明，即使不存在剩余的跨期分配，关系型借贷仍可以在市场竞争中得以维持。

本文后面的内容如下。第二节描述模型设定，第三节给出分离均衡契约和混同均衡契约的定义。第四节考察的是没有新银行进入时在位银行的最优贷款契约，而第五节分析有新银行进入时新进入的银行的最优贷款契约。第六节是结论。

二、模型

考虑一个三期模型，$t = 0,1,2$。有三类参与人：借款人 i，一个在位银行 A，以及一个与银行 A 进行价格竞争的外部银行 B。所有参与人都是风险中性的。借款人有一个投资项目要经历两个阶段：创始阶段和后续阶段，需要 1 单位资金投入。但借款人没有内部留存收益，因而需要外部融资。假设借款人只能通过有限责任的借款契约向银行借款。

借款人有两种类型 $i \in \{H,L\}$。H 类型借款人在提高项目收益方面的生产

[①] 高类型借款人是违约风险较低的借款人，如还款概率较高，或者项目成功的概率较高，或者借款人的能力较高等。在本文中，高类型借款人在中间阶段的成功概率较高，并且在后续阶段中提高项目收益的能力较高。

率高于 L 类型借款人，用参数 θ 来刻画，$\theta \in \{\theta_H, \theta_L\}$ 。不失一般性，将 θ_L 标准化为 0。模型的时序见图 11 - 1。

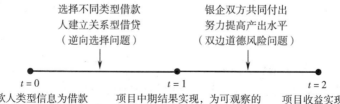

选择不同类型借款
人建立关系型借贷
（逆向选择问题）

银企双方共同付出
努力提高产出水平
（双边道德风险问题）

$t = 0$ $t = 1$ $t = 2$

借款人类型信息为借款
人的私人信息。银行决定
是否与借款人建立关系
型借贷。如果建立，银行
付出固定的沉淀成本以
得到借款人类型的信息。

项目中期结果实现，为可观察的
信息。关系银行决定是否继续借
款，如继续借款，银行决定利率，
利率为不可观察的信息。 新进
入的银行决定贷款利率，然后银
企借贷关系形成。

项目收益实现，
银行得到支付。

图 11 - 1　模型的时序

在 $t = 0$ 时，银行决定是否与借款人 i（$i = H, L$）建立借贷关系。如果建立借贷关系，借款人 i 就成为银行的客户。不失一般性，记该银行为银行 A。假设项目创始阶段没有资金需求。在位银行 A 付出固定的沉淀成本 $M > 0$ 后，就可以准确地知道借款人的真实类型，从而银行 A 也称做在位银行或关系银行。外部银行只知道借款人有 μ 的概率是 H 类型，$(1 - \mu)$ 的概率是 L 类型，其中 $\mu \in (0, 1)$。

项目的盈利能力在创始阶段结束之前都是不确定的，例如项目的研发阶段或者市场开拓阶段等。类型 i（$i = H, L$）的借款人的项目在 $t = 1$ 时的中间状态（interim state）可能成功（S），也可能失败（F），概率分别为 p_i 和 $(1 - p_i)$。项目的中间状态可以公开观察到，且 $p_H > p_L$。p_H 和 p_L 是所有参与人的共同知识。由于存在信息不对称，所以无法签订长期借贷契约，因此只能在 $t = 1$ 时签订短期债务契约来进行融资。

如果经过创始阶段后项目失败，那么在后续阶段一定会失败，因而不必进行融资。如果经过创始阶段后项目成功，那么银行 A 和银行 B 同时向借款人提出贷款契约，即借款人在 $t = 2$ 时需要偿还的毛利率 R_i^j，其中 $i = H, L, j = A, B$。假设外部银行无法观察到在位银行是否为借款人项目提供融资①。

本模型的时序刻画了 Berger（1999）概括的关系型借贷的核心特征：关系银行能够获取无法公开观察到的信息；信息是银行与借款人的多次互动中获得

---

① Dell' Ariccia 等（1999）指出，外部银行由于无法分辨借款人是首次借款还是曾被关系银行拒绝贷款的借款人而面临着逆向选择问题。

的；所获得的信息能够继续成为私人信息。

如果借款人接受了银行 j 提出的贷款契约，项目就得以实施，进行到后续阶段。在项目的实施过程中，借款人 i 和银行 j 共同付出努力以提高项目的收益 Π_i^j :

$$\Pi_i^j = \theta_i(e_j^i + e_i^j) + \epsilon \equiv \pi_i^j + \epsilon \qquad (1)$$

其中，e_j^i 和 e_i^j 分别是银行 j 和借款人 i 的努力水平；ϵ 是服从均匀分布的随机扰动项，$\epsilon \sim U[-a, a]$（$a > 0$）；π_i^j 是 Π_i^j 的期望值。付出努力水平 e 为参与人带来的成本为 $\varphi(e) = \dfrac{1}{2}\varphi e^2$。

这一项目收益函数意味着：第一，给定契约双方的努力水平，项目收益是借款人类型参数 θ_i 的增函数；第二，即使借款人不付出任何努力，银行的努力仍可提高项目价值。因此，本模型既有逆向选择问题，还有双边道德风险问题。

$t = 2$ 时，项目收益实现，并按照契约规定进行相应的支付。

现有文献指出，关系型借贷存在两个方面的问题：预算软约束问题（soft – budget constraint problem）和敲竹杠问题（holdup problem）。预算软约束问题是由于借款契约可能在中间阶段进行重议，从而导致借款人在第一阶段的努力激励较低（Bolton and Scharfstein, 1996; Dewatripont and Maskin, 1995）。由于这个问题在文献中已经得到了充分的说明，故本文不考虑预算软约束问题。敲竹杠问题是指，在位银行由于获取了自有信息而成为信息垄断方（Sharpe, 1990; Rajan, 1992），从而向低风险的借款人也收取较高的利率。然而，实证研究发现，随着银企关系的逐渐加深，利率和抵押品要求降低，贷款条件是逐渐改善的（Petersen and Rajan, 1994; Berger and Udell, 1995）。当距离型借贷市场上给高风险借款人的利率低于低风险借款人时，关系银行就很难敲借款人的竹杠。恰恰相反，借款人反而可以敲银行的竹杠。在本模型中就是如此。

我们关心的是，在项目的后续阶段，银行 B 是否能够通过提供较为优惠（即利率较低）的贷款契约而成功地吸引到银行 A 的客户。换句话说，在面临银行 B 的竞争时，银行 A 与借款人在项目创始阶段形成的借贷关系在什么条件下可以继续维持。

由于银行 A 可以观察到借款人的类型，所以如果银行 A 在 $t = 1$ 时发现借款人是低类型的，便不再给其贷款而选择终止借贷关系。因此，在 $t = 1$ 时银行 A 提供给 H 类型借款人以利率为 R_H^A 的贷款契约。然而，银行 B 不知道借款人的类型信息，故而可能提供给两种类型借款人以利率为 R_P^B 的混同贷款契约，或者提供给不同贷款人以利率为 $\{R_H^B, R_L^B\}$ 的分离贷款契约。

三、两类均衡的契约形式

使用逆向归纳法来求解该博弈。首先确定第二阶段银行与借款人的最优努力水平，然后分析 $t = 1$ 时的最优贷款利率。下面先来定义两类均衡：分离契约均衡和混同契约均衡。在分离契约均衡中，可以通过不同的贷款利率成功将不同类型的借款人给区分开来。

（一）分离均衡契约

由于银行 A 在项目创始阶段付出了监督成本，所以在 $t = 1$ 时可以观察到借款人的真实类型。银行 B 不知道借款人的信息，故在 $t = 1$ 时根据项目实现的中间结果 S 或者 F 来更新自己关于借款人类型的信念。记银行 B 关于借款人类型的事后信念为 $\{\mu_H^S, \mu_L^S, \mu_H^F, \mu_L^F\}$，即观察到中间结果 S 后银行 B 认为借款人是类型 i（$i = H, L$）的概率为 μ_i^S。根据贝叶斯法则可知

$$\mu_H^S = \frac{\mu p_H}{\mu p_H + (1 - \mu) p_L}, \mu_H^F = \frac{\mu(1 - p_H)}{\mu(1 - p_H) + (1 - \mu)(1 - p_L)} \qquad (2)$$

记后续阶段中借款人 i（$i = H, L$）和银行 j（$j = A, B$）签订的贷款契约不违约的概率为 P_i^j。因此，如果 $(R_i^j - \pi_i^j)$ 在区间 $[-a, a]$ 内，则有

$$P_i^j \equiv \Pr(\Pi_i^j > R_i^j) = \frac{1}{2} + \frac{\theta_i(e_j^i + e_i^j) - R_i^j}{2a} \qquad (3)$$

如果 $(R_i^j - \pi_i^j) > a$，则 $P_i^j = 0$；如果 $(R_i^j - \pi_i^j) < -a$，则 $P_i^j = 1$。

当借款人接受与不接受某个贷款契约无差异时，假设借款人选择不接受。因此，银行提出的贷款利率显然不会是 $R_i^j \leq -a + \pi_i^j$。而如果利率 $R_i^j \geq a + \pi_i^j$，借款人的收益一定为 0。所以，下面的分析中我们只考虑 $(R_i^j - \pi_i^j)$ 在区间 $[-a, a]$ 内的情形。

如果银行 j 提供的是分离均衡契约，i 类型借款人与银行 j 签订贷款契约时的期望利润为

$$W_i^j = P_i^j E[(\Pi_i^j - R_i^j) \mid \Pi_i^j > R_i^j] - \frac{\varphi}{2}(e_i^j)^2 = \frac{1}{4a}(a + \pi_i^j - R_i^j)^2 - \frac{\varphi}{2}(e_i^j)^2$$

$$\qquad (4)$$

银行 j 在项目后续阶段的利润为

$$U_j^i = \pi_i^j - \frac{1}{4a}(a + \pi_i^j - R_i^j)^2 - \frac{\varphi}{2}(e_j^i)^2 - 1 - M \qquad (5)$$

其中，如果 $j = B$ ，则 $M = 0$ 。

银行 j 在借款人的参与约束和激励相容约束下最大化自己的期望利润，

$$W_i^j \geq 0 (I R_i) i = H, L \tag{6}$$

$$W_i^j(R_i^j, e_i^j, e_j^{i}; \theta_i) \geq W_i^j(R_{i'}^j, e_{i'}^j, e_j^{i'}; \theta_i)(I C_i) i = H, L \tag{7}$$

定义 1. 给定 $\{\varphi, \mu, p_H, p_L, \theta_H, \theta_L\}$ ，$\{R_i^{j*}\}$ 是银行 j 向借款人 i 提出的分离均衡契约，且 $\{e_i^{j*}, e_j^{i*}\}$ 是借款人 i 和银行 j（ $i = H, L$ ，$j = A, B$ ）的最优努力水平，当且仅当，

（1）努力水平 e_j^{i*} 最大化银行 j 的期望利润式（5）；

（2）努力水平 e_i^{j*} 最大化企业 i 的期望利润式（4）；

（3）在约束条件式（6）下，利率 R_A^{i*} 最大化将最优努力水平 e_A^{i*} 和 e_i^{A*} 代入的银行 A 的期望利润式（5）；而在约束条件式（6）和式（7）下，利率 R_B^{j*} 最大化银行 B 的期望利润。

（二）混同均衡契约

由于银行 A 作为关系银行，能够观察到借款人的真实类型，所以不会向 L 类型借款人贷款，故银行 A 不会向两种类型的借款人提供混同均衡契约。因此，只有银行 B 可能向两种类型的借款人提供混同均衡契约。银行 B 提供的混同均衡契约利率 R_P^B 最大化自己的期望利润，

$$\max_{R_P^B} U_B^P = \mu_H^S \cdot \left[\pi_H^B - \frac{1}{4a}(a + \pi_H^B - R_P^B)^2 \right]$$

$$+ \mu_L^S \cdot \left[\pi_L^B - \frac{1}{4a}(a + \pi_L^B - R_P^B)^2 \right] - \frac{\varphi}{2}(e_B^P)^2 - 1 \tag{8}$$

经过简化，银行 B 的优化问题是

$$\max_{R_P^B} U_B^P = \mu_H^S \cdot \left[\pi_H^B - \frac{1}{4a}(a + \pi_H^B - R_P^B)^2 \right] - \frac{\mu_L^S}{4a}(a - R_P^B)^2 - \frac{\varphi}{2}(e_B^P)^2 - 1$$

$$\tag{9}$$

定义 2. 给定 $\{\varphi, \mu, p_H, p_L, \theta_H, \theta_L\}$ ，$\{R_P^{B*}\}$ 是银行 B 向所有借款人提供的混同均衡契约，且 $\{e_i^{B*}, e_B^{P*}\}$ 是借款人 i（ $i = H, L$ ）和银行 B 的最优努力水平，当且仅当

（1）努力水平 e_B^{P*} 最大化银行 B 的期望利润式（9）；

（2）努力水平 e_i^{B*} 最大化企业 i 的期望利润式（4）；

（3）在约束条件式（6）下，利率 R_P^{B*} 最大化将最优努力水平 e_B^{P*} 和 e_i^{B*} 代入的银行 B 的期望利润式（9）。

四、没有外部银行进入时在位关系银行的再融资决策

考虑如果没有新银行进入时的情形。由于在位银行 A 能够观察到借款人类型的信息，所以可以针对不同类型的借款人提供不同的贷款契约。首先来正式分析一下银行 A 是否会给 L 类型的借款人提供贷款。此时借贷双方的期望利润为

$$U_A^L = -\left[\frac{1}{4a}(a - R_L^A)^2 + 1\right] - M, \quad W_L^A = \frac{1}{4a}(a - R_L^A)^2 \tag{10}$$

显然，银行 A 会受到损失，因而不会与 L 类型借款人达成贷款契约。

银行 A 为 H 类型借款人提供贷款，双方各自最大化式（4）和式（5）以决定最优努力水平 e_H^A 和 e_A^H。假设 1 保证了 H 类型借款人的二阶条件和银行 A 的参与约束成立。

假设 1：$a\varphi > \frac{1}{2}\theta_H^2, M < 1 + \dfrac{\theta_H^2(a\varphi + \theta_H^2)}{\varphi(2a\varphi + \theta_H^2)}$

其中，$a\varphi > \frac{1}{2}\theta_H^2 H$ 类型借款人利润最大化问题的二阶条件，$M < 1 + \dfrac{\theta_H^2(a\varphi + \theta_H^2)}{\varphi(2a\varphi + \theta_H^2)}$ 是银行 A 的参与约束。

命题 1. 在假设 1 下，银行 A 和 H 类型借款人的最优努力水平以及均衡贷款契约利率 R_H^{A*} 为，

$$e_A^{H*} = \frac{2a\,\theta_H}{2a\varphi + \theta_H^2}, e_H^{A*} = \frac{\theta_H^3}{\varphi(2a\varphi + \theta_H^2)}, R_H^{A*} = a + \frac{\theta_H^4}{\varphi(2a\varphi + \theta_H^2)} \tag{11}$$

证明：根据利润最大化问题式（4）和式（5），可得

$$e_A^H = \frac{\theta_H}{2a\varphi}\left(a + R_H^A - \frac{\theta_H^2}{\varphi}\right), e_H^A = \frac{\theta_H}{2a\varphi}\left(a - R_H^A + \frac{\theta_H^2}{\varphi}\right) \tag{12}$$

代入银行 A 的利润最大化问题并求优化，可得银行 A 向 H 类型借款人提供的均衡贷款契约的利率为：

$$R_H^{A*} = \frac{2\,a^2\,\varphi^2 + a\varphi\,\theta_H^2 + \theta_H^4}{\varphi(2a\varphi + \theta_H^2)} = a + \frac{\theta_H^4}{\varphi(2a\varphi + \theta_H^2)} \tag{13}$$

把式（13）代入式（12）即得借贷双方的最优努力水平式（11）。

式（4）的二阶条件要求，

$$a\varphi > \frac{1}{2}\theta_H^2 \tag{14}$$

在假设 1 成立的情况下，式（14）显然成立。

因此，

$$W_H^{A*} = \frac{1}{8\,a^2\varphi}(2a\varphi - \theta_H^2)(a + \pi_H^{A*} - R_H^{A*})^2 = \frac{\theta_H^4(2a\varphi - \theta_H^2)}{2\varphi(2a\varphi + \theta_H^2)^2} > 0 \quad (15)$$

容易算出，此均衡中银行 A 的利润为，

$$U_A^{H*} = \frac{\theta_H^2(a\varphi + \theta_H^2)}{\varphi(2a\varphi + \theta_H^2)} - 1 - M \quad (16)$$

在假设 1 成立的情况下，式（16）显然为正。

此外，可以验证 $-a < \pi_H^{A*} - R_H^{A*} = \dfrac{a(\theta_H^2 - 2a\varphi)}{2a\varphi + \theta_H^2} < a$ 成立。证毕。

从上面的分析可以看到，银行 A 给 H 类型借款人贷款时的贷款利率 R_H^{A*} 高于 L 类型借款人愿意接受的最低利率 a。尽管较高的利率使得银行 A 从 H 类型借款人攫取了更多的剩余，但也同时提高了银行 A 付出更多努力以提高项目收益的激励。在银行 A 与 H 类型借款人形成的借贷契约中，项目的总收益 π_H^{A*} 和借贷双方的总剩余 JS_{AH}^* 为

$$\pi_H^{A*} = \frac{\theta_H^2}{\varphi}, JS_{AH}^* = \frac{\theta_H^2(4\,a^2\,\varphi^2 + \theta_H^4 + 8a\varphi\,\theta_H^2)}{2\varphi(2a\varphi + \theta_H^2)^2} - 1 - M \quad (17)$$

容易验证，

$$\frac{\partial \pi_H^{A*}}{\partial \theta_H} > 0, \frac{\partial \pi_H^{A*}}{\partial \varphi} < 0, \frac{\partial JS_{AH}^*}{\partial \theta_H} > 0, \frac{\partial JS_{AH}^*}{\partial \varphi} < 0$$

在下一节中，我们将会证明，与传统的信贷配给理论的观点不同，关系银行提高利率不仅不会只吸引到高风险的借款人，反而有可能可以用高于高风险类型借款人愿意接受的利率留住低风险的借款人。

五、外部银行提供的最优贷款契约

由于外部银行 B 无法观察到借款人的类型，所以可能给不同类型的借款人提供分离均衡契约或者混同均衡契约。

（一）外部银行提供的混同均衡契约

首先分析定义 2 中给出的外部银行 B 提供给两种类型借款人的混同均衡契约。由于根据式（2），μ 和 μ_H^S 是严格单调递增的关系，所以在下面分析到变量与 μ 和 μ_H^S 的单调关系时，我们不区分 μ 和 μ_H^S。

命题 2. 在假设 1 下，外部银行 B 可以提供混同均衡契约 R_P^{B*}，如果 $\mu \in$

$(\hat{\mu}, 1)$，且

$$
e_H^{B*} = \frac{\theta_H}{2\varphi} \cdot \left[1 + \frac{\theta_H^2(1 + \mu_H^S) - 2\varphi R_P^{B*}}{2a\varphi - \theta_H^2(1 - \mu_H^S)} \right], e_B^{P*} = \frac{\theta_H \mu_H^S}{2\varphi} \cdot \left[1 - \frac{\theta_H^2(1 + \mu_H^S) - 2\varphi R_P^{B*}}{2a\varphi - \theta_H^2(1 - \mu_H^S)} \right]
$$

$$(18)$$

其中

$$
R_P^{B*} = \frac{a\left[4 a^2 \varphi^2 + \theta_H^4(1 - \mu_H^S + \mu_H^{S2} + \mu_H^{S3}) - 2a\varphi \theta_H^2(2 - \mu_H^{S2} - 2\mu_H^S) \right]}{4 a^2 \varphi^2 + \theta_H^4(1 - \mu_H^S)^3 - 2a\varphi \theta_H^2(\mu_H^{S2} - 4\mu_H^S + 2)}
$$

$$(19)$$

且 $\hat{\mu}$ 由下式隐含地决定：

$$
U_B^{P*} \equiv \mu_H^S(\hat{\mu}) \cdot \left[\pi_H^{B*} - \frac{1}{4a}(a + \pi_H^{B*} - R_P^{B*})^2 \right]
$$

$$
- \frac{\mu_L^S(\hat{\mu})}{4a}(a - R_P^{B*})^2 - \frac{\varphi}{2}(e_B^{P*})^2 - 1 = 0
$$

证明：根据银行 B 的利润最大化问题可得

$$
e_H^B = \frac{\theta_H}{2\varphi}\left[1 + \frac{\theta_H^2(1 + \mu_H^S) - 2\varphi R_P^B}{2a\varphi - \theta_H^2(1 - \mu_H^S)} \right], e_B^P = \frac{\theta_H \mu_H^S}{2\varphi}\left[1 - \frac{\theta_H^2(1 + \mu_H^S) - 2\varphi R_P^B}{2a\varphi - \theta_H^2(1 - \mu_H^S)} \right]
$$

$$(20)$$

在假设 1 下，有 $2a\varphi > \theta_H^2 > \theta_H^2(1 - \mu_H^S)$。把式（15）代入式（9）并在参与约束式（6）下对利率 R_P^B 最大化式（9），可得式（19）。把式（19）代入式（20），可得式（18）。根据式（10），L 类型借款人的参与约束总是成立。

可以验证，在假设 1 下，式（19）的分子分母均严格为正，因此，$R_P^{B*} > 0$。只需验证在均衡中，H 类型借款人的参与约束成立。当 H 类型借款人从外部银行 B 得到贷款时，其期望利润为：

$$
W_H^B = \frac{(2a\varphi - \theta_H^2)\left[\varphi(a - R_P^{B*}) + \mu_H^S \theta_H^2 \right]^2}{2\varphi\left[2a\varphi - \theta_H^2(1 - \mu_H^S) \right]^2}
$$

$$(21)$$

在假设 1 下，式（21）严格为正。

要使混同均衡存在，μ_H^S（从而 μ）必须足够高以便保证外部银行 B 的期望利润为正。当 $\mu = 0$ 时，显然所有参与人的努力水平为 0，因而 $U_B^P = -1$。因此，存在临界值 $\hat{\mu} \in (0,1)$，使得当 $\mu \in (\hat{\mu}, 1)$ 时，银行 B 的参与约束成立，即 $U_B^P \geq 0$，而临界值 $\hat{\mu}$ 由 $U_B^{P*} = 0$ 隐含地决定。证毕。

如果 $\mu_H^S = 0$ 或者 $\mu_H^S = 1$，银行 B 提供的混同均衡契约与银行 A 提供的契约相同。引理 1 表明，银行 B 提供的混同均衡契约的利率低于银行 A 提供的利率。

引理 1. 在假设 1 下，银行 B 提供的混同均衡契约的利率低于银行 A 向 H 类型借款人提供的均衡契约的利率。

证明：只需证明 $R_P^B < R_H^A$。记 $t \equiv \dfrac{2a\varphi}{\theta_H^2}$，则在假设 1 下，$t > 1$。

$$sign(R_H^A - R_P^B) = sign\{\mu_H^S \cdot t^3 + (\mu_H^{S2} + \mu_H^S + 1) \cdot t^2 + (\mu_H^{S2} + \mu_H^S - 2) \cdot t + (\mu_H^S - 1)^2\}$$

记 $G(t) \equiv \mu_H^S \cdot t^3 + (\mu_H^{S2} + \mu_H^S + 1) \cdot t^2 + (\mu_H^{S2} + \mu_H^S - 2) \cdot t + (\mu_H^S - 1)^2$，那么

$$\frac{\partial G(t)}{\partial t} = 3\mu_H^S \cdot t^2 + 2(\mu_H^{S2} + \mu_H^S + 1) \cdot t + (\mu_H^{S2} + \mu_H^S - 2)$$

可以验证，当 $t > 1$ 时，$\dfrac{\partial G(t)}{\partial t} > 0$。由于 $sign(R_H^A - R_P^B)|_{t=1} = sign(3\mu_H^{S2} + \mu_H^S) > 0$，所以可得对于任意 $t > 1$，都有 $sign(R_H^A - R_P^B) > 0$。证毕。

（二）竞争条件下在位借贷关系的可维持性

H 类型借款人总是愿意披露自己的类型信息[①]，但是随着银行间竞争程度的提高，高类型借款人的谈判力量增加，从而很难向外部银行披露自己的自有信息。

如果银行 B 可以分别向 H 类型和 L 类型借款人提供分离均衡契约从而区分不同类型的借款人（见第四节），那么银行 B 也不愿意给 L 类型借款人提供贷款，因此它只愿意给 H 类型借款人提供贷款。由于银行 B 无法分辨某个 H 类型借款人是否曾与银行 A 有借贷关系，我们只需要分析银行 B 是否能够提供某种契约把 H 类型借款人从银行 A 处给吸引过来，即 H 类型借款人与银行 A 的借贷关系能够在面临银行竞争时得以继续维持。

如果关系银行 A 要求的利率高于外部银行 B，竞争的存在就可能使得借款人离开关系银行 A 而选择外部银行 B，尽管外部银行 B 在签约后的努力水平并非最优。由于关系银行 A 的监督成本已经是沉淀成本，所以对于关系银行 A 来说，提供高利率并非理性的选择。因此，银行 A 会选择让渡部分利润给借款人，以维持原有的借贷关系。只要 H 类型借款人与银行 A 签约所带来的总剩余大于与银行 B 签约的总剩余，H 类型借款人就愿意继续维持原有的借贷

---

① 这与 Rajan（1992）的观点相反。Rajan（1992）认为，借款人有激励不让银行知道关于自己项目的私人信息，以便在下一期获取信息租金。

关系。

命题 3. 如果 $M = 0$，那么 H 类型借款人与银行 A 签约所带来的总剩余大于与银行 B 签约的总剩余。

证明：把 $\mu_H^S = 1$（即 $\mu = 1$）代入银行 A 和银行 B 的最优契约和努力水平，可以得到最优利率水平和努力水平都相同。因此，$JS_{AH} \mid_{M=0} = JS_{BH} \mid_{\mu=1}$。

可以验证，JS_{BH} 是 μ 的增函数，且 $\frac{\partial JS_{BH}}{\partial \mu} \mid_{\mu=0} = 0, \frac{\partial JS_{BH}}{\partial \mu} \mid_{\mu=1} > 0$。因此可得 $JS_{AH} \mid_{M=0} > JS_{BH} \mid_{0<\mu<1}$。证毕。

命题 4. 在假设 1 下，如果监督成本 M 严格为正，则存在临界值 $\bar{\mu} \in (\hat{\mu}, 1)$，使得当且仅当 $\mu \in (\hat{\mu}, \bar{\mu})$ 时，银行 A 和 H 类型借款人的在位借贷关系在面临外部银行 B 的竞争时仍然得以维持。其中，$\bar{\mu}$ 由下式隐含地决定：

$$JS_{AH} \mid_{M>0} = JS_{BH}(\bar{\mu}) \qquad (22)$$

且区间 $(\hat{\mu}, \bar{\mu})$ 随着 M 的增加而变小。

证明：如果监督成本 M 严格为正，则 $JS_{AH} \mid_{M>0} < JS_{AH} \mid_{M=0} = JS_{BH} \mid_{\mu_H^S=1}$。由于 JS_{BH} 是 μ 的增函数，记 $\bar{\mu}$ 为式（22）所隐含决定的值，从而 $\bar{\mu} \in (0,1)$。因为 JS_{BH} 是 μ 的增函数，JS_{AH} 是 M 的减函数，所以 $\bar{\mu}$ 随 M 的增加而下降。再因为 $JS_{BH}(\hat{\mu}) = 0 < JS_{AH} \mid_{M>0} = JS_{BH}(\bar{\mu})$，所以有 $\hat{\mu} < \bar{\mu}$。结合命题 3 的发现，可得当且仅当 $\mu \in (\hat{\mu}, \bar{\mu})$ 时，$JS_{BH} < JS_{AH}$；当且仅当 $\mu \in (\bar{\mu}, 1)$ 时，$JS_{BH} > JS_{AH}$。证毕。

图 11 - 2 中描述了命题 4 的结果。在图 11 - 2 中，横轴 μ 划分成了三个区间。进入被阻止（blockaded entry）是指在位银行不需要让渡利润即可阻止外部银行进入；进入被遏制（deterred entry）是指尽管在位借贷关系可以继续维持，但在位银行必须让渡部分利润以保证现有客户不被竞争银行给吸引走；进入被容纳（accommodated entry）是指即使在位银行让渡全部利润，现有客户仍被外部银行给吸引走，从而在位借贷关系无法继续维持。

从直觉上来看，关系银行 A 为了获取关于借款人类型的自有信息而支付沉淀成本 M，以避免贷款给低类型借款人而遭受损失。如果低类型借款人的比例足够小（或者 μ 足够大），那么关系银行获取信息的好处就会下降。此时，外部银行就因节约了监督成本而可以向高类型借款人提供更为优惠的贷款契约，从而赢得竞争。因此，当高类型借款人足够多时，交易型借贷（也即距离型借贷）就会占优于关系型借贷。

在现有关于"关系型借贷悖论"的争论中，一方认为银行竞争会威胁在

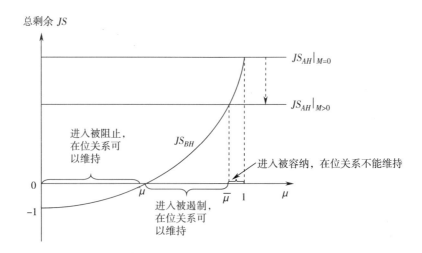

图 11 – 2　银行竞争与关系型借贷的可维持性

位借贷关系，而另一方认为银行竞争会加强在位借贷关系。我们的分析表明，这一悖论并非绝对地只有单方面的作用。即使银行竞争程度不变，在监督成本和借款人类型分布的某些参数范围内，在位借贷关系仍然可能得以维持。

六、结论

本文通过建立包含逆向选择问题和双边道德风险问题的理论模型分析了"关系型借贷悖论"，发现当竞争银行希望通过降低利率来打破在位借贷关系并吸引借款人时，如果高类型借款人的比例足够高，则在位借贷关系无法得到维持。不过，本文的分析表明，由于外部银行无法准确地更新关于借款人类型的信念，因此无法提供最优贷款契约，所以在某些参数条件下，无法吸引走在位银行的现有客户。此外，本文的研究表明，契约重议会扭曲贷款人的激励：当高类型借款人的比重足够高时，没有银行愿意与高类型借款人进行关系型借贷，从而监督借款人的激励不足。因此，本文对于关系型借贷和交易型借贷都有重要的意义。

进一步的研究可以关注，引入资本市场（交易型借贷）或者银行同时可以进行关系型借贷和交易型借贷时，对于关系型借贷的影响。

参考文献

［1］Aoki, M. and Dinc, S. Relational Financing as an Institution and Its Viability under Competition [J]. Finance, Governance, and Competitiveness in Japan (Aoki, M. and G. R. Saxonhouse, Eds.), *Oxford University Press*, 2000.

[2] Berger, A. The "Big Picture" about Relationship – based Finance [J]. Discussion Comments in "Business Access to Capital and Credit" (J. L. Blanton, A. Williams, and S. L. Rhine, Eds.), *A Federal Reserve System Research Conference*, 1999: 390 – 400.

[3] Berger, A., and Udell, G. F. Relationship Lending and Lines of Credit in Small Firm Finance [J], *Journal of Business*, 1995 (68): 351 – 381.

[4] Bhattacharya, S. and Chiesa, G. Proprietary Information, Financial Intermediation, and Research Incentives [J]. *Journal of Financial Intermediation*, 1995 (4): 328 – 357.

[5] Bolton, P., and Scharfstein, D. S. Optimal Debt Structure and the Number of Creditors [J], *Journal of Political Economy*, 1996 (104): 1 – 25.

[6] Boot, A. Relationship Banking: What do We Know? [J]. *Journal of Financial Intermediation*, 2000 (9): 7 – 25.

[7] Boot, A. and A. Schmeits. Challenges to Competitive Banking: A Theoretical Perspective [J]. *Research in Economics*, 1998 (52): 255 – 270.

[8] Boot, A., and A. V. Thakor. Can Relationship Banking Survive Competition? [J]. *Journal of Finance*, 2000 (55): 679 – 713.

[9] Chen, Chia – Pin, Yi – Hsun Lai and Tse – Yin Hsu. Relationship Lending at Commercial Banks: Some Empirical Evidence [J]. *Journal of Financial Studies*, 2004 (12): 43 – 86.

[10] Dell'Ariccia, Giovanni, Ezra Friedman, and Robert Marquez. Adverse Selection as A Barrier to Entry in the Banking Industry [J]. *RAND Journal of Economics*, 1999 (30): 515 – 534.

[11] Degryse, H., and S. Ongena. The Impact of Competition on Bank Orientation [J]. *Journal of Financial Intermediation*, 2007 (16): 399 – 424.

[12] Dewatripont, M., and Maskin, E. Credit and Efficiency in Centralized and Decentralized Economies [J], *Review of Economic Studies*. 1995 (62): 541 – 555.

[13] Diamond, D. Monitoring and Reputation: The Choice between Bank Loans and Privately Placed Debt [J]. *Journal of Political Economy*, 1991 (99): 689 – 721.

[14] Jun, Byoung and Xavier Vives. Strategic Incentives in Dynamic Duopoly

［J］. *Journal of Economic Theory*, 2004（116）: 249 – 281.

　　［15］Peltoniemi, J. The Benefits of Relationship Banking: Evidence from Small Business Financing in Finland［J］. *Journal of Financial Services Research*, 2007（31）: 153 – 171.

　　［16］Petersen, M. and Rajan, R. The Benefits of Lending Relationships: Evidence from Small Business Data［J］, *Journal of Finance*, 1994（49）: 1367 – 1400.

　　［17］Petersen, M., and Rajan, R. The Effect of Credit Market Competition on Lending Relationships［J］. *Quarterly Journal of Economics*, 1995（110）: 406 – 443.

　　［18］Rajan, R. Insiders and Outsiders: The Choice between Relationship and Arm's Length Debt［J］. *Journal of Finance*, 1992（47）: 1367 – 1400.

　　［19］Sharpe, S. Asymmetric Information, Bank Lending and Implicit Contracts: A Stylized Model of Customer Relationships［J］. *Journal of Finance*, 1990（45）: 1069 – 1087.

附　　录

命题 1 的证明:

　　H 类型借款人的最优化问题为:

$$\max_{e_H^A} W_H^A = \frac{1}{4a}(a + \pi_H^A - R_H^A)^2 - \frac{\varphi}{2}(e_H^A)^2 = \frac{1}{4a}[a + \theta_H(e_H^A + e_A^H) - R_H^A]^2 - \frac{\varphi}{2}(e_H^A)^2$$

$$(A - 1)$$

其一阶条件和二阶条件为:

$$F.O.C. \ \frac{\theta_H}{2a}[a + \theta_H(e_H^A + e_A^H) - R_H^A] - \varphi e_H^A = 0, S.O.C. \ \frac{\theta_H^2}{2a} - \varphi < 0$$

$$(A - 2)$$

可见，在假设 1 下，H 类型借款人的二阶条件成立。

　　银行 A 的利润最大化问题为:

$$\max_{e_A^H} U_A^H = \pi_H^A - \frac{1}{4a}[a + \theta_H(e_H^A + e_A^H) - R_H^A]^2 - \frac{\varphi}{2}(e_A^H)^2 - 1 - M$$

$$(A - 3)$$

其一阶条件和二阶条件为:

$$F.O.C. \quad \theta_H - \frac{\theta_H}{2a}[a + \theta_H(e_H^A + e_A^H) - R_H^A] - \varphi e_A^H = 0, S.O.C. \quad -\frac{\theta_H^2}{2a} - \varphi < 0$$

$$(A-4)$$

联立方程（A-2）和方程（A-4），可以求得给定 R_H^A 时契约双方的最优努力水平，

$$e_A^H = \frac{\theta_H}{2a\varphi} \cdot \left(a + R_H^A - \frac{\theta_H^2}{\varphi}\right), e_H^A = \frac{\theta_H}{2a\varphi} \cdot \left(a - R_H^A + \frac{\theta_H^2}{\varphi}\right) \quad (A-5)$$

把式（A-5）代入式（A-3），银行通过利润最大化得到最优利率水平 R_H^{A*}：

$$\max_{R_H^A} U_A^H = \frac{\theta_H^2}{\varphi} - \frac{1}{4a}\left(a + \frac{\theta_H^2}{\varphi} - R_H^A\right)^2 - \frac{\varphi}{2} \cdot \left[\frac{\theta_H}{2a\varphi} \cdot \left(a + R_H^A - \frac{\theta_H^2}{\varphi}\right)\right]^2 - 1 - M$$

$$(A-6)$$

从而

$$R_H^{A*} = a + \frac{\theta_H^4}{\varphi(2a\varphi + \theta_H^2)} \quad (A-7)$$

把式（A-7）代入式（A-5）就得到均衡的努力水平：

$$e_A^{H*} = \frac{2a\theta_H}{2a\varphi + \theta_H^2}, e_H^{A*} = \frac{\theta_H^3}{\varphi(2a\varphi + \theta_H^2)} \quad (A-8)$$

命题 2 的证明：

H 类型企业的最优化问题同式（A-1），因此其一阶条件同式（A-2），唯一区别在于把上标 A 换成上标 B。银行 B 的利润最大化问题是：

$$\max_{e_B^B} U_B^P = \mu_H^S \cdot \left[\pi_H^B - \frac{1}{4a}(a + \pi_H^B - R_P^B)^2\right] - \frac{\mu_L^S}{4a}(a - R_P^B)^2 - \frac{\varphi}{2}(e_B^P)^2 - 1$$

$$(A-9)$$

其一阶条件和二阶条件为：

$$F.O.C. \quad \mu_H^S \cdot \left\{\theta_H - \frac{\theta_H}{2a}[a + \theta_H(e_H^B + e_B^P) - R_P^B]\right\} - \varphi e_B^P$$

$$= 0, S.O.C. \quad -\frac{\theta_H^2}{2a} \cdot \mu_H^S - \varphi < 0 \quad (A-10)$$

联立式（A-2）和式（A-10），可以求得给定 R_P^B 时银行 B 和 H 类型企业的最优努力水平：

$$e_H^B = \frac{\theta_H}{2\varphi} \cdot \left[1 + \frac{\theta_H^2(1 + \mu_H^S) - 2\varphi R_P^B}{2a\varphi - \theta_H^2(1 - \mu_H^S)}\right], e_B^P = \frac{\theta_H \mu_H^S}{2\varphi} \cdot \left[1 - \frac{\theta_H^2(1 + \mu_H^S) - 2\varphi R_P^B}{2a\varphi - \theta_H^2(1 - \mu_H^S)}\right]$$

$$(A-11)$$

代入银行 B 的利润函数式（A-9）并优化可得最优利率水平：

$$R_P^{B*} = \frac{a[\,4\,a^2\,\varphi^2 + \theta_H^4(1 - \mu_H^S + \mu_H^{S2} + \mu_H^{S3}) - 2a\varphi\,\theta_H^2(2 - \mu_H^{S2} - 2\mu_H^S)\,]}{4\,a^2\,\varphi^2 + \theta_H^4(1 - \mu_H^S)^3 - 2a\varphi\,\theta_H^2(\mu_H^{S2} - 4\mu_H^S + 2)}$$

$$(A - 12)$$

因此，契约双方的均衡努力水平为：

$$e_H^{B*} = \frac{\theta_H}{2\varphi} \cdot \left[\, 1 + \frac{\theta_H^2(1 + \mu_H^S) - 2\varphi\, R_P^B}{2a\varphi - \theta_H^2(1 - \mu_H^S)} \right], e_B^{P*} = \frac{\theta_H\,\mu_H^S}{2\varphi} \cdot \left[\, 1 - \frac{\theta_H^2(1 + \mu_H^S) - 2\varphi\, R_P^B}{2a\varphi - \theta_H^2(1 - \mu_H^S)} \right]$$

$$(A - 13)$$

第十二章　农户贷款中抵押与声誉机制的作用差异及贷款合约的设计*

[摘要] 理论分析表明社会资本有助于提高农户贷款的可得性，实证中发现抵押在总体上降低了农户贷款的可得性，而社会资本能增加农村地区的贷款规模；对农户信贷分层后发现抵押贷款适用于较富裕农户，而基于社会资本的贷款适用于中低收入者。因此，本文认为在农户贷款合约中引入社会资本，将有助于农村贷款难问题的解决。

[关键词] 农户贷款可得性　抵押　社会资本

一、引言

贷款可得性是衡量农村金融发展与扶贫效果的一个重要指标，而农户贷款交易过程的高交易费用和风险妨碍了农户从正规金融机构获得贷款的可能性，因此，如何减少农户贷款过程中的交易费用并降低金融机构所面临的风险，以提高农户的贷款可得性成为国内外学者试图破解的难题。20 世纪五六十年代盛行的信贷补贴理论通过低利率补贴方式补偿农业银行的贷款损失和降低农村的贷款利率，导致财富和政治权力成为资金分配的基础，农村收入分配恶化，最终损害了减少贫困的尝试（David, 1984; Adams 等, 1984）。20 世纪 80 年代，Stiglitz 和 Weiss（1981）开创性地以信贷市场信息不对称为基础建立 S–W 模型，证明信息不对称所导致的逆向选择和道德风险是产生信贷配给的根本原因，贷款抵押能有效缓解信息不对称[1]。后续研究学者 Holmstrom 和 Tirole（1997）提出信息与抵押品是可以互相替代的。实践中，低收入国家的农村信贷市场普遍缺乏合格抵押品，因此对抵押替代技术的研究应运而生。近 20 年来，有关贷款技术创新的理论研究与实践运用取得突破性进展，出现了以银企关系、联保责任以及社会声誉等替代抵押品扩大贷款可得性的大量研究文献，关系型信贷、团体贷款等在中小企业和农户融资中也被广泛采用和推

---

* 本文的压缩版发表于《管理世界》2012 年第 4 期。原文的题目是："社会资本影响农户贷款的理论与实证分析"。

广。与国外学者不同，国内学者或从资金供求角度，或从外部环境，如银行的市场结构、担保体系建设，政策性融资、证券市场等角度探讨解决中小企业和农户贷款难的途径。近年来部分学者开始转向银行贷款技术创新的研究，但仍局限于对国外贷款技术的介绍，对我国部分金融机构已经采用的中小企业和农户贷款技术缺乏深层次的理论探讨和实证分析。本文采用2007年中国人民银行联合国家统计局在全国范围开展的针对农户借贷需求的专项问卷调查数据，建立模型并实证分析，比较抵押和声誉在我国农户贷款中的不同作用，探讨以抵押或声誉机制为核心的贷款合约如何与其他合约要素进行有机结合，以满足农村多层次的金融需求，达到降低贷款交易费用和违约风险的目的，进而提高农村贷款的可获得性，减少贫困并促进农村经济的长期增长与发展。

二、抵押与声誉机制在贷款合约中的作用差异及其理论分析

解决信贷市场的信息不对称问题，传统金融中常见的处理方式就是在贷款合约中设立适度的抵押。20世纪90年代后期，一些学者开始关注银企关系、声誉及关系网络等在贷款中的作用与运作机制。在综述前人研究成果的基础上，本文设计理论模型分析并推理验证抵押和声誉在贷款合约中的作用机制及对贷款可得性的影响。

（一）抵押与声誉在贷款合约中的作用差异综述

1. 抵押在贷款合约中起到信息甄别、分离风险类型及贷款后的激励作用，但抵押的负面效应使贷款合同非最优，抵押增加了贷款成本，进而降低了信贷可得性。最初研究发现抵押能解决贷款申请者的事前信息不对称问题。一是抵押具有事前信息甄别和区分风险者类型的作用，能提高贷款效率（Stiglitz，1981；Whetet，1983；Bester，1985，1987等）。银行通过变动抵押品数量来分离高风险与低风险项目，低风险项目与低利率和有抵押的贷款合约搭配，高风险项目选择高利率和无抵押贷款合约，抵押品起到信号甄别的作用。二是对银行形成贷款激励作用。抵押品加大了借款人不还款的成本，减少了策略性赖账行为，如果借款人违约，银行也可以通过处置抵押品来弥补贷款损失，当贷款收益大于抵押品价值时，形成对银行的贷款激励（Hillier和Tbrahimo，1993）。三是抵押品能使借款人承担自己"隐藏"行动的更多后果，从而改善自身业绩和回报之间的联系（Hoff和Lyon，1995）。但是，最近的研究认为在事前有私有信息情况下，抵押并不总是最优的（Carlier和Renou，2005）。而且，越

来越多的理论文献认为抵押会产生其他负面效应，如风险转移、努力减少、合同有限的执行力等（Cooley 等人，2004 等）。此外，抵押使借贷者双方的借贷成本增加。如银行对抵押资产的定价、监督及最后处理的成本，抵押增加了借款者实施更有利可图的投资机会成本以及抵押品价值变化导致信贷可得性波动的风险（Leeth 和 Scott，1989）。与 Stiglitz 等学者相比，后续学者更注重抵押在解决事后信息不对称所致的道德风险上的作用（Williamson，1987）。Hoff 和 Lyon（1995）认为抵押品可通过"激励相容"效应，能较有效地解决信贷合约中因信息不对称而产生的"道德风险"问题。Bardhan（1999）认为，当放贷人和借款人都是风险中立时，信贷市场中道德风险问题可通过使用抵押物来缓解。但也认为如果借款人是厌恶风险的，使用抵押不可能完全解决由道德风险所带来的困难，因为此时借款人不愿意在未能从贷款人处获得某些补偿的条件下承受全部交易风险（Bardhan 和 Udry，2002）。可见，抵押筛选与风险偏好并非高度相关，其关系的实质在于设置合适的抵押品。

2. 声誉能弱化信贷市场的信息不对称程度，增加贷款可得性并降低交易费用，提高交易效率。农村信贷市场是一个典型的高交易费用、高风险及信息不对称的市场，加上合格抵押品的稀缺，导致农户贷款难和借贷效率低下，引起学者们对抵押替代技术的广泛研究。基于农村特定的地缘人缘关系、社会规范，习俗的声誉机制对农户信贷市场有重要影响。声誉作为一种有价值的资产，在借贷双方之间建立一种信任关系，可以替代抵押物缺乏的不足（Diamond，1989；Reka，2005；Thierry，2006）。声誉机制对信贷市场的逆向选择和道德风险具有抑制作用（Padilla 和 Pagana，1999；Vercammen，1995；Reka，2005 等）。Bodenhorn（2007）、Fishman（2009）等学者明确提出声誉就是一种有效的隐性契约，可以起到显性契约对机会主义行为的约束作用。以前的研究者也特别强调声誉能揭示借款方的内在特征（如能力、品格、类型等私人信息），起到一种信息甄别和信号搜寻的作用，有利于更快更有效地找到贷款对象，提高交易效率（Spence，1974；Kreps，1982；Ghosh 和 Ray，2001；Reka，2005）。因此，客户良好的声誉对其获得贷款有明显的积极作用，声誉丧失所导致的负面影响构成借方的违约成本，不仅包括货币成本，也包括关系恶化、被人看轻等社会成本（Kennes 和 Schiff，2002；Morrison 和 Wilhelm，2003 等）；声誉差的借款者也更有可能面临信贷配给（Schoombee 等，2004）。

3. 银企关系提高了贷款可得性及效率，并对抵押、贷款利率、期限、额度等产生影响。Boot 和 Thakor（2000）发现紧密的银企关系不仅减少了借贷活动中的交易成本和信息成本，而且有利于银行充分了解并监督企业经营，降

低了银行与企业之间的信息不对称；对企业来说，可降低因担保抵押所产生的
机会成本，提高贷款的效率及可得性。Peterson 和 Rajan（1994）最先实证检
验银企关系对贷款可得性及贷款成本（利率）的影响，发现良好的银企关系
无论对于企业贷款成本，还是信贷可得性都会产生正面的影响，银行更倾向于
向关系持续时间长、业务种类多、贷款集中高的客户发放贷款，且制定较低的
利率水平[4]。Berger 和 Udell（1995）以同样的数据实证分析发现，银企关系
持续时间越长，银行对小企业贷款的利率和抵押要求越低。陈键（2008）以
银企关系持续时间、信贷可获得性和贷款成本为研究对象，发现银企关系持续
时间对于中小企业贷款利率正相关，与要求提供抵押物的概率负相关。

　　也有一些学者的研究结果与以上结论存在差异[5]。Angelini 等（1998）采
用意大利企业数据，发现随着银企关系持续时间延长，贷款利率反而升高。
Harhoff 和 KÄorting（1998）使用德国小企业调查数据，发现利率对银企关系
时间和贷款银行家数不敏感，但随着信任关系而下降；抵押品要求也随着银企
关系时间和信任降低，但随着贷款银行家数增多而上升。另有德国学者 Leh-
mann 和 Neuberger（2001）发现银企关系时间提高了信贷可得性，降低了对抵
押品的要求，对利率没有影响，而管理者对信贷人员的信任具有同样的作用。
Athavale 和 Edmister（2004）使用关系强度来检验多笔连续贷款的定价情况，
发现第二笔贷款利率比第一笔利率低。Cardone 等人（2005）使用西班牙企业
检验发现，银企关系增加了信贷可得性和贷款期限，但对利率和抵押品的影响
不显著；关系银行家数对贷款可得性有正的显著影响，业务范围能降低利率和
对抵押品的要求。Ortiz-Molina 等人（2005）研究了美国各种贷款的期限决定
因素，没有发现贷款期限与银企关系时间、业务范围等相关。

　　最近部分文献研究了银企关系对贷款合约各要素间的影响效应[6]。Dennis
等人（2000）使用 2634 个贷款合同样本，实证检验了银企关系与贷款利率、
抵押、费用和期限之间的关系，发现利率随着关系的发展而提高。Hanley 和
Crook（2005）利用 1998 年英国的 1409 个零售商业贷款合约数据检验利率与
抵押在合同中的替代效应，发现后续贷款的利率更高。一种解释是银企关系导
致锁定效应（lock-in effect），另一种解释为在给定抵押条件下，额外贷款稀
释了抵押价值，利率提高是对额外风险的补偿。Brick 和 Palia（2005）使用静
态方程检验了抵押与利率的外生决定关系，发现银企关系对抵押品要求和贷款
利率水平都有影响，对抵押品的影响更显著。

（二）抵押和声誉对农户总体贷款可得性影响的理论分析

　　基于以上研究成果，本节建立一个简单的理论模型分析并论证抵押与声誉

机制对农户贷款可得性（以社会最优贷款规模表示）的影响。假定存在一家
金融机构（这与我国农村信用社为农村正规信贷最重要的来源事实一致）和
两个不同类型的贷款申请者。金融机构在给定存款利率条件下吸收存款并发放
贷款，两个贷款申请者除了具有不同的声誉水平外是同质的。通过比较抵押和
声誉机制下的社会最优化贷款规模，来分析二者对贷款可得性的不同影响。

　　假定贷款申请者风险中性，两个具有不同声誉水平的借款者都拥有初始财
富 W，面临相同的投资选择，即投资额度为 K 的项目，投资所需资本超出其
初始财富额（$K > W$），需要从金融机构借款 K。设项目投资"成功"的概
率为 p，成功时获得收益为 $G(K)$，"失败"概率为 $1 - p$，投资失败时收益为
0。假定投资成功的收益以 Cobb - Douglas 函数形式表示，则

$$G(K) = AL^{\alpha}K^{\beta} \quad A > 0, L > 0, K > 0, 0 < \alpha < 1, 0 < \beta < 1 \tag{1}$$

其中，A 代表农户现有技术；L 代表劳动力数量，由于农户在短期内能提供的劳
动力不会发生大的变化，因此假定 L 保持不变；K 为资本投入量。

　　1. 抵押贷款机制下的社会最优贷款规模

　　首先在不考虑借款者声誉条件下实施抵押贷款时的社会最优化，即在不考
虑分配时，使金融机构和两个贷款申请者的期望利润增加值最大化。假定抵押
品数量 C 与贷款额度 K 线性正相关，具有如下等式关系

$$C = \lambda K, \lambda > 0 \tag{2}$$

则在抵押贷款机制下，贷款申请者的预期净利润为

$$[AL^{\alpha}K^{\beta} - K(1 + i)]p + (-\lambda K)(1 - p) \tag{3}$$

而金融机构的预期净利润为：

$$[K(1 + i) - K(1 - r)]p + [\theta\lambda K - (1 + r)K - \delta](1 - p) \tag{4}$$

其中，θ（$0 < \theta < 1$）为金融机构处置抵押品时的变现率；δ（$\delta > 0$）为抵押
机制下存在的固定交易成本；i（$i > 0$）为贷款利率；r（$r > 0$）为固定存款利
率，在该利率下，金融机构可吸收任意数量的存款用于贷款交易。

　　那么，最大化金融机构和两个贷款申请者总的期望利润增加值，得

$$\max_{K}\{[AL^{\alpha}K^{\beta} - K(1 + i)]p + (-\lambda K)(1 - p)\} \cdot 2$$
$$+ \{[K(1 + i) - K(1 + r)]p + [\theta\lambda K - K(1 + r) - \delta](1 - p)\} \cdot 2 \tag{5}$$

由一阶条件 $\partial \max_{K}(\cdot)/\partial K = 0$，推出在物质抵押贷款条件下，社会最优贷款规
模为

$$K^{*} = \left[\frac{(1 - \theta)(1 - p)\lambda + (1 + r)}{p\beta AL^{\alpha}}\right]^{\frac{1}{\beta-1}} \tag{6}$$

　　2. 声誉机制下的社会最优贷款规模

　　现在考虑贷款无抵押要求时，借款者以其个人或家庭声誉进行"社会抵

押"获得贷款的情况。两个贷款申请者除有不同的声誉水平外具有同质性。假定高声誉水平的贷款申请者因违约导致的声誉损失成本较高，无论投资项目成功与否都将全额归还所贷款项；较低声誉水平的借款人违约带来的声誉损失成本较低，只在其投资项目成功时归还贷款，而在投资失败时选择违约。

在声誉机制贷款条件下，具有高声誉水平的贷款申请者的预期净利润为：

$$[AL^{\alpha}K^{\beta} - K(1 + i)]p + [-K(1 + i)](1 - p) \tag{7}$$

此时，金融机构进行贷款交易的预期净收益为：

$$K(1 + i) - K(1 + r) \tag{8}$$

在声誉机制贷款条件下，具有较低声誉水平的贷款申请者的预期净利润为：

$$[AL^{\alpha}K^{\beta} - K(1 + i)]p + (-C_0)(1 - p) \tag{9}$$

其中，C_0（$C_0 > 0$）为借款者违约导致的声誉损失带来的固定成本。

则，金融机构与具有低声誉水平的借款者进行贷款交易的预期净收益为：

$$[K(1 + i) - K(1 + r)]p + [-K(1 + r)](1 - p) \tag{10}$$

这样，最大化金融机构和两个贷款申请者的期望利润增加值，得：

$$\max_{K}\{[AL^{\alpha}K^{\beta} - K(1 + i)]p + [-K(1 + i)](1 - p)$$
$$+ [K(1 + i) - K(1 + r)]\} + \{[AL^{\alpha}K^{\beta} - K(1 + i)]p$$
$$+ (-C_0)(1 - p) + [K(1 + i) - K(1 + r)]p$$
$$+ [-K(1 + r)](1 - p)\} \tag{11}$$

由一阶条件 $\partial \max(\cdot)/\partial K = 0$，得出在声誉贷款机制（无须物质抵押）条件下，社会最优贷款规模为：

$$K^{**} = \left[\frac{1 + r}{p\beta AL^{\alpha}}\right]^{\frac{1}{\beta - 1}} \tag{12}$$

（三）不同贷款机制对贷款可得性影响的比较分析

从式（6）可知，在抵押贷款条件下，社会最优贷款规模与投资项目的成功概率 p 和处置抵押品的变现率 θ 成正比，而与存款利率 r 成反比。这是因为，较高的投资成功率降低了贷款交易的不确定性（通过降低违约率）从而降低了贷款交易费用，而高的抵押品变现率通过提高抵押品作用的有效性来降低贷款交易的不确定性达到降低贷款交易费用的目的。存款利率（r）之所以与最优贷款规模成反比，是因为高的存款利率增加了金融机构获得贷款资金的成本，进而降低了其期望利润额，因此与最优贷款规模成反比。

从式（12）可知，在声誉贷款机制下，社会最优贷款规模同样与投资项目成功概率 p 成正比，与存款利率 r 成反比。此外，从式（6）和式（12）可知，贷款利率 i 与最优贷款规模无关，主要因为本文计算的是社会最优值，即把金融机构和贷款申请者进行了一体化后的最优值，因此贷款利率并不影响社会最优贷款规模。

对式（6）和式（12）相除，比较两种贷款机制下的社会最优贷款规模得：

$$\frac{K^*}{K^{**}} = \left[\frac{(1-\theta)(1-p)\lambda + (1+r)}{1+r} \right]^{\frac{1}{\beta-1}} = \left[1 + \frac{(1-\theta)(1-p)\lambda}{1+r} \right]^{\frac{1}{\beta-1}} < 1 \tag{13}$$

从式（13）可知，抵押贷款机制在总体上降低了最大化社会预期净利润的最优贷款规模。这主要是因为抵押贷款机制会带来更高的交易费用，进而降低了社会预期净利润。由于在借款者投资失败进而无法偿还贷款时，抵押品由借款者转让给金融机构，并由金融机构进行变现，这一产权转让和资产变现的过程都会导致交易成本的产生或增加，进而导致整个社会贷款数量的降低。此外，如果借款者因不能满足抵押品要求而丧失其投资机会，这将从总体上降低社会的期望净收益。如何在农户普遍缺乏抵押品情况下增加农户贷款可得性并降低风险，是本文引入声誉机制的意义所在。

三、数据来源与变量设定

本文所用数据来源于中国人民银行联合国家统计局 2007 年在全国范围开展的针对农户借贷需求的专项问卷调查，该次调查涉及全国东部、中部和西部 10 个省区，共计有效样本农户 20040 户。主要从农户的借贷现状、收入状况、所在村基本情况调查分析了我国农户借贷需求的基本特征及需求满足情况。本文使用的数据来自对"资金借入表"和"农户借贷基本情况表"数据整理获得。计量模型所采用的数据删去了多次贷款农户的样本（因多次贷款形成的路径依赖对模型可能产生有偏影响）。

表 12 - 1 给出了 Logit 和 OLS 模型所使用的主要变量的含义。其中，自变量分为合同内容变量、银企关系变量、借款者特征变量和地区变量四类。在借款者特征变量中，家庭劳动力最高学历、家庭收入、家庭劳动力人数及是否为小组联保成员可以度量借款者声誉水平的高低。家庭劳动力最高学历和家庭劳动力人数从侧面衡量了该借款者所能拥有的人力资本和潜在收入的高低，因为学历的高低和劳动力人数一般意义上与收入成正比，而家庭收入信息虽不能为其他农户直接获得，但也能在相互交往中获得部分信息，在市场经济环境中，往往家庭收入越高则家庭的声誉越高。而借款者是否为小组联保成员则反映了

借款者的人际关系和社会关系，因为小组联保成员身份的获得一般需要其他成员的认可。

表 12 – 1　变量描述

因变量	变量含义
贷款需求缺口（Z）	期望贷款额度与实际贷款额度之差
贷款可得性（Y）	2006 年得到正规金融机构贷款的设为 1，否则为 0
自变量	变量含义
合同内容变量	
贷款期限（t）	贷款期限以月数计量
贷款利率（i）	贷款利率以年为单位折算的比率
抵押（*collateral*）	贷款需要抵押设为 1，否则为 0
担保（*guarantee*）	贷款需要保证人设为 1，否则为 0
贷款额度（*loan*）	Logit 模型中为期望贷款数量，OLS 模型中为实际贷款额度
贷款用途（*application*）	若贷款为生产性用途则为 1，否则为 0
银企关系变量	
分支机构设置（*branch*）	本村有正规金融机构网点的设为 1，否则为 0
其他渠道（*otherchannel*）	向正规金融机构以外借过款的设为 1，否则为 0
借款者特征变量	
家庭人数（*n of people*）	2006 年末家庭常住人数
学生数（*n of student*）	家庭在校学生人数
劳动力人数（*n of labor*）	家庭中 16 岁以上劳动力人数
年龄（*agelabor*）	家庭劳动力平均年龄
高中/大专（*high&college*）	家庭劳动力最高学历为高中及以上学历者为 1，否则为 0
收入（*income*）	2006 年家庭总收入（千元）
小组成员（*group*）	属于小组联保成员者为 1，否则为 0
地区变量	
属西部者（*western*）	所在地区属于西部地区的为 1，否则为 0

说明：我国东中西三部划分标准来自国家统计局官网 http：//www. stats. gov. cn/tjzs/t20030812_402369584. html。

表 12 – 2 对两个计量模型的主要关注变量进行了描述性统计分析，表中左侧的 1082 个观测值，利用 Logit 模型分析农户的贷款可得性，变量 Z 用来衡量首次得到贷款农户的实际贷款额与期望贷款额之间的差距。为增加变量的稳定性及统计口径的一致性，部分变量在计量模型中采用自然对数形式计量。表

12 - 2 右侧的 1032 个观测值，采用 OLS 模型分析何种因素会影响农户实际贷款额度和实际需要贷款额度之间的差距。

表 12 - 2　Logit 和 OLS 模型主要变量的均值与标准差

变量名	Logit（观测值1082）		变量名称	OLS（观测值1032）	
	均值	标准差		均值	标准差
Y	0.866	0.341	Z	7.556	7.877
t	10.365	3.820	t	10.227	3.830
i	8.728	2.327	i	8.670	2.485
collateral	0.142	0.350	*collateral*	0.122	0.328
guarantee	0.536	0.500	*guarantee*	0.613	0.487
loan	12.196	8.828	*loan*	5.670	5.215
application	0.684	0.465	*application*	0.655	0.476
branch	0.556	0.497	*branch*	0.569	0.495
otherchannel	0.347	0.476	*otherchannel*	0.408	0.492
n of people	4.06	1.252	*n of people*	4.064	1.264
n of student	0.787	0.864	*n of student*	0.783	0.879
n of labor	2.817	1.005	*n of labor*	2.824	1.010
agelabor	39.287	7.592	*agelabor*	39.337	7.497
high&college	0.330	0.470	*high&college*	0.302	0.459
income	20.110	14.387	*income*	20.329	13.977
western	0.510	0.500	*western*	0.481	0.500

　　如表 12 - 2 所示，贷款可得性（Y）的均值为 0.866，这似乎与农户贷款难的现状相悖，然而样本仅包含了已获得贷款和申请但未得到贷款的农户，实际需要贷款的农户在调查样本中占比近一半，得到贷款的农户占比不到 1/3，说明农户贷款难确为不争的事实。在两个模型所用样本数据中，变量"抵押"（*collateral*）的均值分别为 0.142 和 0.122，说明农户贷款中抵押贷款并不普遍，主要原因是目前农户贷款多为政策性扶持信用贷款，大多需要担保，这与"担保"（*guarantee*）的均值高于 0.5 一致。OLS 模型中农户贷款需求缺口（Z）的均值为 7556 元，说明农户贷款需求缺口较大①，现有金融机构提供的

---

① 相对于 2009 年我国农村居民人均纯收入为 5153 元而言。

贷款额度难以满足农户的生产、生活性资金需求。

四、回归方程与实证结果分析

本节通过对 Logit 和 OLS 模型的实证分析，讨论抵押和声誉机制对农户贷款可得性和缩小农户贷款需求缺口（实际贷款额和期望贷款额之差）的作用。声誉对抵押品的替代可以视为"社会抵押"，农户声誉包括其拥有的社会声誉、社会关系及自身的内在品性等。

（一）抵押和声誉机制对农户贷款可得性的影响

在 Logit 模型中，用农户在 2006 年是否从正规农村金融机构①得到过贷款作为因变量来度量农户贷款可得性，以农户"家庭中劳动力最高受教育程度"、"家庭人数"、"是否为联保小组成员"等作为农户声誉水平衡量指标。在控制合同内容变量、银企关系变量和地区变量条件下，实证分析抵押和声誉机制对农户贷款可得性的影响。为消除异方差对回归结果显著性判断的不良影响，回归结果中选择报告异方差——稳健标准误。Logit 模型估计方程为：

$$Y = \beta_0 + \beta_1 collateral + X\delta + u \qquad (14)$$

其中 Y 为因变量，表示是否获得贷款，$collateral$ 为是否需要抵押，X 为其他变量的向量式，β 和 δ 为未知系数。

模型回归结果见表 12 – 3。实证结果显示（表 12 – 3 列 2），在给定其他变量不变条件下，抵押品（$collateral$）要求在 1% 的显著性水平上降低了农户的贷款可得性，抵押要求使得农户从正规金融机构获得贷款可能性减少了83.1%，即抵押品要求大幅降低了农户的贷款可得性，这与农村、农户普遍缺乏合格的抵押品的事实一致。农户声誉水平的衡量指标"家庭常住人口数"对贷款可得性有显著正影响，而家庭总收入则在统计上不显著，但经济意义上是显著的。"劳动力最高受教育程度"（$high\&college$）对农户贷款可得性的影响显著为负，该结果与常理相悖，主要原因可能是目前农村具有较高文化素质的劳动力一般选择在城市务工，以其工资收入开销日常生活，几乎没有生产性贷款需求。"贷款用途"（$application$）系数为负，一个可能的解释是农村金融机构以发放生产性贷款为主，而目前农户借款以满足生活性需求为主，对生产性贷款需求不足。此外，"在校学生数"（$n\ of\ student$）的系数也显著为负，说明家庭在校学生人数越多农户越难以从正规金融机构获得贷款，这是因

---

① 包括农村信用社、村镇银行等。

为随着家庭学生数的增加，家庭负担越重，进而减少了家庭年收入的净余额，增加了贷款违约的可能性。

（二）抵押和声誉机制对缩小农户贷款实际值与期望值差距的影响

OLS 模型回归分析中，以农户期望贷款额与实际贷款额之差（ Z ）做因变量，在给定合同内容变量、银企关系和地区性变量条件下，分析抵押和声誉对缩小农户贷款实际值与期望值差距的作用。OLS 模型的估计方程是：

$$Z = \beta_0 + \beta_1 collateral + X\delta + u \qquad (15)$$

与 Logit 模型相同，OLS 模型的回归结果（表 12 – 3 模型 2）也是报告异方差——稳健标准误。数据结果显示，在给定其他变量不变条件下，抵押品（ collateral ）的作用并不显著，说明抵押无助于减少农户得到的实际贷款金额与期望贷款金额间的差距，这与 Logit 模型的结果一致。代表农户声誉水平的"家庭规模"（ n of people ）在 15% 的水平上显著，家庭人数每增加一个单位则期望贷款额与实际贷款额的差（ Z ）增加 600 元。贷款的生产性用途（ application ）的系数为负（ – 1.876 ），且在 1% 的显著性水平上是显著的，因此贷款用做生产（如发展农村工商业等）可以缩小农户的贷款需求缺口。"家庭中劳动力人数"（ n of labor ）和"劳动力平均年龄"分别在 10% 和 1% 的显著性水平上与因变量负相关，说明农户家庭劳动力和平均年龄的增加有助于增加其实际获得贷款的额度。"劳动力最高受教育水平"系数为负，仅大专及以上学历在统计上是显著的，说明受教育水平的提高在某种程度上会提高农户的实际贷款额度，尤其是接受过大学教育者。代表农户社会声誉的"小组联保成员资格"（ group ）在 1% 的显著性水平上缩小了实际贷款额度与期望贷款额度的差距。"实际耕种的土地面积"的增加也会产生有利的作用。以非农业生产经营为主要收入来源（ income source ）的农户的实际值与期望值的差距比以农业生产经营为主要收入来源的农户的实际值与期望值的差距相对要少 2660 元，且这一结果在 5% 的水平上是显著的。并且，贷款的期限越长，贷款金额越大，越不利于缩小实际贷款额与期望贷款额的差距。此外，"农户是否有其他借款来源"（ otherchannel ）在 1% 的显著性水平上加大了农户实际贷款额与期望贷款额之间的差距，可能的解释是其他借款来源如民间借贷，对现有的正规金融机构构成了一定的竞争，更多的借款来源降低了农户对现有金融机构的依赖性，说明增加农村金融市场的竞争性有助于缓解农户贷款难的困境。

表 12 - 3　模型回归结果

因变量：Y	（1）Logit 模型	因变量：Z	（2）OLS 模型
自变量		自变量	
t	- 0. 070（0. 032）**	t	0. 231（0. 093）**
i	0. 042（0. 042）	i	0. 115（0. 108）
collateral	- 0. 831（0. 267）***	collateral	0. 586（1. 042）
loan	0. 036（0. 014）**	guarantee	- 0. 708（0. 742）
application	- 0. 519（0. 256）**	loan	- 0. 634（0. 075）***
branch	0. 351（0. 204）*	application	- 1. 876（0. 674）***
log（distance）	- 0. 214（0. 115）*	branch	- 0. 189（0. 621）
deposit	0. 378（0. 219）*	otherchannel	2. 001（0. 662）***
otherchannel	- 0. 337（0. 221）#	n of people	0. 619（0. 427）#
n of people	0. 183（0. 102）*	n of student	- 0. 117（0. 548）
n of student	- 0. 211（0. 131）*	n of labor	- 0. 847（0. 503）*
high&college	- 0. 378（0. 208）*	agelabor	- 0. 104（0. 04）***
—	—	college	- 2. 633（1. 606）*
log（income）	- 0. 001（0. 009）	income	0. 109（0. 023）***
—	—	income source	- 2. 659（1. 365）*
—	—	debt	- 1. 56（0. 722）**
western	- 1. 066（0. 253）***	western	- 1. 806（1. 108）*
—	—	group	- 3. 116（0. 893）***
constant	2. 351（0. 754）***	constant	11. 935（3. 298）***
观测次数	795	观测次数	1032
R^2	0. 126	R^2	0. 314

注：异方差稳健的标准误在系数右边的括号中给出，其中 *，＊＊，＊＊＊分别表示在10%，5%，1%水平上显著。#表示在15%水平上显著。

（三）农户信贷分层与贷款可得性、不同贷款技术运用之间的关系分析

本小节分析贷款额度、利率、贷款期限与抵押和农户声誉水平之间的关系，考察农户不同收入阶层的贷款可得性。我们使用表 12 - 2 中模型中使用的样本数据把农户按收入分为高、中、低三类，并分别把贷款额度、期限、利率以及是否需要抵押作为因变量，分别利用 OLS 模型和 Logit 模型进行异方差稳

健回归。实证结果见表4。

表12 - 4中模型（1）结果显示，"抵押"或"担保"要求与农户的贷款
额度显著正相关，这是因为抵押或担保降低了金融机构承担的贷款交易风险，
因此增加了农户贷款的额度。度量农户社会声誉的"是否为联保小组成员"
（group）则与农户的贷款额度显著负相关，这主要是因为"小组联保"主要
应用于期限较短的小额贷款，且贷款额度的增加会加大借款人违约的激励。而
"家庭劳动力人数"之所以与贷款额度负相关，主要因为家庭收入随着劳动力
数量的增加而增加，而家庭收入的增加将减少对贷款的需求。"劳动力年龄"
与贷款额度显著负相关，这主要与金融机构对年龄的评级有关，年龄越大贷款
申请者的评分越低①，因为随着年龄增大，农村劳动力的边际产出递减。家庭
总收入的增加和主要收入为非农业生产收入则会显著提高农户可得到的贷款额
度。此外，"其他贷款来源"也与农户贷款额度显著正相关，一个可能的解释
是由于竞争带来的消费者剩余，增加了农户资产和声誉价值。地区性控制变量
"western"系数为负（ - 0. 996），说明在西部地区农户的贷款规模更加难以
满足其生产生活的需要。

模型（2）的结果显示，对贷款期限有显著正影响的因素主要有"抵押"、
"本村是否有正规金融机构网点"、"是否有未归还的借款"，这主要是因为抵
押减少了金融机构面临的风险，而金融机构网点的设立可以有效降低交易双方
的信息不对称，而"农户有未归还的借款"与贷款期限呈显著正相关，主要
是因为农户本身目前无力偿还借款，因此只能通过延长还款时间以免贷款成为
呆坏账。而"还款方式"、"是否为生产性用途"、"耕种土地面积"和"是否
为联保小组成员"系数显著为负的原因可能是金融机构出于防范风险的考虑。

模型（3）中，"抵押"和"担保"对贷款利率的影响都不显著。而"还
款方式"为一次性还款会降低利率，原因是一次性还款一般贷款期限较短，
因此利率也较低；"家庭在校学生数"增加了农户家庭的负担，进而引致了金
融机构风险的增加，导致贷款利率的上升。在农户声誉的度量指标中，"劳动
力最高受教育程度"与贷款利率负相关，说明了农户因受教育带来的声誉有
助于降低农户的贷款成本，"贷款担保人为村干部"这一指标显著降低了农户
的贷款利率，也说明了农户声誉对降低其贷款成本的积极作用。

模型（4）中，影响抵押品要求的要素中，"贷款期限"和"贷款额度"
都与抵押要求显著正相关，这是因为贷款期限和额度增加会增加违约发生时给

---

① 某金融机构对申请贷款人的评分标准的第一项即为年龄，随着年龄从30岁增加到60岁，评分
从10分逐级降低至0分。

金融机构带来的成本，因此金融机构对高贷款期限和高贷款额度的贷款交易更倾向于实施抵押贷款；而"联保小组成员的身份"与抵押要求呈负相关，这与小组联保贷款机制的设计及小组成员相对具有更高的声誉资本有关。此外，地区控制变量（western）系数显著为正，说明西部地区农户要缩小其实际贷款额度与期望贷款额度之间的差距比中部和东部地区农户更加需要抵押品进行抵押。这与模型（1）的结果相一致，这是因为西部地区经济相对于东部、中部地区而言经济欠发达，在欠发达的经济环境下农户的经营风险更大，因此金融机构更偏向于要求农户进行抵押。

模型（5）主要分析农户收入分层与农户贷款可得性的关系，结果显示，收入分层与农户贷款可得性的关系在统计上并不显著，但"低收入者"（lowincome）的系数（-0.299）在经济意义上是显著的，这从某种程度上说明低收入农户相对于中高收入农户更不易于获得贷款，这不利于我国农村的长期发展。抵押和农户声誉变量对农户贷款可得性的影响与表 12 - 3 中的 Logit 模型结果一致，这里不再重复解释。

表 12 - 4　农户分层及合同内容变量的影响因素分析

因变量	OLS 模型	OLS 模型	OLS 模型	Logit 模型	Logit 模型
	loan	t	i	collateral	Y
自变量	(1)	(2)	(3)	(4)	(5)
t	0.161 (0.054)*	—	0.017 (0.022)	0.061 (0.026)**	-0.042 (0.02)**
i	0.093 (0.062)#	0.050 (0.048)	—	-0.027 (0.039)	-0.002 (0.039)
collateral	1.879 (0.562)*	1.293 (0.538)*	-0.106 (0.220)	—	-0.760 (0.25)***
guarantee	0.765 (0.415)*	0.372 (0.277)	0.332 (0.232)	-0.294 (0.220)	—
loan	—	0.088 (0.030)	0.023 (0.014)#	0.072 (0.019)***	0.037 (0.013)***
repayment mode	-0.436 (0.385)	-0.992 (0.262)*	-0.951 (0.198)***	0.156 (0.266)	—
application	-0.273 (0.381)	-1.088 (0.266)*	-0.164 (0.195)	-0.051 (0.239)	-0.553 (0.231)**
branch	0.309 (0.352)	0.528 (0.269)**	-0.211 (0.189)	0.115 (0.234)	0.267 (0.195)
otherchannel	1.141 (0.348)*	0.107 (0.291)	0.587 (0.169)***	-0.198 (0.236)	-0.268 (0.199)
n of people	0.383 (0.188)*	-0.029 (0.116)	0.026 (0.079)	-0.167 (0.141)	0.164 (0.093)*
n of student	—	—	0.258 (0.112)**	0.244 (0.177)	-0.21 (0.116)*
n of labor	-0.369 (0.195)*	—	—	0.287 (0.178)#	—
agelabor	-0.048 (0.021)	—	—	-0.239 (0.017)	—
high school	0.108 (0.343)	-0.172 (0.254)	-0.411 (0.246)**	-0.502 (0.342)#	—
college	—	—	-0.795 (0.411)*	-0.959 (0.809)	—

续表

因变量	OLS 模型	OLS 模型	OLS 模型	Logit 模型	Logit 模型
	loan	*t*	*i*	*collateral*	*Y*
arableland	0.008 (0.007)	−0.014 (0.004) *	—	0.007 (0.004) *	—
income	0.082 (0.014) *	−0.004 (0.0078)	0.005 (0.005)	−0.022 (0.011) **	—
income source	1.060 (0.470) *	−0.207 (0.353)	−0.158 (0.210)	−0.320 (0.292)	—
debt	1.225 (0.377) *	0.771 (0.276) *	—	—	—
western	−0.996 (0.608)	0.569 (0.364)#	0.336 (0.351)	1.485 (0.524) ***	−0.915 (0.246) *
firstquarter	−1.961 (0.853)	1.308 (0.634) **	0.542 (0.370)#	−0.456 (0.242)	—
secondquarter	−2.046 (0.908)	0.220 (0.615)	0.408 (0.408)	—	—
thirdquarter	−1.592 (0.910)	1.109 (0.703)#	0.365 (0.415)	—	—
village officials	—	—	−0.539 (0.307) *	—	—
group	−0.899 (0.419)	−0.642 (0.225) *	−0.02 (0.241)	−0.595 (0.378)#	—
lowincome	—	—	—	—	−0.299 (0.230)
constant	3.741 (2.17)	9.319 (1.041)	7.364 (0.621)	−2.023 (1.114)	2.922 (0.697)
观测次数:	1030	1030	1030	1031	1081
R^2	0.172	0.163	0.099	0.201	0.094

注：异方差稳健的标准误在估计值下面的括号中给出。*，**，***分别表示在 10%，5%，1%的水平上显著。#表示在 15%的水平上显著。

五、结论与政策建议

提高贷款可得性是农民增收、农村发展和农业现代化的重要手段，如何低成本地开展贷款业务和降低农户违约风险以解决农村贷款难是学者们一直关注的问题。本文从贷款技术创新角度理论与实证分析了抵押和声誉机制在贷款合约中的不同作用及对农本户贷款可得性的影响，结果表明：第一，抵押有助于增加借款者的贷款额度并延长贷款期限，但却不利于农户从金融机构获得贷款，且对降低贷款利率的作用并不显著；而农户声誉越高则农户获得的贷款额度越大且贷款利率越低，且提高了农户的贷款可得性，但对贷款期限有负影响（可能原因是金融机构出于对风险考虑的结果）；第二，抵押在解决信息不对称问题上有积极作用，但因抵押贷款的高交易成本和农村抵押品的普遍缺乏却从整体上降低了农村贷款的可得性，不利于"三农"融资难问题的解决；第三，把声誉机制引入理论模型并实证分析，发现采用农户声誉替代抵押能够增加农户的贷款可得性、降低贷款利率，从而有效缓解农户贷款难的问题；第四，通过信贷分层，不同收入者由于声誉水平不同，选择的贷款合约类型也有显著差异，合理设计贷款合约对增加农户的贷款可得性也很重要。

根据以上结论，本文提出以下建议：一是应该在农户的贷款合约中引入声誉机制，利用声誉的约束作用来降低贷款给农户的高交易费用和风险，以提高农户贷款的可得性；利用声誉机制提高信贷资源配置的有效性，并起到监管和对借款农户进行评级的作用，最终降低金融机构甄别借款者的成本。此外，声誉也可以缓解农户因抵押品缺乏而造成的农户贷款难问题。二是充分认识到农村地区经济的差异性和不同社会阶层的金融需求特点，对农村信贷市场进行细分，明确客户群，采取差异化经营策略，合理设计贷款合约条款，以满足农村不同层次、不同地区农户的多样化、多变性的资金需求。三是灵活运用抵押方式，抵押既可以是物质资本，也可以用社会担保和惩罚机制代替；物质资本也可以多种形式，如增加存货、应收账款及权利质押等，以便能低成本地为农户和中小企业提供贷款业务。四是放宽市场准入，允许多种新型金融机构进入农村，增加农村金融市场的竞争性，以缩小农户贷款需求缺口，提高农村金融服务水平。

参考文献

［1］Stiglitz J. E. and A. Weiss. Credit Rationing in Markets with Imperfect Information ［J］, *The American Economic Review*, 1981, 71 (3): 393 - 410.

［2］Berger, A. N. and Gregory F. Udell. A More Complete Conceptual Framework for SME Finance ［J］, *Journal of Banking & Finance*, 2006, 30 (11): 2945 - 2966.

［3］Cole, R. A. The Importance of Relationships to the Availability of Credit ［J］, *Journal of Banking and Finance*, 1998, 959 - 977.

［4］Petersen, M., Rajan, R.. The Benefits of Lending Relationships: Evidence from Small Business Data ［J］, *Journal of Finance*, 1994, 49 (1): 3 - 37.

［5］Ajani, O. I. Y. and G. A. Tijani. The Role of Social Capital in Access to Micro Credit in Ekiti State, Nigeria ［J］, *Pakistan Journal of Social Scinces*, 2009, 6 (3): 125 - 132.

［6］Malgosia Madajewicz. Joint Liability Versus Individual Liability in Credit Contracts ［J］, *Journal of Economic Behavior and Organization*, 2011, 77 (2): 107 - 123.

［7］Morduch, J.. The Microfinance Schism ［J］, *World Development*, 2000,

28 (4): 617 – 629.

[8] Karlan, D. S.. Social Connections and Group Banking [J], *The Economic Journal*, 2007, 117 (2): 52 – 84.

[9] Bhole, B. and S. Ogden. Group Lending and Individual Lending with Strategic Default" [J], *Journal of Development Economics*, 2010, 91 (2): 348 – 363.

[10] 平新乔:《信贷市场信息不对称的实证研究——来自中国国有商业银行的证据》,载《金融研究》,2009 (3)。